岁月吟诗

金义铠 著

文匯出版社

序

我和金义铠兄曾经在海军同一舰艇部队服役，而且同在政治部工作过一些岁月。他爱好写作，在学生时代就开始向报社投稿。在部队，干过相当长时间的新闻工作，担任过驻沪海军报道组组长，经常在军内外报刊发表文章，真实反映了部队的战斗生活，我很羡慕他的工作。改革开放后，我们先后退役进上海，他挑起《建筑时报》总编辑重担，我一开始到航空工业系统工作，因工作忙，联系不多。2018年一次老战友聚会，获悉他爱好摄影，一个秋高气爽的日子，我约他到徐汇滨江进行摄影创作。果然，铠兄有一定摄影基础，兴致勃勃，摄下了一张张如画美景。后来，我又要了他许多摄影作品，制成小年糕影集，其中《金义铠人像作品》《金义铠花木摄影》为我最爱，自然，又加深了我们之间的友情。

散文集《岁月吟诗》是铠兄继报告文学集《蓝图放歌》、诗集《都市点睛》之后出版的第三本书，收辑了123篇散文，逾20万字。全书分五章，"茗边抒意"篇，随意品茶聊天，畅叙胸怀，言及人情，针砭时弊；"闲情逸趣"篇，笑谈兴趣爱好，撰文咏诗，摄影垂钓，享受人生；"步履匆匆"篇，记述中外之旅，饱览名胜，领略人文，浮想联翩；"回眸零悟"篇，回首悠悠岁月，往昔如烟，故事多多，感慨万千；"静水涟漪"篇，直面漫漫人生，跌宕起伏，啼笑共存，发人深省。

铠兄长期从事建筑行业的新闻报道，对城市建设有深刻见解，怀有新闻记者的强烈责任感。他在《"安居工程"贵在安居》一文中写道："住宅建设是百年大计，工程质量的优劣，轻者影响居民的生活质量，重者关系到居民的健康和安全，切不可疏忽大意。作为住宅工程建设者，务必要讲职业道德，忠实履行职责，造房想着住房人，经常思考'要是为自己建住宅我该怎么干'。"类似这样的文章，他写过不少，常在行业内外的刊物发表，产生了广泛的影响。

从不炫耀自己，自称"一介草民"。铠兄常以卑微的姿态待人、处事，这在《岁月吟诗》中，可见一斑。1987年，铠兄在天津《八小时以外》杂志上发表了一篇《龟趣》的散文，引起了多家传媒、编辑部和教学单位的重视，一时间不断收到各地读者来信，或称赞《龟趣》"奇龟荟萃，乐趣无穷"，或询问养龟技巧，或索取地址欲登门请教。面对一片赞扬声，他不飘，不傲，却以一篇《〈龟趣〉发表以后》的短文，表明了他沉稳的姿态，文中说，"一篇有关娱乐内容的小文章，竟然引起这么多人的关注，这是我始料不及的。文章虽有点可读性，也只能算作一般。也许是改革开放以来，随着物质生活的不断提高，人们就有条件和能力关注更多的精神生活了。"

基于乐观淡定的心态，铠兄对垂钓也有自己的见解。他在《钓翁之意》一文中写道："每当垂钓时，我伫立提竿，无忧无虑，轻松自在，自然地呼吸着清新的空气，宁静地迎接着拂面的微风，举首望天上云卷云舒，低头看水中鱼沉鱼浮，悠哉悠哉，仿佛步入朦胧的仙境，简直是一种惬意的享受！欧阳修在《醉翁亭记》中说得何等潇洒：'醉翁之意不在酒，在乎山水之间也。'垂钓，也有它独特的乐趣，可以说：钓翁之意不在鱼，在乎修身养性也。"

《岁月吟诗》有诸多的趣谈，其中一篇题为《也说"十三"》的趣文，显见作者的爽朗洒脱。他这样写道："玩数字，讨口彩，悠着点开心开心，无可厚非。然而，当作真凭实据办事情，就有失偏颇、本末倒置了。我看，为人处世，大事小事，相信科学、讲究哲理最为靠谱。""我的生日正是十三日，几十年来，我并没有感到'十三'给我带来什么不利因素，也不为此而感到忧心忡忡。"

　　读着《岁月吟诗》，会不经意间走进铠兄的童年、求学、军营、婚恋、相妻、教子、追求、激进、觉悟、退休等岁月，品味到他意、趣、悟、静的多彩人生。更为珍贵的是，从字里行间能够清晰地看见一个人如其名的金义铠：待人真诚如金，遇事崇尚正义，对己志坚似铠。

　　前年我出过一本《逐浪海上》，写我的成长历程，特赠铠兄指正。铠兄来信说，读了我的书，发现我俩有诸多相同之处：同为浙江人（他金华我温州），小时候交不起学费上不起学，没上高中去当小学教师，应征入伍到上海，同在一个部队当兵，退役后落户申城，更让我意想不到的是，他说，我们俩年龄相差几岁，却在同月同日生，成为难得的挚友。这么说来，他出新书，我为他写上几句，也是件很高兴的事。

郑长埠
2020年6月26日上海寓所

目 录

序　1

茗边抒意

也说"十三"　3
"门槛"当拆　8
无欲则刚　10
启蒙老师的冤案　12
春秋十度见真情　14
催人泪下　16
智能化管理大有可为　18
迈开腿　20
满足受众的渴望　22
从"爱心专座"说开去　25
"管住嘴"松不得　27
"上海建工"的初创岁月　30
记者的差使不易干　33
隔壁新阿姨　35
琢磨居室装饰热　37

"我偏要吃！" 39

众目睽睽试点房 41

苦干和巧干不可偏废 44

新居的无奈 47

"安居工程"贵在安居 49

名牌汽车与以人为本 51

北京奥运会震撼了世界 53

陈经理送臭豆腐 56

精彩的世博会 58

老朋友谈养生 61

无比振奋 64

袁隆平的梦 66

谨防跌跤 69

沉重的春节 71

举手之劳 74

闲情逸趣

悄然崛起的城市雕塑 79

诗意隽永 82

与环境和谐的统一 85

在物体上刻出心灵的激动　87

形神兼备西部风　90

撞击心灵的不朽形象　92

莫蹈城市雕塑创作的误区　95

龙腾虎跃试比高　98

蜂房的联想　100

新春祝福　103

快乐"咔嚓"　107

自强不息　109

走向世界的中国园林　111

友人赋诗　115

雷同与新意　119

起名不容易　121

有感而发　123

芝麻的西瓜效应　131

走在生活的前面　133

永不言败　137

加大重点工程报道的力度　139

关于《蓝图放歌》　143

映日荷花别样红　147

重点工程报道"失准"刍议　150

《龟趣》发表以后　155
我爱夏天　158
钓翁之意　160
惩恶扬善　163

步履匆匆

桂林如画　169
佛是一座山　171
地下雄师——兵马俑　174
庐山游记　176
天涯海角　182
"天府之国"的感慨　185
初上北京　188
壮哉，万岭青　191
泰国之旅　194
可叹的"人妖"　196
走进新加坡　198
日落涠洲岛　201
似幻似真游鲁镇　205
美在云和梯田　209

漫步悉尼　212
海湾的魅力　216
墨尔本印象　218
风雨兼程大洋路　222
步履匆匆　224

回眸零悟

红薯情结　229
祖母的秘密　231
在西山小学的日子里　233
魂牵梦萦浦师情　236
如愿以偿　242
一场"歼灭战"　245
第三号光荣花　247
回眸1958年　251
海上办报　253
退房　255
写春联　257
复旦"充电"　260
家庭晚会　263

难啃的硬骨头　266

久违了，通宵达旦　269

50年聚一回　272

慈祥的目光　275

四次搬家　279

清明扫墓　282

"小公主"七斤半　284

她，总为他人着想　286

静水涟漪

母校二三事　293

村里请来城隍爷　295

清晨骂街　297

哭在除夕　299

寡妇的悲哀　301

欢度中秋　304

孙膑和阿里巴巴　306

这个司仪不好当　311

夭折的初恋　315

相亲的烦恼　318

难忘的接见　321

两个"信阳"　324

"橘子皮噜苏！"　326

"焦饭我来吃！"　329

两代人上戏台　331

茫然的夜晚　335

水田夜捕　337

读者的心声　340

蓉城夜访　343

两老初尝肯德"鸡"　346

天花板又漏水了　348

"外公，我知道"　350

忆故友　353

学当小记者　356

过生日　358

后记　360

茗边

抒意

也说"十三"

不少人信运道,讲口彩,遇事总喜欢搭个数字的边,以便讨个口彩,交上好运。这玩艺果真灵验吗?我一直不以为然。

诸如从一到十这些数字,如何讨口彩,在很多人的观念里,早已约定俗成,达到滚瓜烂熟、脱口而出的程度。有人像唱歌似的,念念有词:"一帆风顺,二龙腾飞,三阳开泰,四季平安,五谷丰登,六六大顺,七星高照,八方进宝,九九同心,十全十美。"

遇事一旦沾上"六""八"等数字的边,就欣喜若狂,如获至宝,大喊:"太好了,六六大顺!""哈哈,正巧合八,要大发特发了!"

不过,也有个把数字,许多人是不喜欢的,相当讨厌的,甚至深恶痛绝的,那就是"十三"。说什么"碰到十三,好运跑光"。讲一个人笨,或者讨厌一个人,就骂他"十三点"。有人办喜事、购物或请客,特意回避"十三"这个数。有人建设楼房,居然不标"十三层"。一位朋友,单位分配给他一套新住房,照理说这是一桩大喜事,可不巧的是,住房门牌是某某路十三号,住宅又是坐落在大楼的十三层,喜事碰上不吉利的数字,真可谓"啼笑皆非",不知所措。人家还多年分配不上住房呢,总不能放弃吧?你要想对调,谁愿意来啊?几经冥思苦想,终于想出个"以毒攻毒"的妙计。决定在某月十三日十三时实施"乔迁之喜",十三加十三等于二十六,"二二成双,六六大顺!"这样一来,岂不成全了美事?有人在背后窃笑道:这未免有点自欺欺人吧,人家问你家住在哪里,你难道也忌讳两个"十三"避而不答吗?说来也巧,我的生日正是十三日,几十年来，我并没有感到"十三"给我带来什么不利因素，也不为此而感到忧心忡忡。

令某些人挠头的是，汉字中却有一个专门同"十三"对着干的字，这就是"福"字，一个大家普遍喜欢的字。人们写春联，写"福如东海"；哥们发贺信，写"祝您幸福"；艺人搞泥塑木雕，也要设计个"福、禄、寿"。可有多少人注意"福"字是由几笔组成的？不多不少，正好十三画！这对喜讨口彩、厌恶十三的人来说，就难免尴尬吧？从字义上说，应该褒；就笔画而言，必须贬。何去何从？请君三思。

其实，中国历史上并不忌讳"十三"这个数。唐朝末年节度使李克用的十三个儿子，是当时的将领，就称为"十三太保"。因颇负盛名，中国历史后来许多人物组合、团体都以"十三太保"为号。少林寺有一著名武功，称为"内硬十三太保横练功"，此乃轻易不传之功，属少林武术绝学，乃镇寺之功！……明朝共十六个皇帝，就有十三个都葬在北京天寿山，所以称"明十三陵"。如今，它已被列为世界文化遗产，全国重点文物保护单位，国家AAAAA级旅游景区。

有的人在婚恋问题上，也特别注意某些有关数字的口彩。有一位姑娘找对象，相亲十二个小伙子没有成功，因为下面要碰头的是第十三个，她望而却步，不愿去见面。谁能料到，虽然几经周折，这第十三个却谈成了，被传为美谈。根据这个故事，我写就一篇小小说，在南方一家报纸上发表，标题就叫《第十三个》(附后)。

玩数字，讨口彩，悠着点开心开心，无可厚非。然而，当作真凭实据办事情，就有失偏颇、本末倒置了。我看，为人处世，大事小事，相信科学、讲究哲理最为靠谱。

2011年5月

附：小说

第十三个

　　下班后，风姿绰约的姑娘吴玲来到中山公园门口赴约，准备同一位小伙子见面。还不到约定时间，她便上对面一家馆子喝起咖啡来。

　　吴玲是建筑工程队的会计，苗条、秀丽，红润的瓜子脸上忽闪着一双水灵灵的大眼睛，楚楚动人，是小伙子关注的目标。

　　吴玲自命不凡，定下六个字的择偶原则：高标准，严要求。在二十四岁以前，对向她求爱的小伙子不屑一顾，一律拒之门外。自二十五岁起，开始找男朋友，像猴子掰苞米似的，见一个，扔一个，五年来先后见面十二个，丢掉"一打"。今年，跨进"而立"之年，她在镜子里端详自己，前额出现抬头纹，眼角也有细微的鱼尾纹，不免黯然神伤。

　　她怎能忘记，五年前第一次应约同男青年见面，也是在中山公园门口。小伙子姓高，可是个子只有一米六八，比自己仅仅高出两厘米。男子汉大丈夫，当然应该是魁梧潇洒，风度翩翩。尽管对方人品不错，无奈身材太不起眼，跟他在一起不仅自己感到别扭，说不定还会遭人讥笑。她认为在爱情的天平上，姓高的不够分量，两个多月后，就把他淘汰了。

　　见面的第二个青年身材高大，仪表堂堂，可惜喝的墨水太少，四肢发达，头脑简单，吴玲当然也予以否定。

　　接下来，第三个青年职业工种不好，第四个工资收入太少，第五个兄弟姐妹多,第六个……唉,整整一打"不合格产品"!

说不上是酸,是苦,还是辣,吴玲边回忆,边品尝咖啡,越喝越品不出味儿。

她忽闪着那双杏仁般的大眼睛,不时远眺着中山公园门口来往的人们。啊,那边走过来的不就是自己的介绍人老陈同志吗,他身边还紧随着两位男同志,一位是青年,一位是中年,说不定就是新的对象和介绍人。怎么,那位青年好面熟,仿佛在哪儿见过面?

吴玲瞪圆大眼睛,全神贯注,终于看清了,那青年是第一次碰头的小高。真是冤家路窄!人们都说"十三"是个不吉利的数字,有的地方高楼大厦就没有十三楼的编号,看来不无道理。她要碰头的第十三个男青年,竟然是个"回炉货",实在令人懊丧。吴玲承受不了命运的折磨,双眉紧锁,满面阴云,像躲避侦察员的跟踪一样,倏地逃之夭夭。

她慌不择路,跳上公共汽车,连几路车也没搞清楚,一直乘到终点站。下车后,她也不看到了什么地方,只是毫无目的地在马路上徘徊着,思绪很乱。当路过一家影剧院门口时,下意识地停住脚步,自言自语:说实在的,与其躺在床上辗转反侧,不如到影剧院去消磨时光。

吴玲跨进影剧院,影片已放映一会,片名叫《取长补短》。里面穿插着身高一米六五的班长牛志成与一米七九身材的女司机杨华的恋爱故事。主人公的一举一动,深深扣动着吴玲的心。

怎么女高男矮都能谈成功?我第一次碰头的小高,毕竟他比我高出两厘米呢——不行,"回炉货"怎么行?她又转念想道,人说"浪子回头金不换"呢,何况小高又不是浪子。她反反复复回顾了同小高两个多月谈朋友的情况,突然感到他只是身材矮了点,人品倒是不错的,好学上进,待人诚恳,关心周到……优点还不少呢!

身材嘛是矮了点，怎么办呢？让我想想办法看。要是两人到外面去，不妨让他穿高跟皮鞋，我自己则穿平底鞋，一加一减可以弥补几厘米……想到这里，思想豁然开朗：可以再试试！她电影也不看了，霍地站起身来，一溜烟地赶车回到家里。

家人都已就寝。走入自己房间，发现了表姐寄给她的一封信。表姐告诉她说，其儿子现在不满十五岁，身高已达一米七五，超出他父亲十厘米。同时，关切地询问吴玲的婚恋情况，劝她积极把握时机尽快解决，防止陷入"剩女"僵局。

看着看着，吴玲的脑海里不时闪出小高脚踏实地的身影，牛志成与杨华亲热偎依的镜头，小个子表姐夫与其高个子儿子的形象……

原来，她多次埋怨丘比特之金箭为什么不射向自己，现在看来，正是丘比特的关照，才把品质不错的小高又送到自己的面前……我可不能再东挑西拣搞花了眼，糊里糊涂地跌入"剩女"圈里变成老大难。机不可失，时不再来，我不能再犹豫不决，明天就去找介绍人老陈，要求另约时间同小高再碰头。观念一变，脑子发生急转弯，心情也舒畅了，不久她就呼呼入睡。

两天后，吴玲同小高见面，两人有说有笑，比第一次谈朋友时热乎多了。

八个月后，两人喜结连理，夫妻双双开始新婚之旅，第一站就定在北京十三陵……

1987年11月25日《广东建设报》

"门槛"当拆

近闻南京市拆除建筑市场"门槛"的消息，对外地建筑安装企业不再采取"老门不关、新门不开、提高门槛"的做法，不再将8000平方米以上的建筑工程招标对象限制于基地在南京的全民施工企业中。这则消息对正在培育中的建筑市场而言，可谓及时雨，人们不禁拍手叫好。

近几年来，某些地方也有类似南京过去的做法，对工程建设采取地方保护措施，提高"门槛"，对外来施工队伍或限额招标，或征收调节金、保证金等，经营者叫苦不迭。在建立社会主义市场经济的今天，这种高筑"门槛"的半封锁政策显然不合时宜。因为市场经济具有开放性、公平性、竞争性等特点，如果划条条框框，内亲外疏，限制外来队伍涉足某些工程，就不可能有公平竞争，也不会有真正的优胜劣汰，这样便形不成有竞争性的统一的市场体系，怎么建立起社会主义市场经济？

再从培育建筑市场的主体来说，市场经济是一种竞争经济，各个企业只有不断激发本身的活力，努力发展自己，才能在市场竞争中取胜。若一味保护本地的建筑企业，对外来施工企业设置障碍，厚此薄彼，就可能使某些"嫡系"企业越养越娇，离不开保姆，断不了奶。这样的企业，怎经得起市场经济海洋的风吹浪打？到头来，保护政策岂不害了它们？

还应当看到，我国加入"关贸总协定"势在必行，同国际市场接轨不可避免，要是我们自己内部也一面叫开放，一面搞地区封锁，

"犹抱琵琶半遮面",躲躲闪闪,建立不起统一、开放的建筑市场,又如何与国际市场接轨?国外企业一旦进入我国市场,我们的企业又如何同他们进行公平竞争?

综上所述,建筑市场的"门槛"非拆不可!

如今,南京市成了拆"门槛"的带头羊,那么,还有一些地方建筑市场的"门槛"何时动手拆除呢?

发表于 1993 年 4 月 15 日《中国建设报》

无欲则刚

那天早晨起床,在宿舍里没有看到班里的G某。在操场上跑步,还是没有见到他。咦,他到哪儿去了呢?

我问班里的同志,都说没见到G某。我寻思,他是否离开军营了?便急忙报告区队长。随后,经过多人在营区四周寻找,还是不见他的踪影。中队干部分析:G某开小差了。后来,经大队部向G某的家乡调查,证实他已于前一天晚上乘火车从上海逃回金华家中。听到这个消息,我连连责怪自己:"作为新兵班长,连班里的兵逃走都不知道,真丢人!"

经过联系交涉,三天以后,G某灰溜溜地回到班里,接受批评教育,作了深刻检讨,这个风波总算过去。吃一堑长一智,我也接受教训,每天早晚都增加人员检查这个环节。

我们都是今年一月应征入伍的新兵。G某入伍前刚结婚,新婚燕尔,留恋妻子,缺乏自制力,这次就偷偷溜回家去。这件事引起我的深思,心情久久难以平静。我未谈过恋爱,没有体会,男女感情问题竟有这么大的能量,能驱使一个新兵开小差,难以理解。我读过林则徐的名言"海纳百川有容乃大,壁立千仞无欲则刚"。悬崖绝壁能够直立千丈,是因为它没有过分的欲望,不向其他地方倾倒。觉得此话言之有理,十分经典。人有七情六欲,可以理解,但任何事情都得有一个度,情感也应把持适度,不能任其无限膨胀。一个人结了婚,可以在正常的情况下维护他们的爱情生活,但不能凌驾于工作和纪律之上。如果说,谁都可以随便离开部队去同妻子相会,那么这个军队岂不乱了套？

　　人是要有一点精神的，一事当前，必须冷静分析，权衡轻重，个人利益必须服从整体利益和国家利益，任何时候都不能让私欲占上风，去搞个人主义、自由主义。"生命诚可贵，爱情价更高，若为自由故，两者皆可抛。"1849年7月31日，匈牙利年仅26岁的裴多菲在瑟克什堡同沙俄军队作战时牺牲，以为国捐躯的实际行动诠释了他不朽的诗篇。马克思和恩格斯赞扬他是1848年欧洲革命中的英勇斗士，他的诗作也成了全世界被压迫民族宝贵的文学遗产。我们，真应该好好学习裴多菲这种高尚的精神和情操。

1956 年 4 月

启蒙老师的冤案

"文革"年代的一个夏天,我从部队回乡探亲,有人告诉说,我的启蒙老师被批斗了,罪名是"历史反革命",把我吓得目瞪口呆,本能地反应:无法置信。

启蒙老师原名叫杨世府,解放初参加县里的小教师资培训班,他认为自己以前只管教书,不问政治,解放以后,共产党唤醒了自己,故而改名杨醒。当时他20多岁,血气方刚,一经接受革命教育,提高了思想觉悟,各方面表现都十分积极。

至今我记忆犹新,杨老师在我村小学教书时,教学认真,获得学生和家长的普遍好评。当时,他曾经教我们唱过一首乞丐要饭歌《可怜我》,歌词是:"可怜我——张阿大,从小死了爹和妈,穷苦日,过不下。天气又冷,肚子又饿,满身病痛苦难熬。先生呀,太太呀,做点好事吧!"师生同唱要饭歌,触景生情,声泪俱下。据说,杨老师在小教师资培训班里既控诉和批判旧社会,又绘声绘色地表演《可怜我》,业务学习和政治宣传都相当突出。为此,培训班一结束,杨老师就被留在县文教科工作。

1954年秋季,我从师范学校毕业去金华市任教时,杨老师依然在县文教科任职。工作多年的公务员,怎么突然变成反革命分子了呢?我大感不解,向乡亲们了解这一事件的来龙去脉。有人说,曾经到我村小学工作过的一个老师检举了杨醒,说他在我村教书时,想组织忠义救国军。我村小学名叫金冠样小学,检举材料揭发"金冠小学就是军官学校"。那么杨老师组织军队没有?有什么反革命行为没有？有人证、物证吗？没有一个人提供肯定的回答。另外，也有人告诉我说，我村小学是复式初级小学，历来只有一位老师。检举人同杨老师没有一起工作过，他揭发的材料从哪里来的，不得而知。还有人悄悄跟我说，杨醒在文教科工作时，那个检举人曾要求杨醒给他调个好的岗位，杨醒没有办，他怀恨在心，借着阶级斗争的幌子，凭空捏造所谓揭发材料，决意要把杨醒整下去。听了这些正正反反、纷纷扰扰的情况，我心里已揣摩到其中有鬼。欲加之罪，何患无辞。但是，在当时否定一切、打倒一切的复杂情况下，我身为军队干部，不可能发表什么看法，只得无可奈何地默默离开。

拨乱反正以后，杨老师的冤案终于水落石出，获得平反昭雪。然而，不可能再回文教科工作，实际上他也不想再回去。好在他年轻时曾经学过中医，便去福建武夷山一家医院当医生，工作得不错，直至退休。

上世纪九十年代开始，我们建立了联系，书来信往，畅所欲言，从工作到生活，谈天说地，其乐融融。他还把一位驻外大使张先生介绍给我，使我俩成为朋友。他深情地对我说："你们两个是我学生中最有作为的，也是能够推心置腹交往的好朋友。"世态炎凉，能拥有几个真诚的朋友，可真不容易啊！

2006 年 8 月

春秋十度见真情

在一次深入建筑企业采访中，了解到一对年轻夫妇赡养一位孤老的动人故事，我如获至宝，兴奋了好几天。

那天，我专程赶到建筑工人徐广喜家采访，被非亲非故的主人赡养十年的81岁老太张珠莲激动地对我说："广喜他们把我当成亲阿奶，我过得很开心。"

十年前，张老太老伴病故，她没有子女，没有劳保，没有积蓄，孤苦伶仃，生活没有着落。住在不远的青年工人徐广喜和妻子周观兰，不忍心看着张老太过这种艰苦的日子，便真心实意地把张老太接到自己家里一起生活，从此以后，张老太成为徐家的阿奶。徐广喜的儿子刚五岁，在父母的言传身教下，亲切地称老人为"太太"。四口之家，敬老爱幼，他们不是亲人，胜似亲人，旁人还以为他们原来就是一家人。

在日常生活中，徐广喜夫妇处处为阿奶着想。在单位分房时，为阿奶进出方便着想，便选择二楼。新房有两个房间，就安排阿奶和自己的小孩住一室，一人一张床，家具齐全。夫妻俩让阿奶真正当主人，每月发工资，一回家就交给阿奶，要用时再向她要。阿奶有时大便失禁，周观兰没有半句怨言，和颜悦色地及时给她换洗衣服、清洁房间，并注意营养和卫生，使老人年逾八旬没有重大疾患。老人过八十大寿时，徐广喜邀请亲人们前来一道为阿奶祝寿，周观兰还特地买来一只花戒，送给阿奶作寿礼，张老太高兴得嘴也合不拢地说："现在真是越活越开心。"

为此，我撰写了通讯《春秋十度见真情》，由于事迹生动感人，在我们《建筑时报》发表后，又先后被《新民晚报》和《中国建设报》刊用。

在当今社会，尊老爱幼已成为人们普遍崇尚的社会公德，蔚然成风，大多数人践行得很不错，像徐广喜夫妇这样真情敬老爱老的优秀典型，也不乏其人，他们为当下的和谐社会奠定了坚实的基础。然而，在日常生活中，也常常会听到一些同尊老爱幼相悖的信息，有的子女不愿赡养老人，有的晚辈虐待老人，甚至有的为了自己要结婚竟然把老人赶出门的，行为恶劣，令人发指。孟子曰："老吾老，以及人之老；幼吾幼，以及人之幼。"自古以来，我们中华民族一直崇尚尊老爱幼的美德，提倡在赡养孝敬自己的长辈时，不应忘记其他与自己没有亲缘关系的老人；在抚养教育自己的小孩时，不应忘记其他与自己没有血缘关系的小孩。对于少数不能真正敬老爱老的人，真应该向他们大喝一声：睁开眼睛看一看敬老爱老的道德标兵是怎么做的，而你自己是怎么做的？赶快醒悟吧！

写于1993年10月，先发表于《建筑时报》，随后刊登于1993年11月1日《新民晚报》和1993年12月28日《中国建设报》，本文作了删改。

催人泪下

中央人民广播电台以低沉、悲痛的声音播发了讣告，1976年1月8日，全国人民爱戴的周恩来总理在北京逝世，享年78岁。噩耗传来，催人泪下，当时我们在场的官兵纷纷泣不成声。敬爱的周总理，您不能走啊！我们全体指战员需要您，10亿中华儿女需要您。

我们部队的每艘军舰都下半旗志哀，人人都怀着无比沉痛的心情。当年参加调查"跃进"号轮船沉没事件时，得到周总理接见的324舰等官兵，纷纷开展回忆座谈等特殊形式的悼念活动。

据报道，联合国也下半旗志哀。联合国秘书长瓦尔德海姆说："为了悼念周恩来，联合国下半旗，原因有二：一是中国是一个文明古国，她的金银财宝多得不计其数，可她的总理周恩来没有一分钱的存款！二是中国有10亿人口，占世界人口的四分之一，可是她的总理周恩来，没有一个孩子！"

是的，周总理一生没有子女、没有房产、没有墓地。逝世前，他交代说："把我的骨灰撒到江河大地去做肥料，这也是为人民服务。"他是真正意义上的伟人，彻底的唯物主义者！

在我们部队，凡是提到周总理，有口皆碑。我们无法细数周总理为我们国家做出的贡献，但在大家的心中，他是集聚中华民族优良品德的化身，他是人民的好总理，真正的"人民公仆"。

周总理逝世，举国哀悼。从电视中看到，国葬那一天，北京成千上万的人们顶风冒雪，在十里长街与他告别。看着周总理的灵车徐徐向前，我们无不潸然泪下。

在青少年时期，周恩来便立志"为中华之崛起而读书"。以后，他参加革命，忘我地工作，无私地奉献自己毕生的精力。早就传说周总理患病，后来在电视新闻里看到他在为四届一次全国人大作报告时，面容瘦削憔悴，我已觉察到不祥的预兆，默默祝愿他早日恢复健康，怎料到总理这么快就离开我们。总理逝世以后，才逐步知道他1972年就被确诊为膀胱癌。他不仅继续担负着常人难以承受的繁重工作，而且承受着来自党内外巨大的政治压力。在他生命的最后600天里，他被做了大小手术13次，离世时体重不到60斤。周总理艰苦朴素，只求奉献，廉洁奉公，两袖清风，将自己毕生的精力全部奉献给了党和国家的事业，据说临终前还批评自己没有把国家建设得好点，人民的生活多改善一些，"感到内疚、羞愧"。周总理为国为民"鞠躬尽瘁，死而后已"，却虚怀若谷，严于律己，真不愧为万众敬仰的巨人！

这是多年前写的文字，为什么现在又翻了出来？"今日欢呼孙大圣，只缘妖雾又重来。"自党的十八大以来，被揭露出来不少腐败分子，说明在目前干部队伍中，问题不少，有的还相当严重。直面现实，不由得怀念起周总理和焦裕禄等杰出的领导干部。现在各地区各阶层的干部队伍中，确实存在少数害群之马，有的浑浑噩噩、敷衍塞责；有的私欲膨胀、争名夺利；有的贪污腐化、纸醉金迷……倘若长此以往，好不容易才建设起来的社会主义国家岂不毁于一旦？看来必须认真审视我们的教育、干部制度和监督机制等方面的不足之处，究竟存在什么漏洞，如何解决？对那些不称职的和堕落的干部，绝不能怂恿迁就，非要大刀阔斧地整顿和清理不可，决不让这些蛀虫蚕食我们的大好河山！

2018年1月

智能化管理大有可为

走近杭州市庆春路马市街口,只见一幢近百米高的大楼拔地而起,这是在建的杭州阳光城,四周绿色的密目网围护上,施工单位"浙江中天建设工程集团"的名称和司标鲜明夺目。穿过洁白的围墙进入工地,脚下是干净的混凝土硬地坪,两边排列着"文明施工、安全生产"等一系列标牌,图文并茂,给人以良好的施工氛围。

建筑工地,成天同黄沙、石子、钢筋、水泥打交道,一直是靠人工进行现场管理,听说这里施行智能化管理,我特来实地探访。阳光城是一幢设计29层、建筑面积56000平方米的商厦,地处闹市区。中天集团杭州公司经理告诉我,这个项目早就实现管理电脑化,而且在杭州是第一个采用施工现场电视监控。我怀着浓厚的兴趣来到工地电脑监控室,其间电脑、电视机排列有序。年轻的项目经理注视着彩电,大屏幕上清晰地显示出大楼高层作业的视频,许多戴安全帽的工人忙碌地绑扎着钢筋,身边的建材放置得井井有条……

我搞不明白,急着问道:"作业面的实况是怎么传送到监控室的?"

项目经理指着室外的起重机回答:"工地南北设有两台塔吊,摄像装置就安放在上面,施工到哪就跟踪到哪,源源不断地把现场实况传送到监控室。"

"那么电视监控的效果如何?"

"监控效果显著。"项目经理回答说,一是能准确地获得作业信息,确保工程质量和安全生产。比如什么人违章作业,什么人摘下了安全帽，等等，只要查看荧屏就一目了然，得以防患于未然。二是能及时掌握施工进度，有利于指挥调度。特别是高层建筑经常要用大批量的商品混凝土浇筑楼面和外墙，有了电视监控就能及时掌握高空作业面的浇筑进度，避免混凝土搅拌车的早来或迟到，防止不必要的损失。此外，对建设监理工作也带来很大方便。总之，电视监控大大提高了工作效率，促进了管理智能化。

咀嚼着项目经理耐人寻味的话语，我们一行人来到大楼南面。一抬头，正看见一个施工吊篮徐徐沿着大楼外墙上升，不一会戛然而止，我正纳闷着吊篮为什么不开门，项目经理带我们走进地面的吊篮操作棚，原来这里也有一台电视机在监控。这时，靠近吊篮的楼面有人伸手拉上吊篮的安全保险杆，吊篮操作工从屏幕上确认作业人员安全措施准确无误，便按电钮打开吊篮的栅门，让其进入吊篮卸下建材……

观看了阳光城工地初步实施智能化管理的生动场面，联想到该工地在杭州市1997年第一次建筑质量安全竞赛中一举夺魁，并赢得全市施工企业在这里召开现场会的非凡业绩，笔者感慨良多，不由得呼之欲出：智能化管理在工地大有可为！

发表于1997年9月29日《建筑时报》

迈开腿

生命在于运动。迈开腿，就是让身体动起来，开展运动。人的养生真谛在于自身的运动锻炼，通过运动增强体质，提高免疫力。在上班的漫长岁月里，成天忙于工作，我并没有认识到这一点；退休以后，从迈开腿的实践中，才慢慢意识到运动才是生命保持活力的源泉。

退休者，一般都把养生保健放在第一位。至于采取什么方法，认识不一，各显神通：有人选择收看养生保健节目，有人相信膏方补药，有人喜欢种花遛鸟，有人爱好下棋垂钓，有人热衷唱歌跳舞，更多的人认准运动锻炼。爱好运动者认为求医不如求"动"，将日常运动变成康复处方，他们说"运动好比灵芝草，何必苦把仙方找"。通过一些老人坚持锻炼确保健康的生动事例，我认识到其他爱好可以根据自己的兴趣决定取舍，但是运动万万不可缺少，于是便把运动列为养生的第一需要。

一开始，我把做操和慢跑作为每天的锻炼项目，没有伙伴，单干独斗。每天早晨沿着我家附近的绿地四周慢跑3圈，然后做几节锻炼腰背和头颈的体操，大体耗时40—50分钟。在锻炼过程中，看到在塑胶健身跑道上人头攒动，徒步锻炼的气氛热烈，我就被吸引了过去。走路锻炼运动量小，平缓省力，轻松舒畅，我感觉比较适合自己的身体状况，那么是否就此改为走路锻炼呢？通过翻阅一些资料，咨询几位医生，结论是肯定的。走路锻炼好处多多：一是经常走路锻炼，能够减少疾病的发生。经常走路，可以改善内分泌，调节激素水平，增强免疫力，提高防病能力。走路锻炼有利于增加肺活量，促进食物消化吸收，促进血液循环，减少血块形成，减少心肌梗塞的可能性。有医生说，每天走路锻炼，还有利于活跃大脑思维，增强记忆力。二是经常走路，身心放松，能够释放压力，减少抑郁症的发生，还可以在一定程度上减少癌症的患病率。三是经常走路锻炼，能够减肥健身。有医生说，如果快走，每分钟走100米以上，一次持续40分钟，每周坚持四次以上的有氧运动，就能收到健身减肥的效果。于是，我就决定每天坚持走路锻炼。

绿地的健身跑道才200米左右，距离较短，而且早锻炼时人员较多，有些拥挤，因此我还是坚持沿绿地四周走3—4圈。每圈10多分钟，到绿地锻炼一次，耗时50分钟左右，走路约5000步。锻炼结束，刚好出汗或冒小汗，不觉疲惫，说明运动量适度。然后，再去市场买点菜带回家，这样，一般每天均可达到走路6000步的指标。锻炼一段时间以后，感到饭菜很香，睡眠特爽，我告诉自己：锻炼对路，初战告捷，持之以恒，必见成效。

我要求自己每天早晨定时起床，不睡懒觉，每周锻炼时间不少于5天。某日如拍照或有事外出，视走路步数决定是否补课。要是遇上雨天，便在开窗通风的前提下，以客厅为场地，进行徒步锻炼。一次，我住院治疗，感到身体并无大碍，便坚持每天早晨在医院的院子里进行走路锻炼。后来，手机下载"微信运动"App，就更加方便，既能自动计步，又有参与的亲友相互鼓励，走路锻炼的劲头更大，信心也更足了。"微信运动"每天都实时显示参与者的"步数排行榜"，对自己有监督和激励作用，要是看到自己当天步行锻炼不达标，就设法补课落实。至于排名次，我不追求，秉承过去工作时清心寡欲、与世无争的一贯做法。

2018年10月

满足受众的渴望

随着城市基本建设的快速发展，群众对关乎民生的重大公共建筑十分关心，比如大桥、地铁、隧道等，不但希望了解其规模、功效和建设进程，而且还提出了一些建设中不清楚的问题，渴望得到答案。作为大众传媒，本是人民群众的喉舌，自然要忠实反映大众的生活脉搏，及时回应和满足受众的渴望。

当上海的市民经过苏州河上的诸多大桥时，不难看到在桥面两头都有一条狭窄的裂缝。懂行的人知道，那是建筑师特意设计的伸缩缝，用以应对桥梁在酷暑或严冬季节的热胀冷缩，确保平安无虞。可是，人们走在横跨黄浦江的南浦大桥、杨浦大桥时，却找不到类似的伸缩缝。有人提问："难道这两座跨度分别为423米和602米的大桥不受热胀冷缩规律的制约吗？"我认为传媒工作者有责任回应这个疑问，便在《上海科技报》（1993年12月1日）发表《浦江大桥上有"缓冲器"》一文，解答受众关注的这个"为什么"。

文章阐明大型桥梁不像小型桥梁，不能再用沥青解决伸缩缝问题，介绍有关单位经过长期科研攻关，开发成功SG大变形量模数式伸缩缝装置。它由橡胶接缝板和梳形钢板组合而成，抗磨损，充当大桥经久耐用的"缓冲器"。例如，杨浦大桥装置SD型橡胶连续伸缩缝，固定在预埋铁件上。从而，较好地帮助受众释疑解惑。

回应和满足受众的渴望，不能就事论事，必须兼顾知识性、趣味性和可读性，只有这样，才能确保新闻的质量和价值。上海东方明珠电视塔建成以后，引起人们的普遍关注，提出了许多个"为什么"。除了电视塔的高度、设施和功能,不少人对天线也很感兴趣,有人就问:"听说东方明珠天线很粗很重,到底有多粗多重?是怎么架上去的?"针对受众的关切,我经过深入采访,在《建筑施工》杂志(1994年第3期)发表了《东方明珠电视塔天线怎样上天》的专题文章。

首先,采用铺垫手法,在文章第一段以"天线非线 堪称钢塔"为小标题,设置悬念,介绍天线的构成。天线全长118.7米,分两部分,下面部分长68.7米,底部面积为3.8m×3.8m的正方形,相当于一个14.44平方米房间的面积;而上面部分长50米,分别为八边形和正方形,顶端的截面为0.7m×0.7m,有一张小的方台子那么大。天线系空心钢结构,自重380吨,加上附属设备,总重450吨。如此笨重的钢塔怎样架上400多米的高塔?受众读到这里,势必产生不解决悬念不罢休的念头。

于是,第二段以"庞然大物 登天有术"为小标题,阐述施工和科研单位合作攻关破解难题的情况和细节。450吨重、118.7米长的巨型天线如何上天?用卷扬机滑轮组提升?显然起重能力达不到要求。用重型吊车双机抬吊?无奈吊车放在地面高度不够。用直升机空中吊装?我国尚无这种直升机,即使有,每次只能在空中停留10多分钟,风险太大。

在否定常规吊装方案以后,文章写道,为此,承担电视塔天线吊装任务的上海市机械施工公司进行科技攻关,研究出钢索液压爬升千斤顶计算机控制同步整体提升方案,并委托同济大学研制出一套提升设备。在电视塔中间的空洞四周,从直筒体顶部至塔底,分别布置20束120根直径1.5cm的高强度低松弛钢绞索,下端装置20只起重总能力8000kN液压千斤顶。一启动开关,20只千斤顶就像猴子爬树一样在钢绞索上同步爬升,带动钢天线逐步上升。在天线冲出直筒体洞口后，千斤顶仍然继续爬升，直至天线升至预定高度。

庞大而笨重的天线在高空作长距离提升，施工难度大，技术要求高，为此我又具体介绍了施工单位如何在控制系统中采用一系列高新技术，以求施工安全无恙。

那么，这套新的施工方案是如何确保成功实现的呢？笔者在文章最后一段，以"千锤百炼　天线玉成"为小标题，描述了施工和科技相结合，以脚踏实地的科学态度，在电视塔工地设置一套按比例缩小的液压千斤顶提升天线试验装置，在天线安装前进行3000多次爬升试验，去粗求精，不断优化方案。由于未雨绸缪，科技领先，1994年5月1日，电视塔天线实施提升安装，一次就位成功。同时，其成功的高空抬吊方式也为世界起重史谱写了新篇章。

文章发表后，获得读者普遍欢迎，也受到新闻界的关注，刊登此文的《建筑施工》杂志社将文章送市里参加评奖，结果被评为1994年上海市科技好新闻。

从"爱心专座"说开去

每次乘公交车,都会看到标有醒目文字的"爱心专座",同时会听到广播发出的响亮口号:"请给需要帮助的乘客让个座!"表面上给人的感觉似乎很讲文明礼貌。然而,实际情况往往与此相悖。有时候,有人主动让座;可也有不少次数,"爱心专座"上却坐着风华正茂的年轻人,一个劲地看手机,对站在旁边的老人视而不见,安然自在,不到预定下车车站决不离座。听说,有的火车上还出现过霸座的事。其实,这只是当今社会文明不高的一种现象,人们已经司空见惯,见怪不怪。

社会上不文明的现象多着呢!例如随地吐痰、乱扔垃圾、随意抽烟、乱闯红灯、排队插队、骂人吵架等,几乎天天可见;而黑、黄、赌、毒,以及贪污腐化、以权谋私、行凶抢劫等,也不只是个案。不少老人颇有感慨地说:"现在经济是上去了,社会风气却下来了。"人们无不为之忧虑。

造成当下的社会弊病,既有深刻的历史原因,更有现在腐败风气的推波助澜。

改革开放以来,不再搞阶级斗争,人们的个性得到较好的解放,生活过得轻松愉快。以经济建设为中心,国民经济突飞猛进,人民物质生活水平也随之步步上升。然而,随着私有经济的发展,各个阶层、各种人员一哄而起,经商、办产业之风日盛,加上某些舆论片面宣传"发财致富""能挣会花"等,"一切向钱看"的思想甚嚣尘上,许多人随之私欲膨胀、物欲横溢。再加上一些地方少数干部的权力没能得到严格而有效的监督和制约，贪污受贿、腐化堕落屡见不鲜，严重地破坏社会文明，毒化了社会风气。

上世纪六十年代前半期，特别是开展"学雷锋"活动以后，虽然经济不发达，人们的个性受到一定压抑，但还是营造了一个比较文明的氛围，社会风气不错。"十年树木，百年树人。"一个好人，如放松自律，可以毁于一旦；然而，要培养一个讲文明懂修养的人，就得依靠长期教育和本人一世修行。何况，良好的社会文明、清明的社会风尚，有赖于一代以至几代人的努力，才能日臻完善。诚然，我们也把高度文明作为社会建设的目标，制定和宣传社会主义核心价值观，群众性的教育活动不断，然而不少还只是停留在口头上，真正践行和落实的不多，没有收到良好的预期效果。提倡和营造良好的社会文明，不但要坚持宣传教育，形成强大的社会舆论，还有赖于建立必要的机制，健全法制，奖优罚劣，有的国家在这方面为我们提供了成功的经验。还以"爱心专座"来说，一定要让应当受照顾的病、残、老、弱、幼等弱势对象对号入座。久而久之，约定俗成，使"给需要帮助的乘客让座"蔚然成风。

中国是历史悠久的文明古国，拥有优秀的传统文化，振兴中华，我们应该而且也有能力发扬优良传统。只要真正从教育、机制、管理等多方面入手，提倡文明，人人参与，从我做起，持之以恒，经过几代人的不懈践行，最终一定能把我国创建成高度文明的社会主义强国！

2017 年 7 月

"管住嘴"松不得

"管住嘴,迈开腿。"这是养生大师谈保健时常说的口头禅。管住嘴,是说营养要均衡搭配,不要想吃什么就吃什么,也不能暴饮暴食;迈开腿就是运动,使气血运行排出毒素,增强抵抗力。这句话的道理我也略懂一点,但在行动上并不重视,往往是我行我素。考虑到健康状况还行,疾病不怎么光顾自己,差不多把"管住嘴,迈开腿"忘却了。

在上世纪七十年代,我常常感到腹部胀痛,后来查出患上胃病。当时在舰艇部队服役,因为经常出海,军舰在较大的风浪中航行时,多数人要晕船,免不了呕吐"交公粮"。久而久之,舰员中患胃病的司空见惯,一般当作"家常便饭",不怎么重视。谁知我的腹部胀痛日益加重,消化也不好。经上海长海医院胃镜室切片检查,被确诊为慢性萎缩性胃炎。医生告诫说,这是比较麻烦的胃病,如不认真治疗,有转化为恶性肿瘤的风险。面对鸣响的警钟,我前去上海市第一人民医院,请中医科主任张镜人医师治疗。张主任是上海滩名医张骧云的传人,擅长内科疑难杂症诊治,是治疗萎缩性胃炎的著名专家。

张医生首先询问我的病情,仔细察看长海医院胃镜室的诊断报告。接着,查看舌头,号脉。这时我环顾四周,他身边坐着三个中青年医生,分别拿着我的病历卡、中药方笺和工作本——一位名医带三个中青年医生,实行"传帮带"。张医生先讲述诊断要点,然后开药方,口述"某某药,几克……"记病历卡的、写药方的和记工作本的，三个人同时刷刷地书写着。随后，张医生细致地关照说："先服七帖。不要抽烟喝酒和吃其他刺激性食物……药服完后，再来复诊。"

服完三帖药，我的胃部胀痛程度明显减轻。服完五帖药，腹部胀痛消失。噢，真神！张医生果然妙手回春！我去复诊时，张医生认为初方收到预期效果，就改方增删几味药，开药14帖。服用结果病情没有反复，消化也逐步改善。第三次去就诊时，张医生关照说，中药比较温和，需要逐步消除病源，不能着急，要打持久战。我严格执行医嘱不含糊，不论碰到什么情况，天天按时服药雷打不动。有时随军舰出海，就请医生多配中药，让军舰上的医务人员帮助煎药，确保天天服药不间断。

治疗服药期间，先后做过多次检查，病情逐步减轻。一年以后，再去长海医院胃镜室检查，没有切片，就说检查完毕。医生问我在什么医院治疗，效果很好，最后作出结论：慢性浅表性胃炎。当时，我简直不敢相信治疗进展这么快。张医生果然厉害，"上海滩名医传人"名不虚传！从彻底治愈萎缩性胃炎确保完全恢复健康着想，张医生要我继续治疗较长时间。医院把我的病例作为典型来研究，治疗认真仔细，其中，曾几次给我筛查和分析胃液变化情况，使我的健康状况不断好转。我前后一共治疗三年，才停止服药。

胃病治愈，健康恢复，我的饮食也回归正常。记得一次去新疆开会，天天就餐吃羊肉也无异常反应。从此，我吃东西无所顾忌，脑袋里就忘掉"管住嘴"这个概念。螃蟹，可是人人称道的美食，胃病一好，我也吃得津津有味。可是有一次，连续几天吃螃蟹，忽然感到腹部不舒服。其实，我不了解螃蟹的性能。中医认为，螃蟹性寒凉、味咸，脾胃虚寒者吃后容易引起腹痛、腹泻或消化不良等症。现代医学认为，螃蟹的蛋白质含量高不易消化，患有胃肠道疾病者不宜食用。腹部疼痛，是不是旧病复发？前次治疗胃病至今近20年，张医生还在上海第一人民医院吗？一到医院找专家门诊才知晓，张镜人医生早已退休到市中医门诊部主持特需专家门诊，而当年他"传帮带"的青年医生张亚声成为他的接班人，现任上海第一人民医院中医科主任。张医生还记得我，热情地回顾当年治病的情景，因为我这个典型病例的治疗成功，他们得了奖。他对我进行望、闻、问、切检查后，指出吃螃蟹容易引起旧病复发，现在问题不大，吃点药就可以康复。告诫我"下不为例，不能再贪嘴"。由于张医生熟悉我的病情，对症下药，很快使我恢复了健康。

  从此，我开始重视"管住嘴"的问题，吃东西格外小心谨慎，螃蟹是无论如何也不沾边了。有一次，女儿边吃螃蟹边问我："这么香的美味不吃，爸爸你怎么熬得住啊？"我回答说："这是纪律，再馋也得遵守。"然而，一年冬天，妻子买来几只黄澄澄的柿子，她边吃边称赞着如何好吃，劝我尝尝味道，一开始我有所犹豫，但经不起妻子的热情劝说，就吃了一只。谁知这柿子负面效应如此快，当晚就感到腹部不舒服。上网一查询，原来柿子也属于积冷发物，多具寒凉之性，能伤阳生寒，影响脏腑运化，胃肠功能较弱的人群，患有慢性胃炎者要禁忌。贪吃柿子酿成的后果，再次向我敲响警钟："管住嘴"松不得！我告诉自己必须相信科学。从此，给自己制定一条戒律：凡是面对吃不准的食物，事先要调查研究清楚，在确保不影响健康的前提下再食用。吃柿子造成不良后果后，又去医院治疗，张医生的医嘱同我自己的戒条不谋而合。

  后来，我严格把牢"管住嘴"这一关，持之以恒，腹痛就再也没有发生过。

2009 年 3 月

"上海建工"的初创岁月

光阴荏苒,转瞬"上海建工"已走过五十度春秋,豪迈地跨入"知天命"之年。日前,笔者荣幸地走访了见证"上海建工"初创岁月的老领导罗白桦局长和张文韬书记。

随着土地改革的基本完成和国民经济的迅速恢复,从1953年起,我国开始执行发展国民经济的第一个五年计划。适应城市建设的需要,1953年1月2日,上海市人民政府行政例会拟定成立市建筑工程局。

年届九旬的罗白桦对往事历历在目,他说:"我原在南京,1953年初被调到上海,陈丕显告诉我说,市里决定,以华东建筑工程局第三工程处为基础,抽调全市学过土木工程的人员,组建上海市建筑工程局。3月1日,建工局宣告成立。"

正是这样,上海建工集团的前身上海市建筑工程局作为"一五"计划的"同龄人",应运而生。1953年6月18日,上海市委决定成立中共上海市建筑工程局委员会,罗白桦为书记。7月,政务院批准罗白桦、杨兆熊为正副局长。

上海市建工局成立不久,就圆满地建成曹杨新村等两万户工房,出色地竖起气势恢宏的标志性建筑中苏友好大厦(今上海展览中心),展示了"上海建工"起步不凡的崭新形象。

1956年4月,毛泽东同志在《论十大关系》讲话中指出:"好好地利用和发展沿海的工业老底子,可以使我们更有力量来发展和支持内地工业。"随后上海市确定"充分地利用上海工业潜力,合理地发展上海工业生产"的建设方针，加快发展工业的步伐。根据经济建设的需要，1958年3月，上海市建筑工程局与华东工程管理局合并，成立新的上海市建筑工程局，下辖17个单位，共31857人。5月，杨兆熊任局长，张文韬任党委书记。

年近九旬的张文韬回眸昔日的情景，记忆犹新，辞锋甚健。他说，当时我国处于"大跃进"的特定年代，基本建设规模空前，一大批冶金、化工、重型机械等工业设施的重点建设项目迅速上马，上海建工局面临繁重的建设任务。但是，"上海建工"习惯于搞民用建筑，基本上处于肩挑人抬、手工操作状态。为适应新的形势，奉命实行"两个转变"，一是开始由民用建筑为主向以工业建筑为主的转变，二是由手工操作逐步转向半机械化和机械化施工。针对工业建筑结构复杂、任务艰巨的特点，以及建筑队伍力量不足、技术不高、设备落后的实际情况，采取了打歼灭战的办法，集中力量，缩短战线，突击重点，带动全盘。同时，提出"消灭肩挑人抬"的口号，掀起以改良工具、变革手工操作为主的技术革新热潮。

"大跃进"期间，"上海建工"兴建了上钢五厂、重型机器厂、铁合金厂、锅炉厂、汽轮机厂、闵行发电厂、吴泾热电厂、跃龙化工厂等重点项目，扩建和改建了上钢一、二、三、六、八、十厂以及新沪钢铁厂、机修总厂、上海冶炼厂等一大批工厂，还建成吴泾、吴淞、高桥、桃浦四个化工基地和闵行、彭浦、安亭等机电建设基地，为上海基础工业的发展、工业结构的改变和布局的改善做出应有的贡献。此外，还先后建成闵行、吴泾、嘉定、安亭、松江等5个卫星城。其中"闵行一条街"首批工程，当时在上海被传为美谈。新街理发店于开张之际，非要为建设者们免费理发，以表市民的感激之情。

在谈到当年的技术革新成果时，张文韬神采飞扬，绘声绘色地描述了一件难以忘怀的往事:"1960年夏天,上钢五厂要建设一个轧钢用的均热炉车间,长76米,宽43米,基坑地下平均深度11米,局部深度达17米,需要挖运土方36000多立方米。如何建设这样大体量的均热炉车间?怎么搬走基坑数以万计的土方?施工中遇到暴风雨怎么办?在当时机械设备简陋的条件下,要完成如此艰巨的任务谈何容易。可喜的是,我们工人自行创制成蟹斗挖土机,化解了燃眉之急,那家伙在紧急关头大显神威,加上施工人员运用井点降水法,妥善解决深基础施工中出现的地下水问题。尽管连续下雨一星期,施工队伍还是战胜困难,圆满完成任务。"

"大跃进"期间,"上海建工"在完成繁重的基本建设任务同时,本身也获得相应的发展。然而,由于"左"的错误严重泛滥,"上海建工"也发生不少失误和问题。随着"大跃进"的停止,国家基本建设大幅度压缩,自1961年起,贯彻党的八届九中全会精神,上海建工局转入调整轨道。

抚今追昔,不胜感慨。"上海建工"初创的岁月,与国家经济建设息息相关,与上海城市建设同步前行,有快速发展,也有挫折徘徊,但总的趋势是波浪式前进,逐步走向成熟、走向兴旺!

注:2003年初,中共上海市委工业工作委员会等三单位拟编辑出版《"大跃进"时期的上海工业》一书,约我撰写《"大跃进"时期上海的建筑业》一文。"大跃进"时期本人在海军服役,为了调查当年上海建筑业的实际情况和有关史料,特地采访了"大跃进"时期上海市建筑工程局的老领导罗白桦局长和张文韬书记,此文是采访手记,约稿收入《"大跃进"时期的上海工业》一书。

写于2003年3月18日,发表于2003年3月25日《上海建工》

记者的差使不易干

新闻记者，乍听这个名词，似乎不错，富有吸引力。当了新闻记者，随着工作的深入，渐渐感到这是个苦差使，要干得像个样子，挺难！

先不说新闻记者必须具备较高的思辨能力和写作水平，就算你具有担当这个职业的资格，要干起来并不那么容易。采写新闻报道，这是记者的主要职责。就以建筑报刊的记者为例，如要采写一项重大工程建设的新闻，事先必须调查、掌握工程的背景资料，诸如国内外的同类工程横向对比资料，该工程的规划、设计和投资情况，施工单位的概况以及传媒对此类工程的有关报道等，都应了解清楚。其次，重大工程建设周期较长，必须拟定采访计划，先分期分批报道，竣工后再作全面的整体报道。要想写出有较高质量的工程建设新闻，就要多次深入施工现场，既要分别对设计、施工等有关人员进行细致访谈，也要亲自了解必要的工程建设场景。笔者在采访东方明珠电视塔工程建设时，不仅多次观察地面施工，还乘工作电梯到达直筒体顶端，了解混凝土现场施工情况。记者只有脑勤、腿勤，深入第一线采访，才能写出真正生动活泼的工程建设报道来，这就必须下功夫，不怕吃苦流汗。到一线、去现场，不能蜻蜓点水，而要深入下去；不能光看热闹，而要发掘有价值的东西。比起战地记者，我们幸运多了。在战争年代，正是那些战地记者深入前线，冒着枪林弹雨，不怕流血牺牲，才写出活生生的可歌可泣的战地新闻。

干新闻记者，光会动笔杆子是不够的。你要采访的对象各不相同，要报道的内容千变万化，这就要求记者具有较广的知识面。有人说记者应该是杂家，什么都得懂一点，这不无道理。如果你要采访一位工程师或一项新工程，如果对相关情况一无所知，就不能贸然行动，而应快速补课，了解并掌握最起码的相关知识。不然的话，即使去现场访谈，听不懂内容，又如何完成后续工作？当新闻记者，常常会遇到一些突发事件，必须立即投入采访。在紧急情况下，要当机立断，放下一切，马上奔赴现场，捕捉和采访新闻线索和事件。有些新闻，稍纵即逝，事后报道，就失去价值。作为记者，必须像战士一样，号令一响，立即奔赴第一线。另外，记者往往会遇到一些派出任务，去外地赶写专题报道。一旦接到任务，就得不顾个人利益，放下家庭和私事，义不容辞地说走就走。1971年春节前，东海舰队政治部宣传部派我去北京，撰写关于部队学习毛泽东思想方面的新闻稿件，交代我必须在几家中央新闻单位发表后回部队。可是文章没有很快发表，我只得独自在京过节。春节后，稿件先后发表，《人民日报》刊发的是《讲有现实指导意义的问题》，中央人民广播电台和《解放军报》发表的是关于我们部队一个大队学习毛泽东著作的新闻。

　　就在春节之际，老父不幸病逝，我不能回乡送终。尽管如此，我还是默默承受，直至圆满完成任务才归队。这年夏天，我又奉命去舰队宁波驻地撰写新闻报道，恰巧这时候妻子产下儿子，作为丈夫，我没能尽到照料妻子的责任。记者职责使然，我无怨无悔。

1995年3月

隔壁新阿姨

几天前，隔壁马先生结婚，喜事办毕，按照这里习俗，人们称他的新娘为新阿姨。新阿姨一来，我们的住宅单元喜气洋洋，不过也出现一些不和谐的事情，令人不愉快。

这是一幢六层的住宅楼，我们这个单元位于四楼，有四户人家。马先生住六室，我家住七室，同马先生仅一墙之隔。厨房和厕所四家公用。

新阿姨近三十岁，外貌一般，个子稍矮，说不上美，也难以说丑，只是有轻度智力障碍。她爱哼几句歌，可是五音不全，唱着唱着会丢掉一句半句。她上厕所，常常半开着门，一坐上马桶，就开始哼"太阳光金亮亮，雄鸡唱三唱，花儿醒来了，鸟儿忙梳妆……"唱得不协调，不悦耳，不过各人爱好，无伤大雅。马先生五十来岁，与新阿姨有较大的年龄差距。他个子不高，比较精干，不善言辞，一副文质彬彬的模样，走进走出总是保持笑容可掬的姿态。

我家同马先生他们相处不错，不时寒暄几句。八室同马先生相距稍远，基本上相互不搭腔。

五室同马先生家房门相对，可谓零距离，不时相遇，照理应该更友好更亲切，可是，恰巧在他们两家之间发生了矛盾。

五室的先生对马先生和新阿姨不屑一顾，看不起他们。新阿姨一亮嗓子，他就大声讽刺说："戆大（上海方言，近似'傻瓜'）又开始发疯了！"有时看到新阿姨走向单元公用地方，他就故意冲着她说："真可笑，找不到老公找了个爷爷……"有一次，马先生走出房门时，正好同五室出来的先生碰个面对面，其实说不上谁对谁错，按理可以客客气气地一笑了之。五室的先生可不是这样，没等主动道歉的马先生说完"对不起"三个字，就伸手挥了过去。幸好"老马识途"，迅捷避开，退回自己家里。我因为在舰艇部队服役，很少回家，对马先生和新阿姨平日在家的处境不清楚。听说，五室对他们骂骂咧咧是家常便饭。虽然新阿姨他们新婚燕尔，但日子过得并不那么愉悦。

按照社会道德，人们为人处世的一般要求，邻里之间理应以礼相待、友好相处，而不是讽刺挖苦、以强凌弱。对智障者、残疾人等弱势群体，应该尊重他们，而不是另眼看待，更不能歧视和嘲笑他们。要给他们以更多的关爱和帮助，当他们遇到困难的时候，伸出援手，为他们做些力所能及的事情，让他们感受到人间的温暖。

在日常生活中，偶尔也见到过有人以残疾人某些缺陷作笑料、编故事的情况，实际上这是对他们人格的侮辱，是极其错误的、不道德的。那样做的人，客观上也降低了自己的人格。我认为，一旦碰到有人嘲笑或欺侮弱势群体时，我们应该义不容辞地挺身而出，仗义执言，吓退对方，以维护弱者的尊严。

1969 年 8 月

琢磨居室装饰热

当下，上海居民的住宅装饰热不断升温，这在一定程度上表明人们的生活水平日益提高，手头有钱为住得舒服一点进行投资。然而，这种现象也发人深思：为什么家家户户都要重新装修新居？为什么许多人不惜花大钱全面装修？

对原来的居室装潢不满意，想把"安乐窝"搞得称心一点，这是许多新房居民的普遍心理。于是，贴墙纸，搞喷涂，铺地板，砌瓷砖，上上下下，里里外外，实施全面翻新。有的期望在现有房源的条件下，实现"面积不大功能全"的愿望，远远超出墙壁、地坪表面装潢的尺度，他们敲窗门，拆墙体，改管道，封阳台，对住宅结构进行伤筋动骨式的改造，根本不顾及这样做会影响住宅整体的受力程度和使用寿命。更有少数搞盲目攀比，你搞宾馆式，我搞豪华型；你花两万元，我投三万多……难怪清华大学一位教授深有感触地说："上海人肯花这么多钱搞室内装修，我实在感到难以理解。"

种种事实表明，如何解决新住宅的第二次装修，是当前住宅建设中的一个迫切问题。看来，必须从住宅建设的指导思想、设计思路、便民措施以及对居民的教育等各方面加以反思。

住宅建设的进步，是社会经济、文化发展的必然反映。同时，住宅建设必须同社会发展紧密结合，同人们的观念更新相结合，同人们的生活行为相结合。随着物质生活的日渐改善，人们不再局限于增加几个平方米，而企盼居室的装潢，以至布局、结构都能满足自己的需求。住宅设计、住宅建设，必须重视这种变化，既注意增加住宅的使用面积，更重视住宅的质量和功能。按照现代的家庭观念，居室只是个人睡觉或夫妻活动的私密性空间，大厅才是家庭成员真正的共享空间。诸如看电视，开展娱乐，思想交流，接待来客，一般都在厅内进行。因此，"大厅小房"的布局已成为新住宅不可逆转的趋势。由于家用电器的不断普及，对卫生间、厨房的要求也随之发生变化。住宅设计要适应这种不断变化的新趋势。

在指导思想解决的前提下，必须抓好住宅设计和住宅建设的落实。应当随着社会的发展不断推陈出新，不能老是停留在原有水平上。比如以住宅的布局和结构而言，上海康健新村试点房15号房的大开间，用组合家具一分为三，主人可自行灵活分割，受到各地专家和参观市民的普遍赞誉，像这样的房子可否多建设一些？当然不能搞一刀切，可以采取固定式结构和大开间结构等形式并举的做法。再如新住宅的装修，建设部已经发布《住宅工程初装饰竣工验收办法》，关键在于住宅建设中如何认真贯彻落实。其间，也必须注意解决装潢施工队伍和装潢建材供应等一系列有关问题。关于装修攀比风，这同解决高消费、超前消费一样，应该运用正确的舆论导向，耐心地进行教育引导。

发表于《上海住宅》1994年第9期

"我偏要吃！"

我和妻子带着孩子外出，正坐在公交车上，前面座位上一个四五岁的孩子一路吵嚷不停："我偏要吃！我偏要吃！"抱着他的奶奶对他毫无办法："你糖吃得太多了，再给你一块，可不能再吃。"那孩子一口两口就把一块糖报销，接着又嚷嚷："我偏要吃！我偏要吃！"孩子任性撒娇，奶奶一面劝说，一面放纵，如此一遍遍恶性循环地演绎着，闹得整个车厢不得安宁。

我在一边看着，实在难以忍受这个任性小孩的放肆发泄，便向小孩的奶奶发问道："孩子上幼儿园没有？"奶奶回答道："上幼儿园了。今天是星期天，不去幼儿园。"噢，我听说不少孩子在家经常任性不听话，唯一怕的就是幼儿园的老师。于是，我就大声说道："奶奶，你孙子已经吃了不少糖，还一直吵着'我偏要吃'，要不把他送到幼儿园老师那里去，问问老师还能不能吃。"没等奶奶回话，本来大声嚷嚷的小孩突然"刹车"，变得寂然无声。亮出"幼儿园老师"这张王牌，居然大显神威，灵得超出想象。这时，奶奶似乎豁然醒悟，接着我的话茬儿说道："宝宝，去幼儿园吧？""不要，不要！"孩子害怕，不再叫嚷，车厢也就宁静下来。

偏重自我，言行举止情绪化，这是学龄前孩子的一大特点。要解决这个问题，关键在于教育引导。小孩子本来就没有辨别是非的能力，这就需要父母和长辈讲清道理，让孩子懂得什么是正确的，什么是错误的；什么可以做，什么不能做。做对了要给予肯定和赞赏，违反了要耐心提醒和劝阻。

要孩子脱离任性、固执，最重要的是不能迁就和放纵。适度的管教、一致的态度、清楚的目标，都是预防孩子任性、固执的条件之一。父母一定要建立起自己的权威，才能避免孩子以任性、固执、倔强来驾驭父母。追究一些小孩子任性不听话的根源，主要是因为父母对孩子宠爱失度，过于宽容，听之任之，随其发展，结果往往弄得不可收拾。而另一个极端是，当小孩子任性不听话时，少数父母有悖于正面教育，动辄批评指责，甚至训斥打骂，这样往往适得其反，不是使孩子自暴自弃，便是令孩子产生逆反心理，结果陷于相当尴尬的局面。当孩子任性不听话时，作为父母要沉着，不妨暂时让孩子单独一个人待着，不予理睬，直到这种胡闹行为平息为止。但不要使用暴力去制服孩子的固执和任性，也不要慌张失措或妥协了事，否则孩子会积累固执和任性的经验。

父母是孩子的第一任老师，自己各方面要做好表率，对孩子的教育要态度一致，做法一致，而且要一以贯之，不能出尔反尔，也不能时紧时松。对孩子要疼爱，这是无可非议的，正确的管教也是关爱，而丧失原则的溺爱，并非真正的关爱，恰巧是对孩子成长的危害。

1974 年 5 月

众目睽睽试点房

新近落成的上海康健新村试点房，日前成为上海居民街谈巷议的一大热点，各地建筑专家也莅临参观评议，赞誉试点房百花齐放，揭示了现代住宅的发展趋势。

造型新颖立面美，面积不大功能全，这是试点房最突出的特点。17幢新型住宅，一改"兵营式""火柴盒式"的旧面孔，呈现出15种风格迥异、立面活泼的新模样。这种按"八五"住宅标准建设的试点房，平均每户建筑面积50平方米，结构布局合理，使用系数都达到70%左右。每户都有足够的活动空间，大部分卧室和起居室朝南。普遍做到明厅、明房、明厨、明厕，部分住宅水、电、煤气三表出户，电话管线、共用天线预埋到户，使住宅使用功能明显改善，适应了现代生活发展的需要。作为家庭活动重要部位的厨房、卫生间，现代住宅要求具备完善的设施，试点房基本上满足了这一要求。厨房外辟窗户，抽烟管道直通室外，通风良好。白色陶瓷洗涤池取代了传统的磨石子水斗，操作台、煤气灶等按照烹调顺序相邻排列，井然有序。吊柜因地制宜，雅观而实用。许多卫生间把盥洗和浴厕分开，厕所内安装抽水马桶和浴缸，盥洗区放置洗脸盆和预留洗衣机的位置，以避免上厕所与盥洗互相干扰。

动静分区，私密性空间和公共活动区有别，这是上海试点房较之旧住宅的一大进步，预示着现代住宅发展的一个显著特点。随着人们家庭生活的文明程度日益提高，居室成为个人或夫妻活动的私密性空间，厅才是家庭成员的共享空间，所以"大厅小卧室"的观念为越来越多的人所欣赏。试点房中许多厅的面积都超过 10 平方米，按照一些专家的看法，厅还可以再扩大一点。试点房中大多数住宅设计，考虑到私密性空间和公共活动区域的联系和区别，在进门后通过一个过渡空间才能进入卧室。但是，也有个别住宅一开门就是卧室，难免陷入一览无遗的尴尬境地。还有一套住宅，楼上设有三间卧室，下楼便是厨房，只有通过大厅才能到达厕所，这种厨房和卫生间明显倒置的布局不合情理。

开间灵活隔断，让用户参与设计。试点房中有部分住宅体现了这一特点。像试点房 15 号房，正是这种大开间、大空间的灵活单元住宅。每套住宅内，除厨房和卫生间固定外，其余厅室的划分，均可根据居民的使用意图灵活布置。人们可以看到，一个面积 39.6 平方米的大开间，被顶天立地的组合衣柜和组合书柜，分隔成一个大厅和两个卧室。这种住宅具有很大的灵活性、可塑性，可按不同家庭的人口组成，分隔成不同的结构，也可随情况的变化，或多种多样的生活要求改变居室的划分，主人可以自己设计、自己动手，不用请建筑师和建筑工人，既节约又方便。

试点房提供了许多样板房，按照居民的需要，分别以 8000 元 / 套、5000 元 / 套、3000 元 / 套三种标准，进行了室内装修。上海人一般在室内装修上特别舍得花钱，住户大多要进行二次装修，至少要浪费建材 80%。因此，室内装修实行商品化势在必行，如果任其随意发展，实在劳民伤财。

关于住宅的装修还存在这样一个问题：有的住宅外观色彩新颖，可是墙面、地板、窗户、家具的色调杂乱，很不和谐，而且有的建材质量也比较差，原因是施工队伍各异，较难协调。由此可见，今后的住宅建设，要从设计、土建到装饰，以及建材供应，做好统一承包、分工合作的好文章。

根据上海土地紧缺、人口密度高的特点，试点房设计了一些跃层式、阁楼式住宅，得到一部分群众的好评。然而，来自北京、南京等地的一些专家对此持否定态度。他们认为，这种复式住宅对老人和小孩不合适，对青年人也未必方便，而且给防震、防火都带来诸多不利因素。随着生产的发展，人民的居住条件应该日益改善，复合式住宅只能作为权宜之计，不是现代住宅的发展方向。

　　　　　　　　发表于 1992 年 8 月 15 日《中国建设报》

苦干和巧干不可偏废

重点工程上马后，怎样加快建设速度、确保工程质量？

重点工程，一般是关系国计民生、关系改善投资条件、关系调整产业结构的重大建设项目，具有规模大、难度高、工期紧等特点，这就要求我们把革命精神和科学态度紧密地结合起来，既提倡艰苦拼搏，又强调科技攻关。

艰苦奋斗是我国工人阶级的光荣传统，我们国家底子薄，施工机械设备远远赶不上发达国家，建设重点工程非发扬艰苦拼搏的精神不可。事实上，在建设重点工程中，建设者们的确发扬了无私奉献、艰苦拼搏的精神，战胜种种困难，创建了可歌可泣的英雄业绩，确保了工程的质量和进度，确保了投资效益。在浦东煤气厂、30万吨乙烯工程和南浦大桥等重点工程建设中，无一不是如此。

然而，也有一些同志仅仅满足于大干苦干，而往往忽视科技的力量，甚至个别单位还有模仿"大跃进"年代拼体力的现象。他们热衷于加班加点，宣传带病坚持工作。在紧急情况下，偶然加点班未尝不可。至于带病坚持工作，精神可嘉，但作为组织指挥者不宜提倡。我们要善于调动建设者的积极性，同时又要爱护他们的工作热情。必须清醒地意识到，人的体力毕竟是有限度的。每当群众干劲高涨的时候，领导者特别要注意适度把关，既不能挫伤群众的积极性，又不能只顾眼前进度而忽视长远利益。今后，重点工程还将持续建设，施工队伍完成当前任务后，还有别的工程等待他们去完成，不能单纯地追求"毕其功于一役"。工程建设和打仗毕竟不尽相同，即使是打仗，好的指挥员追求的，也应该是以尽可能小的代价去夺取战斗的胜利。

不少重点工程项目引进了国际上比较先进的新技术、新工艺，有的甚至包含有世界上没有完全解决的技术难题。要建设这种高难度的重点工程，光靠苦干，不凭借科技的力量，是断然不行的。

邓小平同志指出："科技是第一生产力。"不少施工单位强调科研与施工相结合，在重点工程建设中苦干加巧干，向科技要工期、要质量、要效益，而不是在拼体力上下功夫，结果取得了事半功倍的成效。上海市建筑工程管理局的几家企业，在中标承担南浦大桥的大部分工程任务后，该局便组成以总工程师为首的南浦大桥专题科研攻关小组，拨出经费84万元，要求建桥单位与科研机构一道，结合大桥建设进行。结果，喜获施工、科研双丰收。例如，南浦大桥主塔施工，原来使用钢管脚手架浇捣混凝土，施工进度每天仅上升0.56米。研制成功斜爬模以后，在主塔62米以上高度的施工中，不仅不需要搭钢管脚手架，而且日均进度上升到1.14米，提高工效一倍多。又如南浦—1型高强早强缓凝混凝土的研制成功，主桥塔支撑方案的正确拟定，确保了主塔平整密实无裂缝，完全符合质量要求。显然，要是单纯依靠加班加点拼体力，是拼不出这些成果的。

从某种意义上说，管理也是科学，管理也是生产力。要使重点工程建设出速度、出质量、出效益，既需要工人艰苦拼搏，又要求管理人员实行科学管理。强化管理，严格要求，施工组织有条不紊，常常能产生可喜的效益。例如虹桥国际展览中心工程，建筑面积1.8万平方米，上海市领导要求把它建成现代化的对外贸易窗口。由于决策较晚，工期很紧，1991年7月开工，要求于1992年1月竣工。施工单位上海市第一建筑工程公司，实行总承包管理和项目法管理两级管理的举措，采取土建、安装交叉施工，并灵活运用大模板，大大加快了施工进度。同时，开展跟踪质量管理，严格把关，真正达到高速优质，只用7个月就完成通常需要20个月工期的工程。上海市副市长倪天增赞扬施工队伍打出了上海速度。虹桥国际展览中心的事例也证明，科学管理的确能提高生产力。

强调坚持科学态度，发扬巧干精神，并不是不要苦干，意在避免片面性。其出发点和落脚点在于把苦干和巧干紧密地结合起来，以便使我们的建设者充分发挥主人翁的积极性和创造性，把重点工程建设得更好。

归根结底一句话：要把重点工程搞上去，苦干和巧干不可偏废。

发表于1992年3月17日《建筑时报》

新居的无奈

搬入新居，人们称为"乔迁之喜"，意为阖家沉浸在欢乐之中，喜不自禁。

不料我家这次搬家好景不长，没多久，就陷入难以解脱的郁闷之中。

我妻子温文敦厚、少言寡语，与人相处从没发生过不愉快的事，我在海军服役很少回家，可就在这种情况下发生了道不清、解不开的矛盾。新居系一门两户式多层公房，公共部位只有一条走廊和一个小厕所。初来乍到，两家相安无事。两家合用一个厕所，解手免不了要碰头，几个月后的一天，突然发生矛盾，两家的孩子为争先用厕所争吵起来，我的孩子被欺侮得委屈地哭了。妻子没吭声，把孩子带回家里。不一会，传来隔壁邻居女主人咬牙切齿的叫骂声。我不在家，妻子骂不还口，怯生生地也不敢去同邻居交谈。没想到晚饭后妻子上厕所时，发现马桶座板上积着一摊水，不知是水箱里渗出的水，还是撒在上面的小便，妻子没有多想，默默地把座板擦干净就不了了之。谁知，奇怪的是第二天、第三天，马桶座板又是湿漉漉的，经检查水箱没发现异常，是否有人动了手脚？我星期天回家时，妻子告诉我这件事，两人商定，没有证据，不予计较，发现有水擦干净完事。

一天，妻子准备上厕所时，发现隔壁女主人端着痰盂从厕所里出来，待到妻子进去时，发现马桶里残留着大小便。此时，妻子意识到隔壁邻居已弃用马桶，改用痰盂了。如此说来，要保持厕所清洁和正常使用就成问题了。可不,再过几天水箱也坏了,里面控制流水的铜丝小零件已经折断。怎么坏的?无法考证。去找人修理吗?修好后再损坏呢……怎么办?妻子被迫只得弃用厕所,让小孩用痰盂。等我返港回家,他们已这样生活多日,竟然放弃使用抽水马桶?我实在难以接受。我想找邻居先生谈谈,人不在,女主人则把我拒之门外,我碰了一鼻子灰扫兴而归。忽然,小儿子学着宫廷剧中皇帝的腔调,阴阳怪气地叫喊起来:"寡人准备出恭,诸位爱卿回避!"我心头茫茫然,窘得半天说不出一句话来,只得回避到另一个房间。

一天晚上,我照例不在家,小孩不小心把痰盂掀翻了,妻子忙碌一阵子,好不容易才把地板打扫干净。明明有公用厕所,却被迫用痰盂,如此烦恼的日子怎么过,真是度日如年啊!这么个不大不小的矛盾,去找有关部门解决吗?难以启齿呀!

等啊,等啊,好容易等到有一天,缺德的邻居终于搬走了。孩子们放学回来一听到这好消息,高兴地大喊道:"我们终于解放了!"

我寻思,上述矛盾并不是从根本上解决的,而是因为矛盾的双方分离而间接得以解决。然而,某些人自欺欺人、以邻为壑的思想观念,仍然根深蒂固地存在着。为了针砭时弊,我在南方一家报纸发表小说《苏醒》,抨击一个主妇的错误思想和缺德行为,褒扬善良的邻居以德报怨抢救煤气中毒者的高尚风格。为避免某些人"对号入座",造成误会,小说采用第一人称,把"我"描绘成缺德鬼,而把邻居塑造成高尚者。我考虑,只要能够较好地表达出主题思想即可,其他都是无关紧要的。

1990 年 3 月

"安居工程"贵在安居

"小康不小康，关键看住房。"住宅建设，现在已成为人们日益关注的热门话题。最近，不少地方提出要实施"安居工程"，很得民心，人民群众普遍叫好。"安居工程"贵在安居，遗憾的是，某些新建的住宅存在不少难以安居的缺陷，人们为之忧心忡忡，何以安居？

按理说，我国现在的建筑施工技术，用来确保住宅"风雨不动安如山"，应该不成问题。谁料还是有一些新建住宅存在质量问题，不是管道渗漏，就是门窗透风，甚至还有楼板坍落的，有的新房质量差得人们不敢住进去。如果我们新建的住宅，不能给人们以最起码的安全感，怎能称得上是"安居工程"？据建筑主管部门披露，从总体上看，住宅工程建设质量逐年上升，涌现了不少荣获全国"鲁班奖"和各省市优质工程奖的优质工程。然而，每年也都检查出相当数量的不合格工程。质量堪忧，自然谈不上安居。住宅建设是百年大计，工程质量的优劣，轻者影响居民的生活质量，重者关系到居民的健康和安全，切不可疏忽大意。作为住宅工程建设者，务必要讲职业道德，忠实履行职责，造房想着住房人，经常思考"要是为自己建住宅我该怎么干"。严字当头，一丝不苟，踏踏实实，按照设计要求，执行施工规范，确保每一道工序、每一幢房子的质量。施工项目的各级管理人员要层层检查，务必过细把好质量关，不合标准者整改重来。建筑工程质量监管部门要严格执法验收，决不让不合格住宅蒙混过关交付使用。如果，每一幢住宅，从设计、施工到安装，每一道工序都达到质量标准，那么，"安居工程"在使用质量上就能确保安居。

当然，"安居工程"是否真正安居，除了质量，还有数量的问题。现在，要解决的民生问题很多，有些城市住宅缺口大，居民居住条件较差，一家几代人同居斗室，没有各自的私密空间，生活上存在诸多不便和问题，很难谈得上"安居"。子女长大要结婚，往往为难觅新居而发愁。一是可购置的住宅总量少，二是单套住宅面积小，远远不能满足居民的需求，也就谈不上"安居"。日前，北京市宣布，至1997年年底，全市人均居住水平达到使用面积14平方米。这个大喜讯，为市民实现安居带来了福音。但愿在全国范围内，高级公寓、豪华别墅建设适当降温，让供应平民百姓居住的平价房建设得更多一点、更快一点。

早在1200多年前，诗圣杜甫就以他那宽广的胸怀，为平民的安居问题，发出了殷切的期盼和呼吁："安得广厦千万间，大庇天下寒士俱欢颜，风雨不动安如山。呜呼！何时眼前突兀见此屋，吾庐独破受冻死亦足！"我坚信，只要我们的建设者和全国人民共同努力，诗圣的崇高愿望，不久必将在祖国大地胜利实现！

发表于1994年4月12日《中国建设报》

名牌汽车与以人为本

听到中天建设集团奖励员工名牌汽车的消息,我想挖掘其中深层次的问题,就追踪采访了集团总经理楼永良。

开门见山,直奔主题,采访伊始我就向楼总提问:"中天集团在最近两年奖给员工三辆别克和本田轿车,这是出于何种考虑?"

"奖励'别克'和'本田',是因为三位项目经理创建了鲁班奖工程。"楼总脱口而出,"这是公司奖励机制的组成部分,旨在尊重人才、尊重知识,弘扬争创一流的创业精神。从表面上看,是重奖有功人员;从深层次讲,是以人为本、争创一流经营理念的体现。"

"以人为本、争创一流。"楼总言简意赅,掷地有声。如今市场经济海洋汹涌澎湃,风云变幻,优胜劣汰,铁面无情,求不得神仙皇帝,也不靠侥幸运气,关键是靠人。市场竞争,归根结底是人才的竞争。要创办一流企业,不拥有一流人才,只能是天方夜谭。一个现代企业,必须拥有一个以年轻化、知识化、专业化最佳组合的人才群体,组成同舟共济建功立业的坚强团队,只有这样,才能在市场经济的海洋中搏击风浪、稳操胜券。

我进一步追问以人为本的侧重点在哪里,楼总直爽地回答,除了核心层,最重要的是选好配强一线的骨干力量。对集团来说,公司、分公司经理和项目经理是战斗在一线的指挥员。只要这批骨干过得硬,就能坚持质量兴业的战略,创品牌,争一流,辟一方市场创一方信誉,企业就能立于不败之地。

听说中天集团有一句口号"谁能升起,谁就是太阳",就同楼总探讨起它与以人为本的理念有何联系。楼总说,这句话,在一定程度上反映"能者上,庸者下",不拘一格举贤能的用人理念和机制。中天集团十分重视为各类人才提供施展才华的平台,构筑实现自我价值的空间。在中天,工龄、资历等原来很重的"砝码"失去了分量。只要你有真才实学,勇于创新,绩效显著,即可脱颖而出。有一位27岁的大学生,在上海公司工作突出,即被提拔为西安公司经理。他上任后,拓市场,抓质量,强管理,成为拓展西部市场的一面旗帜。如今,集团内一个年纪轻、文化高、懂管理、善经营的人才群体正茁壮成长,已涌现出一批省部级劳模和优秀项目经理,他们每年创建优质工程,正是这些中坚力量撑起了中天这片天。

最后,我问楼总:"为了进一步拓展市场,在实施人才工程中目前有什么新举措?"楼总侃侃而谈:"十年前,公司里工程师、大学毕业生寥寥无几。现在,具有专业技术职称的员工达1100多人,具有大中专学历的达600多名,还吸纳了20多名具有博士、硕士学位及教授级职称的高级专业人才。但是,这种人才结构远远不能适应形势发展的需要。为迎接我国加入WTO后的挑战,积蓄更大的发展后劲,我们计划培养1000名具有大专以上学历的合格管理人员、100名'领头羊'式的优秀人才。这项每年投入数百万元的人才工程正在顺利实施中。"

听了楼总的一席话,我恍然大悟:奖励"别克""本田"只是表面现象,其中蕴含着以人为本、争创一流的经营理念。为什么中天集团年年创优声誉鹊起?原因就在这里。

2001年8月2日

北京奥运会震撼了世界

早在2001年7月13日，当国际奥委会主席萨马兰奇宣布2008年奥运会的主办城市是北京时，我们坐在电视机前都禁不住高兴得跳了起来。从此以后，几乎天天在期待着北京奥运会的正式举行。

经过精心筹备，2008年8月8日20时，第29届夏季奥运会如期在北京鸟巢体育场隆重开幕。在入场式最后出场的中国代表团由1099人组成，旗手、著名篮球运动员姚明牵着四川汶川抗震救灾英雄少年林浩的手，走在队伍最前列，场内欢声雷动，喜气洋洋。

开幕式的点火环节新颖别致，聚集了鸟巢9万多名观众的目光。"体操王子"李宁用钢丝悬挂在高空，以"飞天"方式在空中漫步，穿越历史，绕场一周，点燃"祥云"造型的主火炬，火焰当即燃向体育场顶端，点亮了体育场上空的夜幕。

开幕式上，总导演张艺谋携团队，通过把中国悠久文明与现代先进科技的巧妙结合，将一个充满中国特色的宏大舞台完美呈现在世人眼前，团队的艺术审美与全体演员的表现张力，让北京奥运会自开幕一刻起便惊叹了世界。我国著名歌星刘欢与英国女歌手莎拉·布莱曼舒缓温情合唱的主题曲《我和你》，让亿万观众如沐清风，在天籁之音中感受着"地球村"的和谐之美。开幕式棒极了！我和家人看完现场直播，回味无穷，后来又反复欣赏了几遍。

外国媒体纷纷给予开幕式积极评价，称这是艺术之美的杰作、中华文化的缩影。英国媒体BBC评价说，开幕式通过一幅巨大的画卷展示了中国5000年辉煌的文明历史，展现了中国的自信和力量。

福克斯体育台的评价称，北京奥运会开幕式让整个世界都为之停转，所有人都在关注鸟巢体育场举行的盛大开幕式，数以千计的舞者、表演者和杂技演员身穿各色传统服装，尽情地表现出中华博大精深的文化内涵，长城与丝绸之路的故事同中国武术交相辉映。澳大利亚《悉尼先驱晨报》在网站上说："今天晚上8点，北京赢得了完美的十分。"报道说，世界从未观看到如此盛大的开幕式，鼓手的表演令人震惊，气氛像触电一样，这的确是一个巨大的成功。韩国联合通讯社称赞道，开幕式如同一场视觉上的"满汉全席"，虽然不能用口舌品尝，但开幕式让人们感受到了视觉上的艺术享受，中国的灿烂历史和悠久文明在开幕式上打动了所有的人。

据说，开幕式当晚，天气预报北京地区有暴雨。为此，有关部门在开幕式之前实施了人工消雨，以1104枚火箭弹阻挡暴雨，至开幕式结束，鸟巢体育场滴雨未下，而暴雨中心区河北保定以北地区最大雨量达100多毫米。这是中国有史以来最大规模的人工影响天气作业，也是奥运史上在开幕式阶段首次实现人工消雨。开幕式的巨大成功，我为祖国的伟大创造力和参与者的聪慧才智感到无比自豪！

北京奥运会，作为东道主，我国不仅将各项筹备工作和大会期间的服务工作做到尽善尽美，我国体育健儿也显示了前所未有的勇气与决心，合力为中国代表团谱写崭新篇章。自从1984年7月29日洛杉矶奥运会许海峰打破中国奥运金牌"零"的纪录以来，历经20多年，体育事业得到蓬勃发展，我国已成为国际公认的体育大国。在本届奥运会，体育健儿奋力拼搏，为国争光，五星红旗在赛场频频升起，最终使我国成为现代奥运百余年历史上第七个登上金牌榜首位的国家。

在我国首都举行奥运会，热气腾腾，大快人心。各项比赛既惊心动魄，又荡气回肠，真是有生以来最大的视觉享受。在奥运会期间，我们基本上天天坐在电视机前，兴致勃勃地观看比赛，有时连吃饭也忘了。每天晚上，最后都要看一次奥运会奖牌榜，特别关注当天我国又得到几块金牌。看完比赛，往往回味无穷，我与家人常常要议论一番，直至深夜才肯去休息。

2008 年 8 月

陈经理送臭豆腐

礼尚往来，人之常情，无可非议。然而，当下送礼行情看涨，攀比之风日盛，实在令人不安。

工程开工，企业开业，几乎都要大宴宾客，还要人手一份地送"马夹袋"，里面不装个价值一两百元的纪念品，似乎就显得不够气派。每当亲朋好友，以至他们的父母或子女要办红白喜事，更少不了要送四位数的红包，否则坐在酒席上不免寒酸兮兮，有点自惭形秽。每逢中秋佳节，上海人都争购"杏花楼"的名牌月饼送礼，而且成双成对讨口彩，一送起码两盒。今年的杏花楼月饼，普通的48元一盒，精装的则要108元一盒，然而人们胃口不减，中秋节前的杏花楼商店门前天天排长龙。

其实，在礼尚往来方面，人们一定记得"千里送鹅毛，礼轻情意重"这个富有哲理的故事。送礼贵在真心实意，大可不必在礼物轻重上做文章。笔者日前在采访新闻时获得一则陈经理送臭豆腐的故事，着实让我耳目一新。

一次，上海某建筑公司的陈经理同一位台商洽谈举办合资企业事宜，眼看临近中秋佳节，给台商送点什么礼好呢？陈经理忽然想到，一次与台商同坐车上，路边一名小贩叫卖臭豆腐，引起台商的注意。台商似有所动，但又无奈地移开目光。也许是，宾馆里尝不到这种风味小吃，上街头买又怕有失身份。那么，何不就送些臭豆腐？陈经理主意已定，第二天一早，就去菜场采购了60块臭豆腐，一半油炸，一半清蒸，然后配上调料，径直送到台商下榻的宾馆。

台商一看，喜出望外：如此善察人情的合作伙伴，打着灯笼也难找呢！台商为陈经理的真诚所感动，双方很快达成合资协议。当今的臭豆腐不过1角钱一块，60块臭豆腐才6元钱，臭豆腐的味道再美也只能算是一种风味小吃，根本上不了"礼品"行列。然而，它却表达了陈经理的一片情意。台商看到陈经理如此真情、如此实在，选他做合作伙伴显然没有后顾之忧，从而促使洽谈成功。

送礼还礼，不可小视。人们往往把送礼还礼称为"人情债"，每当收到礼物时，既为对方的彬彬有礼而感到欣慰，又为日后的如何还这份人情债而耿耿于怀。有的人，还会因为自己的某次送礼不够丰厚，以致同他人比较相形见绌而深深苦恼。笔者认为，大可不必如此攀比与自责，而是应当摒弃这种专靠送礼拉关系谈感情的观念。不妨从陈经理送臭豆腐的故事中学习点什么，把讲真情、讲实在的风尚发扬光大起来。无论人与人之间的相处，还是单位与单位之间的交往，从根本上讲，只有真情相待、诚信相处，才是硬道理。

发表于1994年9月26日《新民晚报》，本文略有修改。

精彩的世博会

不出国门，就能饱览世界博览会，这真是个特等好消息！2010年5月1日，中国2010年上海世界博览会在黄浦江畔隆重开幕，245个国家地区和国际组织参展，四海宾朋云集，这可是一届精彩、难忘的人类文明盛大聚会！

"近水楼台先得月。"世博会在家门口举行，自然得天独厚，带来很多方便。早在5月1日开幕前试运行时，我和妻子有幸得到入场券，进行了第一次参观。因为儿子在澳洲，我们首选澳大利亚馆。在远处就看到，澳大利亚国家馆呈现出澳大利亚的远古景观，外墙为红赭石色，令人联想到澳大利亚内陆的红土。它设有三个引人入胜的活动区——"旅行""发现"和"畅享"，为参观者讲述澳大利亚的故事。第一个"旅行"，是一条长达160米的全玻璃封闭坡道，环绕着整个展馆。漫步在坡道中，可以领略原住民的历史及欧洲人定居后的澳大利亚历史，了解澳大利亚的多元文化及重要城市。第二个"发现"，运用高新科技，为游客带来气势非凡的"视听盛宴"，放映一部15分钟的短片，让游客认识一个成功、和谐的多元文化社会。第三个"畅享"，让游客宛若置身于澳大利亚的城市及乡村，获得真切体验，感受那里的美景、文化、风土人情及生活质量。那里蓝天白云，绿荫覆盖，人少地广，环境优雅。此外，还有澳大利亚艺术团丰富多彩的文艺演出。参观澳大利亚馆，我和妻子都认为，这是一个生态环境很不错的地方，儿子选择去那里工作，不无道理，我们也很放心。考虑到不用排队，随后我们参观了非洲馆。展出的国家众多，虽然展馆规模较小，但也各具特色，不乏亮点。

据说，沙特馆是世博会上占地面积最大、人气最旺的展馆，排队等候几个小时才能入场。为此，我们二进世博会时便首选沙特馆。的确，队伍长得吓人，长蛇阵看不见尾巴。我们等啊等啊，一直等待3个多小时，才轮到入场。举目细看，沙特阿拉伯国家馆形似一艘高悬于空中的"月亮船"，在地面和屋顶栽种外观类似椰子树的枣椰树，形成一个树影婆娑、沙漠风情浓郁的空中花园。奇特的是，掩映在枣椰树荫下的沙特馆，粗看如同一颗绿宝石；凝神细看，其被钢铁立柱悬空支撑起的圆弧形展馆，又像一艘"丝路宝船"破浪前行。

步入馆内，讲解员先后介绍沙特阿拉伯的地理、人口、历史、政治等内容，重点展示四种类型的城市：能源之城、绿之城、文化古城、新经济之城，揭示水、石油等是沙特阿拉伯城市发展的安身立命之本。仔细观察，主体建筑很特别，看不到一扇门和窗，然而光线十足，空气畅通。原来，其构造蕴含着高科技。它不是从太阳那里直接得到光线，而是利用并转化光能。风则是从悬空的底部缓缓吹来，实现能源的环保利用。这个沙特馆象征"丝路宝船"，内涵丰富。在馆内的墙壁和地上，可见以水幕形式展示中沙两国的文字书法，还可看到1000多年前中国与阿拉伯国家之间"海上丝绸之路"的兴盛场景。

沙特馆建有一个最具吸引力的世界上最大的三维影院，影院屏幕达1600平方米，相当于两个足球场，以全新体验方式，让观众犹如飞越沙特阿拉伯，尽赏沙特的辉煌之美，目睹它的自然和文化瑰宝，感受沙特古老的手工艺等。当时，我感到这一切情景就发生在身边，仿佛接触到了我的肌肤，身临其境，让我朦朦胧胧，如痴似醉，乐不可支。站在身旁的妻子激动地赞叹道："太棒了！"我回答：

"是的，第一次欣赏这样精彩的电影。"

接着，我们又参观了丹麦馆。它的馆名为"梦幻城市"，展馆外形恰似两个上下重叠而又倾斜的圆环，坡道上放置着若干辆自行车供游客免费使用。圆环中央是一个下沉式迷你海滨广场，可让游客在水中嬉戏，或在广场外围的草坪休息野餐，感受丹麦惬意的生活气息。丹麦馆真实生动地再现了丹麦王国的童话故事。进入展馆，目光所及就像一本打开的童话书，分"我们如何生活""我们如何娱乐""我们如何设想未来"三个篇章，介绍丹麦人日常生活、性格爱好以及对未来的展望。丹麦的象征——著名雕塑"小美人鱼"第一次走出国门，放置于丹麦馆中央，让参观者感受置身于安徒生的童话王国。遇到如此天赐良机，我高兴地拍摄了小美人鱼。

上海世界博览会，持续了184天，在"城市，让生活更美好"的旗帜下，迎来7300多万人次的中外参观者，10月31日落下帷幕。上海世博会的成功，给了我们一个停下来思考的时刻。在当今世界并不太平安宁之际，更需要强调，人类只有在欢聚中沟通，在理解中合作，和平与发展的梦想才会不断延续，城市才会让生活更加美好。

2010年11月

老朋友谈养生

进入老年以后,老朋友相聚聊天,免不了常常闲谈养生问题。

一开始,谈生死问题较多。涉及某某人病危、某某人去世等负面消息,差不多心情都比较沉重。特别是对民间传说的两句话——"七十三、八十四,阎王不请自己去"有所疑虑,是一种说不清道不明的纠结。随着时间的推移,生老病死的消息听多了,渐渐习以为常。至于七十三、八十四,并非人生寿命的特定关口。随着社会经济文化的发展,现在长寿的人越来越多。从前,古人讲"人生七十古来稀",现在是"六十七十小弟弟,八十九十不稀奇"。最主要的是,思想观念逐渐发生转变。正如112岁智慧老人、著名语言学家周有光先生说的:"人生就是一朵浪花。""服从自然规律。沉浮起落是自然规律,生生死死也是自然规律,都要服从。哪怕逆来,也要顺受。"既然生老病死是自然规律,那就服从规律,顺其自然,不必恐惧。这样一来,听到坏消息不再紧张,即使自己发生什么不测事件也有思想准备,不致惊慌失措。不那么关注生死问题,并为此忧心忡忡。活一天,活好一天;活一年,活好一年。

对退休族来说,肩上卸下工作担子,日子过得轻松了,人人都想健健康康地多活几年。那么,如何实现这个愿望呢?有一次,我们几个退休老朋友在一起闲聊,一位老兄眉飞色舞地讲起寿星谈保健的故事:有五个同年生的寿星,在一道叙谈"我为什么活到九十九"的感悟。第一个寿星说:"我能够活到九十九,主要是每顿饭后百步走。"第二个寿星接着说:"我现在活到九十九,因为大事急事不犯愁。"第三个寿星紧跟着说："日咽唾液三百口，一生活到九十九。"第四个寿星慢吞吞地说："老汉今年九十九，每顿吃饭少一口。"第五个寿星谦虚地说："我可能让各位见笑了，老朽活到九十九，只因老婆长得丑。"听完故事，大家都哈哈大笑起来。讲故事的老兄一本正经地说："寿星的话富有哲理，各讲了一个侧面。第一位讲通过运动达到长寿，第二位是以保持愉快的心态来养生，第三位讲的是以吞咽唾液来保健，第四位则通过均衡饮食来延寿，第五位并不是真的老婆长得丑，而是强调节制各种欲望来实现健康长寿。"朋友们异口同声地说："言之有理！"

接着，我也从容不迫地念了四句养生箴言："避风如避箭，避色如避乱。加减逐时衣，少吃申后饭。"第一句是讲不宜经常吹风，要避风，尤其是脑后风。因为风邪能直接或间接导致风寒、风热、风湿等病症。第二句的意思是注意节制房事，切忌过度。第三句是要随着气候的变化及时增减衣服，防止受寒或过热引起感冒等病症。第四句是指少吃申时（下午3—5时）以后的食物，防止肠胃残留未消化的食物。朋友们听后，都说这四句话很不错，纷纷追问它的出处。我回答说，这四句话浓缩了中华养生精华，在元代著名道家养生大师丘处机所著的《摄生消息论》中就有明确的记载。这个丘处机，不是金庸先生武侠小说《射雕英雄传》里的那个丘处机，历史上确有其人。

有一次，大家又议论起"什么是养生长寿最关键的因素"。这可热闹了，众说纷纭，莫衷一是。后来我们查阅了一些资料。据美国有关单位的调查，认为良好的人际关系是最重要的。根据中国老年学会的调查，在百岁老人的长寿原因中，遗传基因占15%，环境因素占10%，医疗条件占8%，气候条件占7%，其余的60%则取决于老人本身的心态。所以保持乐观开朗的心态，是健康长寿最重要的因素。一个人具有乐观的心态，一直处于开心状态，血液和唾液中抗体及免疫细胞的数目会明显增加，副交感神经也会兴奋，肾上腺素水平降低，还能降疲劳。为什么我国自古以来就有"笑一笑，十年少"的说法？因为笑能降低皮质醇等压力激素的水平，除了能降血压，还能减轻其对大脑海马区神经元的损伤，减少记忆损伤。然而，当一个人生气时，则会导致人体内分泌紊乱，免疫系统、消化系统、神经系统、心脑血管和很多器官都会受到影响。人们说的"气大伤身""不少毛病是气出来的"，这是有道理的。在小说《三国演义》里，为什么诸葛亮三气周瑜，把他气死了？尽管这是虚构的，也并非无稽之谈。

2015 年 3 月

无比振奋

在新中国70周年华诞之际，观看了庆祝大会的阅兵式和群众游行，心潮澎湃，无比振奋。

春秋七十地翻天，华夏大地展新颜。新中国成立后，在中国共产党的领导下，中国人民经过70年的艰苦奋斗，彻底改变旧中国积贫积弱、受人欺凌的悲惨命运，实现从站起来、富起来到强起来的伟大飞跃，向全世界展示了方志敏等革命前辈所渴求的"可爱的中国"。每一个中国人，无不为之自豪!

特别是改革开放四十多年来，我国经济飞速发展，阔步跃升为世界第二大经济体，不仅改变14亿人民的命运，也为全人类创造出日新月异腾飞的东方奇迹，令国人震撼、世界瞩目。日本《每日新闻》发表社论称，就像拿破仑的预言一样，"沉睡的雄狮"已经苏醒，中国70年的发展震撼了世界。《西班牙日报》发表文章认为，中国已经以"超音速"的速度改变了自己的生产模式，从来没有任何一个国家能像中国这样以如此之快的速度实现如此之大的变化。

"国富民强"，只有国家繁荣富强了，人民才能幸福安康。在旧中国，国家贫穷落后，劳动人民普遍处于水深火热之中。我的家庭虽不典型，但是也从中折射出中国70年巨变的缩影。在旧中国，我家代代贫穷，缺少土地，住房破旧，生活艰难，糠菜充饥。孩子上学困难，我无法读中学。新中国成立后，我家翻身巨变，丰衣足食，盖起新房，生活蒸蒸日上，我首先成为大学生，如今整个家族大学生已超过10人。七十年来，从国和家的翻天覆地变化中，我深深感悟到：坚持中国共产党的正确领导，坚持中国特色的社会主义，是中国屹立于世界的必由之路！

国庆阅兵式上，寒光闪耀显神威，大国重器响惊雷！面对步伐铿锵威武雄壮的受阅将士，注目品种丰富先进一流的武器装备，我这个曾经服役多年的老兵激动得热血沸腾、感慨万千！强大的中国军队引发外媒极大关注，美国《洛杉矶时报》援引研究员埃尔莎·卡尼亚的话说："此次阅兵凸显了中国人民解放军想要成为一支真正的世界一流军队的雄心壮志，成为一支从无人武器系统到高超音速滑翔飞行器等军事力量新前沿领域领先的队伍。"韩国news1惊呼："东风—41是地球上射程最远的导弹""几乎可到地球的任何角落。"

10月1日，习近平主席在天安门城楼上发表的重要讲话，是点燃全体中华儿女奋斗豪情的庄严宣言。"中国的昨天已经写在人类的史册上，中国的今天正在亿万人民手中创造，中国的明天必将更加美好。"号召并引领我们开启新的远航，努力实现"两个一百年"奋斗目标、实现中华民族伟大复兴的中国梦，劈波斩浪，奋勇向前！不忘昨天，把握今天，决胜明天。只要全党全军全国各族人民努力拼搏、持续奋斗，我们的目标就一定能如期实现！

2019年10月

袁隆平的梦

"杂交水稻之父"袁隆平有两个梦,一是在高产杂交水稻禾下乘凉梦,二是杂交水稻覆盖全球梦。多么高尚的梦,多么伟大的梦!

袁隆平杂交水稻试验成功,实现高产再高产,深深感动了中国,我为之倾倒,从心底里佩服袁隆平这种真正的伟人。袁隆平心想的是国家,牵挂的是人民,他考虑的是:"我们国家,人口这么多,人均耕地这么少,粮食安全特别重要。中国人的饭碗要拿到自己手里面,不要靠人家。我们现在就是为自己解决粮食问题在奋斗。"怀着这个崇高的理想,几十年来,他东奔西走,餐风宿露,常常弯腰驼背埋在稻田里,带领科研人员通过人工方法利用杂种优势,培养杂交水稻,实现了一个又一个奋斗目标。80岁时,他实现了杂交稻亩产1000公斤的愿望;进入90岁,他要实现杂交稻亩产1200公斤的愿望。他更宏伟的目标是,让杂交水稻覆盖全球,把我们最好的杂交稻推向全世界。袁隆平曾经去迪拜沙漠种植海水杂交稻,喜获成功。袁隆平真正是胸怀祖国放眼世界,他所考虑的不仅仅是彻底解决中国人的吃饭问题,而是要让全世界人民都过上幸福生活。他这种高尚的心灵和宽广的胸怀,实在感人肺腑。

"民以食为天。"中国人口这么多,吃饭是第一位的大问题。上个世纪,美国有一个经济学家看到中国人口增长如此快,就提出一个问题:"未来谁养活中国人?"袁隆平用他的实践解决了这个难题。袁隆平对中国农业贡献甚大，他研究推广杂交水稻，用全世界7%的耕地面积，养活22%的世界人口，这种奇迹世上无人可与之匹敌！杂交水稻解决了我国人民吃饭问题，社会才能够稳定，经济才得以发展，国家才可能变得富强。所以说袁隆平的贡献是不可磨灭的，用什么样的溢美之词也不为过。在庆祝中华人民共和国成立70周年之际，2019年9月29日，国家主席习近平将国家勋章授予一生致力于杂交水稻技术研究的中国工程院院士袁隆平，可谓众望所归。在颁授仪式上，习近平主席问袁隆平有什么进展，袁隆平坚定地回答说："我们正在向1200公斤亩产冲刺！"

袁隆平一生都扑在水稻研究上，如今快90岁了，还是风尘仆仆，几乎每天都要去试验田，观察杂交水稻的长势。今天参加共和国勋章颁授仪式，结束后马上就要返回湖南。袁隆平说："明天（指9月30日）又要到田里去。每天晚上睡前我就想，我的超级稻长得怎么样了？有没有病虫害？气候是不是干旱？"无论白天，还是黑夜，袁隆平念念不忘的都是水稻。环顾周围的老人，进入耄耋之年的，哪一个不在安享晚年？而袁隆平却一如既往天天下试验田，这是何等崇高的境界、何等执着的精神？

现在文艺界有些所谓明星，并没有什么高质量高水平的作品，只知道两眼盯着金钱，动不动几千万，又想搞几亿，有的还偷税漏税。他们哪里是为人民服务，纯粹是为人民币服务。这种人，同袁隆平相比，真有天壤之别。奉劝这种人睁开眼睛看看袁隆平，难道不感到羞愧而无地自容？

然而，现在的年轻人，从小学开始就有追星族，有的最喜欢学唱歌跳舞什么的，"盼望有朝一日自己也成为像某某那样的明星"。为什么？明星可以挣很多很多的钱，可以扬名荧屏震撼大众。追根究底，这真是我们教育的悲哀！我们应该从教育入手，从基础抓起，让孩子们从小树立正确的人生观、价值观。引导孩子们像袁隆平院士那样，从人民的需要出发，确立远大的理想，扎扎实实，艰苦奋斗，鞠躬尽瘁，不达目的决不罢休，做一个真正为人民作贡献的人。

2019 年 9 月 29 日

谨防跌跤

今天传来噩耗,又一位老朋友摔了一跤突然走了。谨防跌跤——对老人来说的确需要警钟长鸣。

在我的亲朋好友中,因跌跤一蹶不振而卧病致死的,就有多人。我二姐活到94岁,心脑血管正常,亲人们满怀信心期盼她活到100岁,不料,一天她在坐凳子时不慎摔倒,从此卧床不起直至老去。上述令人痛心的事例,不得不引起我的警觉。

同年轻人相比较,老人容易跌跤。因为许多老人有这样那样的疾病,加上肌体老化反应迟缓,灵敏度降低,不能迅速应对突发事件的发生,这就增加了跌跤的几率。

老人跌跤,危害很大。老人骨质比较疏松,摔倒时往往容易骨折,摔倒的致命之处马上就会体现出来。老人跌跤以后,必须卧床静养,在漫长的恢复期里,潜伏着很多危机。在夏天容易得褥疮,细菌的繁殖会让他们得泌尿系统感染引起的疾病。长期缺乏运动,消化功能减弱,肠胃蠕动缓慢,也容易产生便秘。长期平躺,使有心脑血管病的老人因血液循环不畅而频频发病。如果这些并发症长期得不到治疗,或者没有及时治好,就会危及老人的生命。所以说,如果老人摔倒受伤,寿命就可能不长了。

分析老人跌跤频发的成因,不少还在于主观方面:一是逞能,遇事总是以为"我能行";二是大意,沿袭老习惯总感到"没事"。须知,凡是老人,都已跨越"风华正茂"的岁月,步入"垂垂老矣"的阶段。老人必须面对现实,要服老,正视自己的机能已经老化,体质已经弱化。规律使然，不承认是不行的。另外，行动或做事不专心，也容易造成跌跤。例如，有人走路时，不注意仔细看路，地上有水，或者有东西挡路，往往容易导致跌跤。十多年前我曾经因为做事不专心摔过一次。那晚正在看上海申花队的足球比赛，趁中场休息的时间去卫生间淋浴，正当冲完澡用毛巾擦身时，心里叨念着"下半场比赛开始没有"，突然脚底一滑，重重地摔倒在浴缸里，痛得我动弹不得，后来到医院一检查，发现四根肋骨骨折，幸好没有留下后遗症。

那么，怎么预防跌跤呢？从一些老人跌跤的具体事例来看，首先要敬畏规律，正视弱点。人老体弱，这是客观规律，要承认老人的腿脚不利索、反应迟钝的现实。其次要警钟长鸣，注意预防。进入老年期，凡事要谨慎一点，三思而行。动作要慢一点，降低生活节奏，起床要慢，转身要慢，走路要慢，运动要慢，吃饭、上厕所也要慢——总之，起居作息，以至一举一动，都要实行"慢字诀"。尤其是外出和锻炼，更要提高警惕。除了自己注意防止跌跤以外，还必须预防外来因素的影响，尽量避免"飞来横祸"的招惹。上述方方面面都注意了，就可以大大降低跌跤发生的几率。

2018年2月

沉重的春节

2020年1月中旬，陆续传来武汉市发生一种新冠肺炎的消息。眼看春节临近，我预感不妙，可能"天有不测风云，人有旦夕祸福"。

1月20日下午，相继传来武汉新冠肺炎防控会议信息、国家卫生健康委确认上海首例输入性新型冠状病毒肺炎确诊病例等信息。女儿告知上海市口罩已售光，要我赶紧寻找家中存放的口罩，出门务必戴上。1月23日10时起，武汉市关闭全城对外通道，果断采取防控疫情的"封城"之举。风声日紧，"山雨欲来风满楼"，颇有2002年SARS暴发时的不良兆头，我的心情顿时沉重起来：看来这个庚子鼠年春节不太平。

疫情发生后，党和政府高度重视。习近平总书记于1月20日对防控新型冠状病毒肺炎疫情作出重要指示，1月25日（农历正月初一）主持召开中央政治局常委会，对疫情防控工作进行再研究、再部署、再动员。从中央到地方，各级党和政府都把人民群众生命安全和身体健康放在第一位，积极行动起来，坚决遏制疫情蔓延势头。1月27日，国务院发布通知，为有效减少人员聚集，阻断疫情传播，延长2020年春节假期至2月2日。国务院总理、中央应对新型冠状病毒肺炎疫情工作领导小组组长李克强于27日前去武汉，考察指导疫情防控工作，看望慰问患者和奋战在一线的医护人员。解放军和各省市的医疗支援队、医疗物资紧急驰援武汉，截至1月28日，已经有30支医疗队共4130人到达湖北开展工作。财政部紧急下拨武汉 10 亿元补助资金，许多企业、团体和个人也纷纷捐钱捐物支援武汉。

1月31日凌晨3：30，世界卫生组织（WHO）在记者会上宣布，新型冠状病毒肺炎疫情构成国际关注的突发公共卫生事件。不过，世卫组织表示，不建议因中国暴发疫情而限制贸易和流动。

面对严重的疫情，适应医疗救治的紧急需要，有关部门决定参照2003年抗击非典期间北京"小汤山"医院模式，在武汉职工疗养院建设一座火神山医院，多方配合，雷厉风行。2020年1月24日完成设计方案，2月2日上午，医院建成正式交付，编设床位1000张。军队抽组1400名医护人员于2月2日中午全部到位，2月3日开始收治患者。紧接着，借鉴"小汤山"模式建设的武汉雷神山医院，设病床1600张，于2020年2月8日交付使用。

在疫情防控最紧张的关键时刻，解放军不断派医疗队驰援武汉。1月24日晚派出第一批医疗队450人紧急出征，2月2日，1400名医护人员进驻火神山医院，2月13日又有2600人增援，至此，军队已派出4000余名医护人员支援武汉抗击疫情。

全国各地的疫情防治工作紧锣密鼓地深入展开，医疗卫生部门加速生产医疗和防护器材。像上海，居委会组织安排居民计划供应口罩。

按照政府和有关部门的关照，春节期间我和女儿一家都待在上海家里，不出门，买东西采用网购方式，力求预防感染，确保健康。女儿每周都给我订购食品和蔬菜，送货上门，还买来消毒酒精、消毒肥皂、手套、洗手液等卫生用品，我真正感受到女儿是"小棉袄"，体贴关爱暖心窝。

2002年至2003年的"非典"（SARS）才过去十多年，现在又突然冒出个新型冠状病毒肺炎。面对疫情的重重包围，许多人都很迷茫、困惑和纠结。我们不妨静下心来，审视自己，直面现实，科学对待。人生道路不可能是平坦的，总会遇到这样或那样的困难与不幸，总会遇到种种不可预测的喜乐与悲伤，重要的是坚定信心，勇敢面对，没有过不去的坎，没有征服不了的困难。彩虹总在风雨后。只要在党中央的领导下，全国人民万众一心，共克时艰，我们一定能战胜疫情，最后胜利是属于我们的！

2020 年 2 月

举手之劳

在日常生活中,有时会发生别人向你求助的情况,有时会碰到旁人处于困难亟须外力帮助的瞬间,直面现实,我们应该怎么办?是置若罔闻,还是伸出援手?凡是具有良知的人,答案肯定是后者。个人都有可能遇到挫折和苦恼,在别人危难之时伸出援手是一种美德,在紧要关头助一臂之力是一种真情。赠人玫瑰手留余香,互相帮助温暖人间。

当前,有许多机构和善举是令人鼓舞的,诸如慈善机构、希望小学、无偿献血、匿名帮助等。伸出援手、见义勇为者,每年表彰的全国道德模范和感动中国的标兵都是杰出的代表人物,无须笔者赘述。然而,在遇到别人有困难的时候,置若罔闻、麻木不仁者,确实也大有人在。为什么有老弱病残者跌倒在地多人路过均不帮助解难?扶他起来应该不会太难,可以说是举手之劳。有人根本不审视自己的行为是否值得检点,而是编织种种借口,予以搪塞或狡辩,可见其缺失最起码的良知和道德。试问,如果你的爷爷奶奶或父母跌倒在地,你也视而不见甩手而过吗?孟子曰:"老吾老,以及人之老;幼吾幼,以及人之幼。"自古以来,我们中华民族一直崇尚尊老爱幼、济贫扶困的美德,这一优良传统岂能在我们这一代丢失?

记得在 1989 年春节联欢晚会上,韦唯深情演唱过一首《爱的奉献》。追溯这首歌的源头,是因为一个凄婉的故事。1988 年,中央电视台文艺部想把《人与人》栏目中的一些节目改编成小品,请来一些词曲作家。黄奇石拿到的文章是《她比幸子更幸运》,故事说的是北京一个中学生患重病需要进行换肾，无力承担高昂的手术费，引起同班同学、学校，以至社会纷纷进行捐款救助活动。黄奇石得到故事的启发，按照小品做插曲的要求，很快就写出歌词，写得朴实、生动、富有感染力。而刘诗召，为其谱写了相应的曲子。听——"这是心的呼唤，这是爱的奉献，这是人间的春风，这是生命的源泉。再没有心的沙漠，再没有爱的荒原，死神也望而却步，幸福之花处处开遍。啊，只要人人都献出一点爱，世界将变成美好的人间！啊，只要人人都献出一点爱，世界将变成美好的人间……"爱在奔放，爱在激荡，让人听了荡气回肠。这首歌曲凭借其浅显易懂的歌词、舒缓温暖的旋律，以及高尚大气的主题而广为流传，也成为春晚的经典歌曲之一。一曲《爱的奉献》洋溢着人间最美的温情，成为公益歌曲的标签；当国家和人民需要温暖和感动的时候，这首歌的旋律总会响起。这是因为，歌词生动体现出"人人为我，我为人人"的人类博爱的精神，道出了亿万人民追求和平友好相处的心声。

芸芸众生，好人总是占多数。在日常生活中，助人为乐者，比比皆是；见义勇为者，层出不穷。笔者就曾多次获得别人的热心帮助。例如，和我同住一幢大楼的邻居王德成、杨晓燕夫妇，经常关心我的健康和日常生活，嘘寒问暖，多次帮我排除电脑故障，还雪中送炭赠予显示器，不是亲人，胜似亲人，感人肺腑。又如一天晚上，我去上海黄浦江边拍摄夜景，三脚架一直调整不好，就请教站在附近拍摄的女士。她查看我的三脚架后，因属于器材质量问题无法解决。我说那就算了。可是，她却主动提出把我的相机安装到她的三脚架上拍摄，结果成功地拍摄了几张慢速成像的照片。我跟她素不相识，她却如此善解人意，乐于助人。事后她指出我的三脚架不符合要求，建议买一副合适的。她不但"授人以鱼"，而且"授人以渔"，真是满腔热心肠。还有一次，我在上海静安雕塑公园拍摄风景，相机发生故障，一直查不出原因，请教附近陌生的摄影者也没有办法。于是，就打电话向摄影班里的邵先生请教。没有想到，老邵为帮我解困，马上乘地铁赶了过来，他这种助人为乐的精神，感动得我热血沸腾。

那么，有没有遇到别人向我提出求助的情况呢？有的，不过都是微不足道的。我的一位老同事，其女儿系大龄单身姑娘，十分发急，知悉情况后，我主动帮其物色了男朋友，终获美满婚姻。一次，我远远看到马路对面一位盲人站立许久，神态似乎犹豫不决，猜测可能遇到难题，便穿过马路问她是否需要帮忙，她说要过马路。于是，便帮助她解决了困难。当她致谢时，我回复"举手之劳，不必客气"。

地球上的人类是一个命运共同体，理应互相关爱，互相帮助，只有这样，才能和谐相处，共同生存。正如《爱的奉献》中所说的："只要人人都献出一点爱，世界将变成美好的人间！"

2020 年 7 月

闲 情
逸 趣

悄然崛起的城市雕塑

城市雕塑是城市文明的象征，是城市经济、文化的反映。商品经济的发展，改革开放的深入，人们思想观念的变革、飞跃，为城市雕塑的拓展、升华开辟了宽广的前景。雕塑创作思想日趋活跃，城市雕塑迎来欣欣向荣的春天。

现在，创作题材不再拘泥于纪念性雕塑，着眼于反映现实、表现生活，朝着综合性的方向探索迈进。在一些城市，标志性、主题性雕塑纷纷涌现，方兴未艾。来到广州，羊城标志性雕塑《五羊》举目致礼；前往珠海，亭亭玉立在海滨的《珠海渔女》献珠欢迎；漫步黄河上游，巨型雕塑《黄河·母亲》气宇轩昂；途经上海舞蹈学校门口，不锈钢《天鹅》翩翩起舞……装饰性雕塑如雨后春笋，新颖夺目。抑或是少女、儿童，抑或是动物、故事，千姿百态，争奇斗妍。她们活跃空间，点缀环境，为街市平添了浓郁的文化气息。

我国过去的城市雕塑，大都是采用写实手法的具象雕塑，刻画细腻，丝丝入扣，以丰富的起伏表现具有强大生命力的形象，以真取胜，吸引观众。随着现代化生产高速度、工作生活快节奏的发展，适应人们对于刺激视觉的鲜明形象的要求，兼收并蓄的海派雕塑、简洁明快的抽象雕塑陆续出现。一些雕塑改变了传统的实体模拟的写实手法，追求和现代建筑协调的几何形元素，出现了各种线条简单而内涵丰富的几何形体以及各种变形的造型手法。一些雕塑，不再开门见山地表现雕塑家的创作意图，而是以抽象手法蕴含丰富而深邃的内涵，启迪人们去探索、去理解、去消化、去想象，把雕塑变成一朵朵迷人的奇葩，一首首清丽的诗篇，一曲曲凝固的乐章，一个个诙谐的故事。兰州市一组名为《平沙落雁》的雕塑，三个三角形和多边形不锈钢片组成的主体，溅落在绿色的水面，经太阳和水波的映照，银光闪闪，发人深思，可以理解为奋飞小憩的大雁，也可以想象为远航归来的风帆。另一组雕塑《绿色希望》，是三个朝天的圆锥体，体外又有几处横向凸出的小装饰，仿佛是拔地而起的竹笋，又像是刺破蓝天的火箭，颇具振聋发聩的感情效果。北京奥林匹克体育中心，更是设置了众多的抽象雕塑，有浑圆的不锈钢条分叉挺立大地的，也有银色钢带曲曲弯弯腾空而起的，简直把人们引进自由体操竞技场……上海曲阳路的雕塑《神往》，则利用拓扑变形法，将体积当成弹性可塑体，或拉伸，或缩短，或挖空洞，形成雕塑自足空间的新格局和新层次，向人们烘托出一个坐着小憩心驰神往的少女形象，观后颇具咀嚼回味之余地。坐落在上海衡山宾馆前喷泉内的雕塑，更是采用现代主义的手法，在水中矗立几株曲棍，似天鹅戏水，如海狮顶球，给人以无穷的联想。

由于经济的发展，现代城市雕塑材质丰富，不仅有大理石、花岗石，而且有铸钢、锻铜、玻璃钢、不锈钢、合金钢等，使雕塑的表现力与材质美更为丰富，时代气息更为鲜明。以获得全国城市雕塑优秀作品奖的上海装饰性雕塑《戏水少女》（位于延安西路口）来说，取材不锈钢片，简洁、明快，颇有时代新潮的气派。其表现的主体，或与飞溅的水花打趣，或拈弄飘动的裙裾，或扬臂承接喷泉的落水，无论在阳光下还是在灯光下，都是层次清晰，形象鲜明，静在其外，动在其中，体现了材料与形象完美的统一。美国著名雕塑家格洛妮亚·柯南女士创作的，为纪念一百多年前华工在建设横贯美国东西海岸铁路作出贡献的象征性雕塑，坐落在上海广元路衡山路口的街道绿地，高5米，由3000枚铁轨道钉组成像雪松似的造型，朴实无华，激昂向上，催人奋进。

　　笔者无缘周游神州大地，然而，从目光所及的许许多多现代城市雕塑中，已幸运地感触到这一三维空间艺术强烈的脉搏，清晰地辨别出她悄悄迈进的脚步声。

发表于 1992 年 3 月 19 日《文汇报》

诗意隽永

雕塑作为三维空间的艺术样式，完全不同于实物素描和标准像的拍摄，它要求有丰富多彩的题材、别具一格的意境和创新多变的表现手法。无论是城市雕塑，还是环境雕塑，要是题材千篇一律，内容贫乏枯燥，形式大同小异，自然乏味倒胃口，起不到美化环境、陶冶情操的作用。浏览青岛海滨雕塑，给笔者留下的一个深刻印象是各种题材兼收并蓄，独特意境耐人寻味，表现手法精彩纷呈。

着眼于表现中华民族悠久精深的思想文化，这里布设了不少系列化、组合型的雕塑。例如表现我国古代文明的系列雕塑，既有大型浮雕《鼎盛辉煌·灿烂文明》《诸子百家》，也有单个人物圆雕《孟子》《韩非子》等。在历史故事系列雕塑中，《伯乐相马》《孔融让梨》《曹冲称象》《司马光砸缸》等栩栩如生；在成语故事系列雕塑中，《水中捞月》《磨杵成针》《龟兔赛跑》《过河小卒》等巧夺天工。把成语故事和历史故事，用雕塑形象地展示出来，无疑是一种巧妙的审美手段和寓教于乐的好办法，体现了苏联凯洛夫教学法中提倡的直观教学原则。当然，如果把这类雕塑以"看图识字"的简单形式来处理，那就糟了。如成语故事《闻鸡起舞》，记得在某地的一个公园里，以一只引吭高歌的公鸡雕塑来表现其思想内涵，不免显得有些俗套。而在青岛海滨则不然，雕塑家选择一块乔木挺拔的绿地，塑造两位黎明即起的大爷，精神矍铄地舞动着银光闪烁的利剑的圆雕。正如欧阳修写的"醉翁之意不在酒"，作者不在"鸡"

字上花气力，而在"舞"字上下功夫，入木三分地演绎了"闻鸡起舞"的原意。无论男女老幼，观赏这座雕塑，势必受到深深的感染和熏陶。这里的圆雕《水中捞月》，以一群猴子自上而下在井中捞月的造型，形象地阐释这一成语的含义。在表现手法上进行别出心裁的设计。不是简单地用写实方式把水井口平置在水面，而是将一个硕大圆环体与地面构成90度角垂直安置在水池中，象征水井。一群酷似拔河姿态的猴子，从空中自上而下一直倒挂至"井口"，水中的倒影清晰生动。这一巧妙创意，有效地提高了雕塑的观赏性，站在远处也可眺望漂亮的造型。其画龙点睛之笔是，在那群倒挂猴子的上方设计了一弯新月，高挂在空中的月亮，同猴子们水中捞月的举动形成鲜明对照，观赏者看到此处，准会忍俊不禁，心领神会。

　　深邃的内涵，隽永的诗意，是青岛海滨雕塑的又一显著特点。雕塑作为凝固的舞蹈，一个重要元素是必须创造独特的意境，能够启迪人们开展丰富的联想和深广的遐思。青岛海滨的众多雕塑，雕塑家们以独特的创意、缜密的构思，使体积处于平稳静止状态的雕塑，实现恬静、安详的诗化，散发出鲜活的艺术韵味。一座雕塑，简直就是一首清新的诗文，引人反复咀嚼，浮想联翩。圆雕《静思》创作了一个静坐在海滨石头上的姑娘，默默地低着头，双手自然地搁放在膝盖上，两只光脚丫子互相交叉着。如此典型的艺术形象，必然给观赏者的思想插上腾飞的翅膀，在辽阔的高空翱翔。雕塑《海风》，展现在欣赏者面前的是一位天真活泼、席地而坐的少女，舒展的双手和翘起的羊角辫统一地向后张扬，仿佛愉快地沐浴着潮湿的海风。走近她身边，几乎可以听到她在同海风喃喃地说着悄悄话："你不拘时间的节奏，也无视空间的关隘，淋漓尽致，诠释了多少荣辱兴衰；随心所欲，演绎了多少古往今来。别总是吹胡子瞪眼，也不许把我的小辫拽。心平气和,尝尝人间的喜怒哀乐;绘声绘色,聊聊彼岸的异国风采……"

  青岛,本来就相当美丽,布设了众多富有创意、艺术上乘的环境雕塑,简直是为这座海滨城市锦上添花,我们由衷地感谢前卫的策划者和高超的雕塑家!

2002 年 3 月 14 日

与环境和谐的统一

雕塑，是由雕塑家创造出来的反映人生、具有审美价值、带有意识形态性的坚硬的立体艺术实体。凡是有生命力的雕塑，都必须与时代脉搏相连，与人民息息相关。青岛海滨雕塑，无论是具象雕塑，还是抽象雕塑，抑或人物雕塑、非人物雕塑，均在形象和内容上真实地表现出我们时代的生活和精神，在题材、手法、材质、技术和风格上体现了百花齐放。浏览争奇斗艳、神采各异的雕塑，既有雄伟的表现形式，也有灵巧的创作风格；既有豪放的塑造手法，也有秀美的艺术处理；既有整体的潇洒多姿，也有细部的谨严工整，无不表现出内容和形式的完美统一，给人们以陶冶性情、净化心灵和美的享受。

雕塑家们认为，只有与环境取得和谐、统一的雕塑，才能显出她诱人的风姿，才能称为真正的环境雕塑或城市雕塑。青岛海滨的雕塑，正是具备了这一潜质。针对海滨的高低起伏等不同地貌，雕塑家们采用了不同的雕塑造型和表现手段：对于地势较低、平坦、宽敞的地段，布置有较大自足空间的雕塑，在形体、结构和轮廓等方面，以大刀阔斧的大手笔来抒发雕塑内存的思想和情感；而某些地势较高、存在一定局限性的场合，则安排自足空间不大的雕塑，以细腻的"笔触"精雕细刻，表达其深邃的内涵。所有雕塑，都因地制宜，做到和谐、统一。

漫步宽敞的五一广场，远远就可看到一座深红色的巨型雕塑巍然屹立，基座簇拥着茸绿的"地毯"和艳丽的花坛，毗邻是蓝色的海洋，冲天的喷泉像银色的垂帘，相映成趣，恰似一幅秀丽的图画。雕塑雅号《五月的风》，高达30米，采用铜板结构喷涂红色而成。艺术实体由20多个大小不等、凹凸交错的圆环体组成，中间突出，上下两端向内收进。从远处眺望，犹如腾空而起旋转上升的巨风，颇有排山倒海的雄伟气势。细细琢磨，又像红色的火炬，以磅礴的燎原之势映照大海，仿佛在照耀着黎明前的海洋。雕塑洋溢着强烈的时代气息，观赏者不论从什么角度瞻仰，均能领悟其崇高、雄伟、奔放、前进的主题，受到深刻而隽永的感染。由于雕塑设置在海滨，于水中形成优美的倒影，产生了很好的"亲水"效应。这座优秀雕塑的问世，引起人们的密切关注和极大兴趣，很快成为公认的青岛市标志性建筑，游客纷至沓来，或摄影留念，或指点探讨，驻足欣赏，依依不舍。

考虑到在较小空地或有限绿地等处所，人们对雕塑艺术适宜近观，不便远看，有关方面相应地布置了小型精致的雕塑，以丰富起伏的手法表现富有生命力的形象。这类雕塑，在青岛海滨雕塑中占有很大的比例。其中，伫立在海滨翠绿草地上的群雕《三美女》是典型的代表。创作者以抽象、变形、夸张的手法，把美女们最美的体态，用带有节奏感的曲线表现了出来。通过简洁生动的外轮廓线，惟妙惟肖地描绘出少女饱满、丰腴、优美而充满生命力的躯体。游客顺着雕塑波浪式的曲线进行观赏，便会油然产生美女翩翩起舞的动感，呈现在面前的是：没有矫揉造作，没有夸张喧哗，三条彩色不锈钢条，谱就精彩动感图画。火热少女心，曲弯杨柳腰，聊发倩女舞翩跹，锦绣海滨乐逍遥。

环境雕塑，是某个特定环境的有机组成部分，如果同周围环境不协调、不和谐，就会出现以小损大或画蛇添足的弊病。而像青岛海滨雕塑那样，因地制宜，精心布局，与整个环境融为一体，势必收到锦上添花的效果。

2002年5月

在物体上刻出心灵的激动

在满目橙黄的金秋季节，2005 上海国际城市雕塑双年展隆重开幕，来自国内外的 35 尊优秀城市雕塑闪亮登场。引领现代生活，共同讴歌人类美好情感，成为这次艺术聚会的一个显著特点。

凡是艺术作品，都是现实生活在人们头脑中反映的产物，她源于生活，更高于生活。城市雕塑自然也不例外，雕塑家必须通过塑造的艺术形象，表现人们的思想感情、兴趣、审美理想、美好憧憬、期待和追求。在论述什么是雕塑家的任务这个问题时，艺术家维克多·卢梭开门见山地说："就是在物体上刻出心灵的激动，就是使青铜或大理石吟出人类的诗，把它传达给人们。"

这次城市雕塑展中的许多优秀作品，从各个侧面生动地体现了这一创作思想。中国艺术家阿斯卡的抽象雕塑《物质之间》是对现成物象与艺术创作的研究性作品。作者通过对多种金属材料的有机组合，将粗犷的不锈钢扳手和钢缆结成统一体，塑造了一把几米长的特大钳子。其创作意图在于表现人与人之间、民族与民族之间、男性与女性之间，以及人与自然之间既相互对立又相互依存的复杂关系，表达只有取长补短共同生存，才可能实现共同发展的主题思想。中国和美国两位艺术家合作的抽象雕塑《梦之树》，用树脂胶以一种近乎透明、柔和、充满自然韵律的展示，构建了静谧的梦幻空间。五片各不相同的树叶，代表不同的地区和文化，它们被和谐地融合在一棵树上，抒发人们长期追求的实现天下大同的美好愿望。艺术在表现一种思想意识，又在超脱政治而回归人类生活的本原。

艺术家用独特的雕塑语汇，演绎这样一种理想境界：亦真亦幻的伊甸园，五大洲不见清晰边界，人们已忘却战争的内涵，处处欢歌笑语风和日暖。显然，作品是对现实生活的高度抽象和阐发，既在针砭时弊，又在表达愿景。因为当今世界，在人与人之间、民族与民族之间、国家与国家之间，由于种种矛盾不能妥善解决，而动辄发生摩擦、争斗以至战争，可以说司空见惯。细细品味这两尊雕塑，仿佛能听到作者对地球村全体居民的殷切期盼：抛弃私欲和偏见，平心静气化解矛盾，和谐相处，共同发展。值得我们注意的是，恰巧是世界上最大的发展中国家和最大的发达国家的两位艺术家，超越不同的政治见解，以联手创作的艺术雕塑表达人类对和平美好生活的共同追求，更显得意义非凡。

表现人们的思想感情，是文学艺术创作永恒的主题。艺术大师罗丹曾经直截了当地指出："艺术就是感情。"又说："有了内在的真理，才开始有艺术。"谈到思想感情，人们谈论最多的莫过于爱情，许多人以不同的形式去表达对爱情的追求和赞美，无可非议。然而也有走向极端的，比如有搞流行歌曲的非爱情内容不唱。正像吃饭一样，如此偏食，可能会导致营养不良。其实在人们的相互关系中，并非只有爱情，大量的表现为亲情、友情和一般关系的人之常情。

在这次雕塑展中，可喜之处是出现了一些表现亲情的力作和精品。其中之一是荷兰华裔女艺术家吴静茹创作的优秀青铜雕塑《深情》。作品展现在观众面前的是一位母亲和偎依在她怀抱中的婴儿，硬质的青铜，传递出的却是满脸的关爱和母亲怀抱的温暖，孩子的深深依恋。雕塑震撼心灵的艺术魅力，引发了笔者的深深感叹："怎能忘怀——呱呱坠地来到世界，弥足珍贵第一依恋，母亲的香甜乳汁温暖胸怀。岂能忘怀——闯荡海角沦落天涯，朝朝暮暮深厚铺垫，母亲的磁场效应殷殷期待。谁能忘怀——喜怒哀乐得失成败，一举一动丝丝牵引,母亲的千般柔情万般心脉。"

另一尊《拥抱》,为以色列艺术家创作的不锈钢抽象雕塑,以两条纠缠连续向上的曲线,象征密不可分的兄弟情谊。作品描绘的是一对久别重逢热烈拥抱的亲兄弟,彼此缠绕,紧紧相依,使我们感悟到即使人分天南海北也永远拆不散,纵然祸遭天崩地裂也绝对撼不动的手足情怀。观赏这些蕴含浓郁感情色彩的艺术作品,不免引发人们种种联想和深思:为什么现在诸如尊老爱幼、手足情深等传统美德得不到很好的继承和发展?为什么街头巷尾屡屡传闻兄弟反目、亲人争斗、遗弃老人和子女撵走父母等社会丑恶典型?不难想象,艺术家们构思上述雕塑的时候,其思想内涵,于正面弘扬文明、进步思想的同时,说不定意在有针对性地鞭挞愚昧、落后的一面,借以给人们深刻的启迪。而这些作品与我们这座城市所构成的充满现代感的空间,将为我们的和谐社会及生活提供理想的范例。

写于2005年11月20日,发表于2005年12月19日《建筑时报》

形神兼备西部风

自 8 月以来，西部风雕塑巡回展先后在北京、广州、上海等八个大城市举行，笔者有幸在京沪两饱眼福，形神兼备、气势磅礴的西部风雕塑，犹如撼天雷一般剧烈地震撼着笔者的中枢神经，义不容辞的记者责任感驱使着自己不得不点击键盘以了却心愿。

雕塑是重型的、相对永久性的艺术，对其思想性和艺术性相统一的要求就显得更为迫切和严格。作为思想性和艺术性相统一的雕塑美，具体表现为心灵与形体的统一。纵观西部风雕塑，在这方面造诣颇高，突出地表现在许多雕塑神采飞扬、形神兼备。重视传神，是中国雕塑的优秀传统，雕塑师的思想感情一般通过形象的轮廓和体积的变化表现出来，因而十分注重塑造雕塑的神态。这次展出的雕塑，宛如尽享西部高原哺育、饱尝西部雨露滋润的西部人民，蕴含强悍、豪爽、气吞山河、不屈不挠的西部精神。在诸多战天斗地、生龙活虎的形象中，有的表现对冰山雪域的利用，有的描绘对黄土高原的征伐，抑或展示对漫漫沙漠的绿化，抑或演绎对不毛之地的改造，酣畅淋漓地烘托出西部人民活生生的精神风貌。

试看圆雕《撼天雷》，高高竖起一个直径约两人身高之长的橙色玻璃钢圆环，象征大鼓，两侧对称各塑一位西部大汉，摆开挥动着鼓槌擂鼓的架势。观众身临其境，仿佛感到"咚！咚！咚！"震耳欲聋的鼓声大作。鼓罢，又似乎传来粗犷激越的男高音："我家住在黄土高坡，大风从坡上刮过，不管是西北风还是东南风，都是我的歌，我的歌……不管过去了多少岁月，祖祖辈辈留下我，留下我一望无际唱着歌，还有身边这条黄河。"不言而喻，神态逼真，形神统一，给人们以思想的共鸣和美的享受。

至于那《走西口》雕塑，呈现在观众面前的那位汉子，身材魁梧，膀阔腰圆，大步流星，奋勇挺进，恰巧印证了《走西口》那首歌所唱的内容："哥哥你走西口，小妹妹我实在难留，手拉着那哥哥的手，送哥送到大门口……"而雕塑《大江东去》，雕塑师则以一整块光洁的汉白玉，着重在量感上表现雕塑的形式美，塑造了一个在浩浩大江中破浪前进的形象，气宇非凡。仿佛在给莅临参观者的耳际，朗诵起宋代文学家苏轼那脍炙人口的诗篇《赤壁怀古》："大江东去，浪淘尽，千古风流人物。故垒西边，人道是，三国周郎赤壁……"从而使人们感到心里热乎乎的，振作精神，阔步向前。

走近以《高原之春》命名的雕塑，给观众的印象是构思独辟蹊径，内涵相当丰富。作者着力从律动、生动上表现雕塑的形式美，雕塑的形体、轮廓和线条，有强有弱，跌宕起伏，形体静中有动、动中求稳。用两端高高翘起的玻璃钢构筑高原雪域，以若干垂直线条表示峡谷开始冰消雪融，诠释高原之春已经降临。而两个山峰分明又是两个牛头，主人则在峡谷旁顽强地飞奔着，张开双臂，似乎在拥抱千载难逢的大好机遇，决心开拓创造崭新的今天和明天。其实，这何止是自然规律的高原之春降临，在党的全面建设小康社会的战略思想指引下，岂不是整个西部地区在几千年历史长河中步入生气勃勃的春天？

西部在开发，西部在前进。形神兼备、丰富多彩的西部风雕塑巡回展传递给我们的信息表明，西部不仅在先进生产力的发展上出现好势头，而且向中国先进文化前进方向的征程中也迈出了新步伐。

写于 2002 年 12 月 18 日，刊于 2003 年 1 月 27 日《建筑时报》

撞击心灵的不朽形象

近期，有幸参观了首届上海国际雕塑与环境艺术展和上海国际艺术博览会，许多雕塑家创作的艺术形象，特别是雕塑大师精心制作的几尊经典雕塑，令笔者近乎麻木的心灵受到莫大的撞击。

作为三维艺术的雕塑，在貌似普通、简单的立体形象中，不仅展示艺术的美观，更包含着深刻的社会内容和人生哲理。有些观众往往浅尝辄止，只追求作品表面美的享受，不大注意领悟蕴含在雕塑中的深沉思想内涵。在谈及雕塑艺术的思想性时，比利时雕塑家维克多·卢梭曾经说过："我坚决相信雕刻永远是绝妙的，只要它能从思想中吸取灵感，依靠思想……雕刻的任务是什么呢？就是在物体上刻出心灵的激动……"雕塑大师罗丹也有类似的论述，他说："在美好的雕刻中，人们常常猜得出是有一种强烈的内在冲动，这就是古代艺术的秘密。"几个展览会展出的《思想者》《掷铁饼者》《洗衣女》《带抽屉的维纳斯》等雕塑大师的力作，正是刻出了雕塑家心灵的激动，又反过来撞击观赏者心灵的经典艺术。

人们耳熟能详的经典雕塑《思想者》，是世界艺术界一代大师、法国杰出雕塑家罗丹的代表作。主人公躬身向前，全身紧张的肌肉似乎正在抽搐，沉浸在苦闷的思索中。他同情和关爱人类，但不能对悲惨世界那些罪人作最后的裁判。他俯瞰细察着全景，仿佛企图洞察人生的奥秘。他的嘴唇似乎正在张开，即将迸发出深埋在内心的呐喊："为什么我们成了罪人，凭什么要被打入地狱深渊？上帝给什么人赐恩典？谁为我们作公正的裁判？"笔者站在《思想者》的身旁,仿佛置身于悲惨世界地狱的入口处,耳际朦胧中听见无数罪人发出撕心裂肺的惨叫声,心灵深处受到强烈的震撼。罗丹为什么要雕塑《思想者》,是什么引起大师内心的激动?这要追溯到十九世纪末大师生活的年代。1880—1917年,罗丹受法国政府的委托,倾注后半生的主要精力,为法国实用美术博物馆大门创作规模宏大的雕塑杰作《地狱之门》。大师以意大利伟大诗人但丁《神曲》中的《地狱篇》作为表现内容,以"你们进到这里,丧失一切希望"的诗句作为构思的核心,用一大群痛苦挣扎和运动中的人体来表现作品的主题。整个雕塑群有186个形体,位居大门上部中央的是"诗人"的形象,后来罗丹的崇拜者捐款购买了这尊雕像,安置于巴黎的伟人祠对面,从此,这尊独立的诗人雕像被称为《思想者》。不难看出,《思想者》的诞生,是大师深思熟虑的结果。大师基于对当时不平等社会现实的无情批判,对悲惨世界受苦受难罪人的同情和关爱,非把内心的激动和愤慨以雕塑语汇表现出来不可。据罗丹自己说,"这个雕像代表着最苦闷的罪人与最不幸的判决者"。可见这尊雕塑孕育着十分丰富和深刻的思想内涵。

雕塑反映社会现实,但并非如实物摄像那样机械地复写现实,拘泥于直观地反映。因为它是艺术,既要源于生活,更须高于生活,形象、精辟并概括地演绎现实。雕塑师必须通过典型的艺术形象,去启迪思想、陶冶情操,引发人们揭露并清除一切黑暗、罪恶、腐朽的社会现象,憧憬并追求文明、高尚、美好的理想境界。雕塑《洗衣女》是今年上海国际艺术博览会上风头最劲的艺术作品,仔细揣摩它表现的思想内容,可谓"醉翁之意不在酒"。共同创作《洗衣女》的法国雕塑家雷诺瓦和西班牙雕塑家吉诺,其本意是锁定在"水"的主题上,他们没有采用传统的寓意式表现手法,而是从日常生活中寻找灵感,另辟一条类似"深山藏古寺"的创作蹊径。展示在观众面前的是一个单纯的洗衣女,以原始的裸体姿态蹲曲着,正在浸湿一件衣服,为人类造福的"水"与女性胴体实现完美的结合,妩媚与迷人感充满了整个视觉。细细观赏,思绪联翩,笔者不由得想起故乡谷水潺潺的小溪,想起水乡轻舟荡漾的河川,还想起伴着青春年华的大海,不知怎么,竟又想到风沙,想到干旱缺水地区孩子们的眼睛……

那位二十世纪世界超现实主义领袖人物达利,在雕塑的创作上更是远远超越当今的现实生活,他的雕塑《带抽屉的维纳斯》,便是与众不同、令人震惊的超现实主义代表作。大师以许多抽屉横穿女神维纳斯,试图将温柔、美丽的女神更加立体化、物质化,仿佛想破解女神像天文数字般无穷的"内存",了解女神的内心世界和潜意识。这件被世界美术界公认的经典雕塑具有极强的视觉冲击力,表现一种震惊的空间主义,追求一个引向梦境与想象的新出口,启发人们无穷无尽的猜度和联想。

站在这样不朽的雕塑艺术面前,人们的心灵不得不经受强烈的撞击,并爆发不断的余震。

写于2003年12月5日,发表于2004年5月6日《建筑时报》

莫蹈城市雕塑创作的误区

城市雕塑，是城市环境的有机组成部分，与环境相协调相统一是顺理成章的事，一般不应产生歧义。然而，随着城市雕塑的发展，由于某些人指导思想的偏差，其创作和布设也随之出现种种不尽如人意的情况，有的还相当离谱，不仅没有为城市增光添彩，反而给城市雕塑带来负面影响。一些朋友多次同我谈及此事，认为有必要对这个问题作些呼吁。

粗制滥造，是城市雕塑创作和布设中最为常见的误区。一些雕塑十分粗糙，简直是胡编乱造。说不上有什么创作构思，既非具象雕塑，也非抽象雕塑，不伦不类，不能给人们以美的享受，也没有为观众留下思考和想象的余地。人们看了，不得不怀疑这种所谓"艺术品"是否请雕塑师作过设计，是否请主管部门作过审核。例如，在某市一个五路交汇的中心绿地竖有一座巨型雕塑，硕大的金属结构标高达数十米，说不上是什么具象或抽象雕塑，不少人看后都"丈二和尚摸不着头脑"，简直粗俗得不堪入目。一开始是雕塑空置着，也许众目睽睽，遭人白眼，颇为难堪，后来就在上面放置两辆轿车，成为产品广告，这样一来反而在某种程度上掩饰了雕塑的败笔。试想，类似这样粗糙的雕塑，怎谈得上美化环境和城市？

模仿抄袭，这是城市雕塑创作和布设中的又一通病。有的人习惯于东施效颦，不懂得自己创作。这样的事例可以说比比皆是。你塑造大鹏展翅象征"腾飞"，我就炮制雄鹰腾空表现"飞跃"；他在图书馆门口创作开启知识大门的小"钥匙"，她就在校园里竖立走进知识王国的大"钥匙";张三在此地落成一人独舞的"旋"美女,李四马上在彼地塑就比翼双飞的"旋"佳人。近些年来,在房产开发中,一个怪现象是对建筑物命名时喜欢用外国的名字,比如"罗马花园""哈佛公寓""维纳斯广场",等等,不一而足。既然房子的名字用西洋的,建筑小品、庭园雕塑也模仿西洋的,把欧洲文艺复兴时期的某些雕塑一股脑儿地照抄照搬过来。其中有的模仿得尚可,有的则走了样。城市雕塑是一门富有个性的艺术,既然是艺术,就有它自己的格调和品位。再说艺术要发展,贵在创新,学习借鉴是必要的,但不能追人后尘,亦步亦趋。如果一味模仿、抄袭,还谈得上什么品位?谈得上什么发展?"中国特色",如今成了我们日常工作和生活中使用频率颇高的一个词汇,为什么有些人在创作和布设城市雕塑时,却偏偏忘记自己是中国人和"中国特色"呢?

庸俗低下,这一弊病在城市雕塑创作和布设中依然没有销声匿迹。有的商店或厂家,将城市雕塑当成标签或门牌,本单位生产或经营什么产品,便在门口制作什么样的雕塑,如此一来,不仅给人们以画蛇添足之感,也大大贬低了城市雕塑的价值和作用。更有甚者,个别人为迎合某些小市民的口味,在单位门口炮制低级庸俗的所谓雕塑,借以招徕顾客。笔者在不经意中发现有两家商店,不约而同地在店门口左右两侧,分别竖立十分粗劣的男女裸体塑像,其间毫无美化环境之内涵,大有招蜂引蝶之嫌疑。相信有识之士见此情景,非但不会因此而吸引,反而会嗤之以鼻,"惊"而远之。笔者并非一概反对裸体雕塑,只是要求区分场合、正确对待罢了。

城市雕塑,是具有三维空间的建筑艺术,堪称城市的靓丽窗口、点睛之笔。构思新颖,布设恰当,定然能收到为城市锦上添花的良好效果。反之,粗制滥造,抄袭剽窃,则可能酿成糟蹋艺术污染环境之恶果。上述列举的三种通病,尽管只是城市雕塑创作和布设中的个别现象,然而"一粒老鼠屎毁掉一锅汤",其负面影响是相当大的,特此提出同大家商榷。作为服务于建筑业的传媒工作者,笔者由衷地期盼咱们各地的城市雕塑越来越高雅、越来越亮丽。

写于 2002 年 8 月 4 日,刊于 2002 年 8 月 23 日《建筑时报》

龙腾虎跃试比高

全国第八届运动会主会场——上海体育场，别具一格的建筑艺术已创我国体育场馆之最，斗奇媲美的雕塑则锦上添花，更增风采。

一般体育场馆往往只设置几座或几组雕塑，而上海体育场则构筑了一个十分壮观的雕塑体系——最引人注目的是位于体育场西侧的火炬台大型群雕，其次是围绕体育场一周争奇斗秀、各有千秋的28座圆雕，简直是一个隽妙无比的雕塑展。

上海体育场火炬台是一个高达19.97米的圆筒体，意即体育场建于1997年。大型群雕布置在圆筒体火炬台及其附近的花岗石墙面上，由16个人物形象组成，展示一幅龙腾虎跃的体育竞技场面。在右边，下面一组是两个并驾齐驱的滑冰运动员的雄姿，上面一组是一对奋勇向前的跨栏运动员的神态，其前方是一个跑步运动员冲刺终点线的瞬间——他们揭示体育运动"更快"发展的方向。在中间，围绕火炬台逐一登高的有四位体育健儿，且看那击剑能手的锋芒，排球尖子的高招，羽坛新秀的绝技，撑竿王子的飞跃，共同勾勒出体育运动指向"更高"的目标。在火炬台基座墙面上，凸显两组水上运动的画面，一是碧波称雄的游泳健将，二是乘风破浪的划船好汉，标志着体育运动将迸发出"更强"的力量。以上三个部分，巧妙地蕴含了"更快、更高、更强"的奥运精神和内涵。群雕的第四部分，是左面的三个娃娃，扎羊角辫的小姑娘精神抖擞地踢着毽子，一个男孩放下书包席地而坐，另一个男孩打球归来坐在篮球上，笑眯眯地注视着小姑娘的动作。场面轻松活泼，寓意丰富深刻——"群体运动是基础","体育要从娃娃抓起"。

分布在体育场周围的28座圆雕，则各显神通，美轮美奂地表现奥运会的所有竞赛项目和我国的特色体育项目武术运动，抒发了弘扬奥运精神、全面发展体育运动的思想。群雕以不锈钢为材料，银白锃亮，造型跌宕起伏，人物健美生动，烘托出一个激烈拼搏的体育竞技氛围。圆雕的材质均为铸铜，人物千姿百态，或浑厚有力，或锋芒毕露，美不胜收，令人陶醉。这个恢宏的雕塑体系，充分体现了体育和文化的结合，优势互补，相得益彰。

火炬台群雕由上海大学美术学院、上海油雕院创作，28座圆雕分别为中央美院、浙江美院、上海油雕院和大宇雕塑公司制作。整个雕塑体系于10月5日建成，消息不胫而走，游客纷至沓来。上海市副市长、八运会组委会常务副主任龚学平视察上海体育场的雕塑以后，高度赞扬创作是成功的，凡是能够被群众所接受的艺术，一定是有生命力的。

写于1997年10月5日，刊于1997年10月13日《建筑时报》

蜂房的联想

殷红的太阳金光灿灿，浩瀚的大海汹涌澎湃，一艘艘威武的战舰乘风破浪，飞驰向前，犹如箭在弦上，一场鏖战即将展开。

霎时，观通部门发现目标，舰长命令加速前进。航行片刻，到达预定方位，舰长命令："准备射击！"

"目标右前方敌岛碉堡，各战位准备射击！"枪炮长下达战斗口令。"预备——放！""预备——放！""轰！轰……"前主炮，后主炮，各战位的三七炮纷纷喷射出愤怒的炮弹，紧接着，在前方的海岛上响起一阵阵震天的爆炸声。

实弹射击结束，指挥员带领验靶小组驾着小艇上岛验靶，评定结果实弹射击成绩"优秀"。

几天以后，战舰按计划进行夜间训练。太阳下山，夜幕渐渐低垂，先是朦朦胧胧，接着整个海面变成一片漆黑，天上没有星星，伸手不见五指。战舰实行灯火管制，迎着海风破浪前进。

战舰准备进行夜间实弹射击，一面由小艇用很长的缆绳拖着设有拖靶的靶船，游弋在指定海域；一面实施夜间训练科目，战舰冲破夜幕快速前行，突然，"呜——"一级战斗警报响彻海面，舰员们马上从各个部位飞奔起来，跑炮塔，上甲板，下机舱……短短十多秒钟，各战位、各部门全部备战完毕，静候待命。几分钟后，随着"敌方"目标的发现，指挥台下达实弹射击命令。顿时，"轰！轰！轰……"众炮齐鸣，大炮显神威，小炮比高低，像流星般的炮弹纷纷射向靶船，飞腾的火焰照亮了海面掀起的巨浪。

射击完毕,战斗警报解除。舰长下令停航抛锚。轮机声慢慢停息,桅灯顿时闪亮。一会儿,靶船姗姗靠近战舰舷边。指挥台的照明灯一齐聚焦到拖靶上,只见围墙般的大靶上露出稀密相间的一个个大窟窿。"打得好!打得好!"舰员们不约而同地欢呼起来……

看到拖靶上的大窟窿,我脑海里忽然闪现童年时代那次目睹捅马蜂窝的镜头:先是一个叔叔看到院子边有几只马蜂飞来飞去,他感到心烦,在树上找到蜂窝,提了根竹竿一下两下把它捅了。这一捅可闯下大祸,窝里的马蜂倾巢出动,纷纷向叔叔头上飞去。一会儿,叔叔的头被蛰得七红八紫,一块一块肿得像馒头似的。后来人们把马蜂赶跑了,我看到那个蜂窝,布满着一个个小窟窿。大人告诉我它的名称叫"蜂房"。——噢,靶船拖的拖靶差不多也被打成为"蜂房"!"有了……"我念念有词,胸有成竹。等到晚上大伙就寝熄灯后,我借助床头边上那只微弱的夜间照明灯,一字一句地写起海上练兵小诗《蜂房》:

> 深夜的海洋,
> "轰轰"炮声响,
> 战舰凯旋破巨浪,
> 轮机声停桅灯亮,
> 靶船徐徐靠舰旁,
> 啊,这哪是靶?
> 这是个奇特的"蜂房"!
> "蜂房"欢乐地晃了晃:
> "我敢为你们作证,
> 敌舰胆敢来侵犯,
> 一定叫它见龙王!"

不久，我的小诗《蜂房》被收集于《东海舰队水兵诗选》和《海军诗选》。1958年8月1日，《萌芽》杂志第15期刊登了我的《蜂房》。后来，《解放军文艺》也刊登了《蜂房》。表面上看来，是杂志发表我这个无名小卒的几行普通文字，其实，这是对我们海军优秀炮手的嘉奖！

1959年12月

新春祝福

科技的突飞猛进，让我们普遍用上手机，通信联系真是方便极了。每逢新春佳节，特别是除夕之夜，发贺信的繁忙程度简直达到极致。亲友呀、同事呀、老乡呀……凡是通讯录上有记载的，统统发一遍。按照关系的亲疏程度，分别撰写内容，有单发的，有统发的，不一而足。

新春祝福短信，内容五花八门，最多的是程式化的"大路货"。例如，"祝您阖家新年快乐、身体健康、财源广进、万事如意！"

大凡金融、企业单位的祝福，基本上都偏向恭喜财运亨通。例如在兔年春节，一家银行发来下列祝福词：

兔首翘翘好景来到，
兔眼红红年味浓浓，
兔耳立立佳音频频，
兔拳抱抱财源浩浩。

许多从事文字工作的朋友，则在舞笔弄墨上动脑子、创新招。友人张玉明的新春祝福短信在"糊涂"两字上做文章，前面引经据典写上不少文字，最后把浓墨重彩落在祝福上，堪称"妙笔生花"！他的贺词写道：

古往今来的无数圣贤智者，都钟情于对糊涂的研究，孔子觉得糊涂好,取名"中庸";老子觉得糊涂好,取名"无为";庄子觉得糊涂好,取名为"逍遥";墨子觉得糊涂好,取名"非攻"……世间万事,唯糊涂难。值此春节,祝您新的一年里幸福快乐得一塌糊涂!

海军部队的战友张进发,擅长赋诗填词,每当逢年过节,祝福必发诗词。他在辛卯年的祝福中这样写道:

给金兄全家拜年啦,赋七言一首以贺新春快乐、兔年吉祥!
七绝
庚寅除夕

烟花辞岁夜空开,
虎啸裹寒谢舞台,
总是新鲜拦不住,
嫦娥捧兔送春来。

建筑企业的一位经理发的贺信,说的大白话,朴实无华,情感真挚,颇具个性。他写道:

我给金总编拜年贺喜啦!新年第一喜,平安惦记您;新年第二喜,朋友关心您;新年第三喜,好运跟着您;还有第四喜……祝福您:阖家幸福,新年大吉!轻松达到所有目标!快乐实现所有梦想!

我的外孙女魏华君发来的祝福,文字流畅,轻松活泼。她写道:

炮声鼓声祝福声声声入耳，
公事私事心底事事事遂心，
晴天雨天星期天天天愉快，
财路运路人生路路路畅通！
恭祝舅舅阖家新年吉祥安康！

在辞旧迎新之际，我也通过短信或微信向亲友们送去新春祝福。有一个羊年春节，我发送如下短信：

清风带去马年的深深思念，爆竹捎上羊年的殷殷祝愿：
骏马奋蹄迎羊年，
喜气洋洋每一天，
心宽体壮乐无涯，
三羊（阳）开泰美梦圆。

而在一个猴年春节，我向亲友们传送下述新春祝福：

金猴振玉宇，
紫燕翩翩舞，
愿您春常在，
体健永欣愉。

那个丁酉年春节，我发的新春祝福是一个简单的顺口溜：

金鸡贺岁，欢乐祥瑞！
金鸡高歌，喜事多多！

金鸡布雨,年年有余!
金鸡曼舞,阖家幸福!

　　人们前去一个景区旅游,除了尽情享受美景,总要拍摄照片或视频,留作日后细细品赏。人们享受完一顿美食,有的喜欢捎回菜单,留作以后为回味提供方便。我们接到亲朋好友的祝福,除了回复贺信并记住对方的深情,其实还有事情可做。对于"大路货"般的祝福贺信,可以一笑了之;而对于富有个性的贺信,不妨留下佳句和美文,回味享受,慢慢品赏。朋友,这可否作为一种别样的舒心玩意?

2017 年 3 月

快乐"咔嚓"

玩拍照，可以追溯到几十年前的年轻时期，但从来没认真学习过有关理论。已届晚年，抱着试试看的念头，跨进每周学习两个小时的街道学校摄影班。

班里的学员基本上是退休老人，以快乐摄影、健康摄影为宗旨，戏称为"快乐咔嚓"。摄影班把学习摄影和养生锻炼相结合，灵活教学，坚持现场拍摄为重点，基本理论教学简明扼要。除了每周集中学习一次以外，开辟微信聊天群，老师在群里不时发样片供大家观摩研讨，学员可以传送作品交流借鉴，互帮互学，可谓精彩纷呈、热闹非凡。

在学习过程中，班里先后有两位老师前来执教。第一位老师偏重于摄影基础教学，第二位老师则强调人文摄影。

在基础教学中，老师要求使用数码单反相机，从两个三角形学起，一个三角形由光圈、速度和感光度组成，另一个三角形则由色温、焦点和曝光组成。过去我不曾认真考虑过这些问题，因此拍摄的照片，像是对标的物复印，毫无美感。学习初期，怎么拍都不行，技术上不去，什么光圈呀、速度呀、对焦呀，往往顾此失彼，急得冒汗，还是丈二和尚摸不着头脑。"拳不离手，曲不离口。"没有捷径可走，只能多练。因此，一段时间我每天都要拨弄几次相机，练对焦，练拍摄，练技术参数的设定和换算……练多了，终于摸出点门道。我深信"勤能补拙"，有些景点，参加班里集体拍摄后，单独再去补课。通过反复练习，慢慢学会从实际出发灵活设定技术参数，独立拍摄一些照片。例如，拍摄荷花，在对焦和按快门上动脑子，终于拍出花瓣上晶莹欲滴的水珠；拍摄飞鸟，则从拍摄速度上调整参数，捕捉到白鹭嘴叼小鱼振翅奋飞的瞬间。兴趣，往往同参与事情的成败相辅相成，有了进步，拍摄积极性日益提高，常常会爱不释手，正如我胡诌的顺口溜所说的——"咔嚓咔嚓"乐陶陶，犹如大鱼往上钓，抓到一张好照片，喜同文章刚脱稿。

  第二位老师主讲人文摄影。我们过去的拍摄，不关注人文摄影。老师在论述人文摄影的定义时，同一般照片作了严格区分：按照"记录＋内容"模式拍摄的叫照片，按"摄影性记录＋内容"拍摄的，也只能叫好照片；只有"摄影性内容＋综合内容"，才能称为摄影作品；如果"摄影性记录＋综合内容＋情感"，可以称为摄影艺术；如果在摄影艺术基础上，再加观点，那么可以称为当代摄影。顾名思义，难！颇有"蜀道之难，难于上青天"之感慨。人文摄影这个课题，至今我还没找到门槛，难以跨入。路漫漫其修远兮，吾将上下而求索。

  学了摄影，外出活动或旅游，我常常随带相机，尽管笨重，却乐此不疲。虽拍不出艺术摄影，但至少可带回点记录性的照片资料，借以日后回忆，慢慢体味，也不失为一种乐趣。而且，如今手机功能多多，可以用拍摄的照片，制作"小年糕""美篇"之类的有声影集，以供随时播放和欣赏，挺有意思。例如，我今年的澳洲之旅，拍摄了不少照片，制作成"美篇"《漫步悉尼》和《墨尔本印象》，休息时可以随意播放，回味昔日的游乐情景。

2019 年 9 月

自强不息

时空隧道，一天，又一天，穿越风雨，穿越春秋，川流不息。

《建筑时报》，一期，又一期，历经坎坷，历经考验，自强不息。回眸报纸出版2500期的发展历程，心情久久难以平静。

1954年5月1日，《建筑时报》（前身为《建筑工人报》）创刊于上海。六十年代因故停刊，几近夭折。

改革开放的阵阵春雷，唤醒了《建筑时报》，1982年3月，欣然复刊。一个月后，笔者来到报社担任总编。

复刊伊始，报纸为上海市建筑工程局的内部刊物。报社仅有3名临时工作人员，没有单独的办公室，没有通联队伍，没有排印设施，真是困难重重。几经公开招聘，招兵买马，好不容易才组建成9个人的采编工作班子。从此，大家一面工作，一面进修，奋发图强，开始迈出"创办一份像样的建筑报"的长征步伐。

面对报纸没有"出生证"的尴尬处境，大家努力从提高采编水平入手，报纸版面焕然一新。1985年3月7日，《建筑时报》获得了"上海市内部刊物登记证"。

那时候报刊经常整顿，这是挑战，也是机遇，我们力求本报"整顿一次，提高一步"。大家虚心好学，不断进取，本报在全国建筑报刊和上海市好新闻评比中屡屡获奖。一些报刊在整顿中被淘汰了，我们的报纸却每次都顺利通过整顿。而且，办报队伍壮大了，报纸水平升华了，几经争取和考核，我们把握报纸的命运，终于在1988年1月23日获得"国内统一刊号CN31—0051"。1989年6月

6日，《建筑时报》向全国公开发行。

在提高报纸质量的同时，我们与时俱进，抓住机遇，开展一系列争取报纸定位的努力。一开始，《建筑时报》只是上海市建筑工程局党委某工作部门主管的小报。随后，逐步发展成为由局党委直接领导的面向上海建筑业的行业报，直至发展成为由中国建筑业协会主管的全国建筑业产业报。

进入21世纪以来，《建筑时报》更是发展迅猛，硕果累累，成为面向建筑业和相关行业以及广大用户的综合性报纸，成为中国建筑业的权威媒体。诸如一年一度的中国建筑业十大新闻评选、21世纪中国建筑企业家论坛、同世界著名传媒联手举办的ENR中国施工企业及设计企业双60强的评选和发布等，更是收效颇丰，影响深远。目睹本报与时俱进不断发展的新变化新气象，作为退休的老报人，我感到无比欣慰。

"只有自强不息才能把握命运，只有与时俱进才能跟上时代……"胡锦涛总书记的讲话雄浑铿锵，揭示了一个颠扑不破的真理。回首过去，《建筑时报》几经坎坷，不断成长，得以跨越半个世纪的蹉跎岁月，正是源自一代又一代报社同仁的自强不息，与时俱进。放眼未来，时报任重而道远，只要全体同仁再接再厉，锲而不舍，《建筑时报》一定会越办越好，成为中国当代鲁班最喜爱的刊物，成为神州建筑业举足轻重的大众传媒。

发表于2008年3月31日《建筑时报》

走向世界的中国园林

中国园林，秀丽多姿，源远流长，改革开放一声春雷，中国园林走出国门，起步迈向世界，很快成为世人瞩目的新兴产业。

七十年代，美国纽约大都会艺术博物馆看中中国园林艺术，我国有关部门就让苏州园林工人仿照苏州网师园中的殿春簃，在800平方米的土地上营造了一个情趣盎然的园林精品，取名"明轩"。第一个中国园林就这样以对外文化交流的方式走向国际舞台。

自1983年起，中国园林建设公司陆续向海外开展业务活动。一开始，园林工程主要是充当文化交流的友好使者，以参加国际展览会居多。例如，1983年我国参加在联邦德国慕尼黑举行的国际园林展览，广州园林建筑分公司在那里建造了具有中国岭南园林风格的"芳华园"。1984年我国赴英国利物浦国际博览会参展，由北京园林建筑分公司仿照北海公园静心斋，建造了具有我国北方园林风格的"燕秀园"。这两个项目均博得好评，荣获金奖，为国家赢得了荣誉。1985—1986年，经加拿大华人集资，苏州园林建筑工人在温哥华市唐人街中山公园内集苏州园林之大成，建造了1430平方米拥有多方胜景的"逸园"。因集资华人曾资助过辛亥革命，故以孙中山先生的字——逸仙的"逸"字予以命名。至于作为我国与外国友好城市交流项目而建造的牌楼亭阁等园林建筑小品，则更是量多面广。

其中，影响最大的，要数上海园林建筑分公司于1989—1990年在日本大阪建造的"同乐园"。这是为大阪国际花与绿博览会专门建造的。这种博览会每四年举行一次，类似国际奥林匹克。"同乐园"

占地面积 2000 平方米，是外国参展园林中最大的一个，并且位居博览会中心，濒临湖水，近看远眺皆相宜。这座具有中国江南园林风格的精品，包括四面厅、石舫、亭、席、垂花门、地坪、驳石等部分，玲珑优美，争奇斗艳，游人无不为之倾倒，在日本引起轰动。这届共有 64 个国家参展的博览会，我国是第一次参加，结果一鸣惊人，"同乐园"荣获博览会的最高奖——大奖，另外还获得优秀奖三个、金奖七个、银奖四个。大阪参展，中国园林声誉大增，令人耳目一新。

凡是到过中国的外国人，大多对我国的园林、工艺品等颇感兴趣。有的面对"上有天堂，下有苏杭"之美誉的名胜景观，不无遗憾地说："中国花瓶可以带回家，可惜中国园林带不走。"正是基于这种心态和情感，德国一家公司驻北京办事处的一位女职员，1985 年发誓"要带一个中国花园回去"。后来，她的这一愿望终于变为现实，这就是不久后在杜塞尔多夫市落成的"帼园"。园林之所以如此命名，正是为了表彰这位巾帼英雄之志。虽然，视中国园林为生活必需品的，这位德国女职员决非绝无仅有的一个。

从中国园林建设公司几年来的初步实践来看，中国园林能够走向世界已毋庸置疑。就以上海园林建筑分公司来说，短短几年来，经营业务已遍及欧、亚、北美、澳、非五大洲九个国家和地区，承建园林项目 15 个，工程总金额为 733 万美元。其中，最大的工程项目面积为 17 公顷。事实表明，中国园林国际市场有着众多的顾客，它可以进入世界广泛的地区，特别是发达的国家和地区。不只是作为文化交流，而且作为社会生活、商品经济的重要组成部分。中国园林走向国际市场，项目内容有很大的灵活性，项目规模有很大的弹性，它具有可观的创汇能力。以市场经济的观念看问题，走向世界承建园林工程是一项颇有前途的新兴产业。

如今，中国园林以中华民族传统的文化艺术、独特的风格流派、精湛的工艺技术，在国际舞台崭露头角，声誉鹊起。然而，中国园林走向世界毕竟刚刚起步，犹如刚刚挣脱襁褓的幼儿，各方面都还很不成熟。要真正跻身国际市场，成为人们不容忽视的产业，尚有大量的基础工作要做。

其一，走向世界的渠道亟待拓宽。除了抓住文化交流的契机推出园林项目以外，应该广辟走出去的途径。以对外建筑工程带动园林工程，即承建国外重大建筑工程时，配套承包园林绿化项目，是一种比较理想的途径。例如，中建上海分公司承建埃及开罗国际会议中心这个重大建设项目时，上海园林建筑分公司紧步相随，争取到这个大工程的配套项目——园林和绿化，其中就有一座中式庭园"秀华园"。再者，园林出口要同外贸相结合。园林工程是综合造园、环境规划、建筑、室内装潢、园艺、工艺、书画、雕塑等许多不同专业的系统工程，因此，园林出口不能"单打一"。

其二，尽快健全和完善经营机制。园林业既然要走向世界，就必须建立一整套政企分开、管理先进、法规健全、信息灵敏、效率很高的外向型经济的管理体制和经营体制。在世界关键地区，还应建立必要的办事机构。

其三，组建一支素质较高的经营和施工队伍。目前我们拥有相当数量擅长营造中国园林的能工巧匠，但后继乏人，急需培养后备力量。比较突出的矛盾是，称职的对外经营人员奇缺。到国外去建造园林，对经营者的专业水平、外语水平、政治素质、经营能力等要求都很高，而且不能偏废。这个当务之急解决不好，势必影响中国园林的对外拓展。

其四，精心设计中西合璧的园林佳作。中国园林，特别是古典园林和建筑，它跟现代生活有不相适应的一面，外国人更会感到不习惯。因此,设计师要勇于创新,要不囿于对我国古典园林的模仿。在继承传统风格和形式上,敢于标新立异,创造出古为今用、中为洋用、中西合璧的园林佳作或精品来。要突破单纯的园林艺术只供欣赏的局限性,面对宾馆庭园、住宅庭园、旅游园林、博览会等客观现实,推陈出新,创作适应现代生活环境的新作品、新天地,以赢得国际更多的顾客和群众,拓展园林的适应领域和空间。

注:本文以本人的《走向世界的中国园林》删节改写,原文发表于《城乡建设》1991年第3期,以及当年的《解放日报》和台湾的《艺坛》杂志。

1991 年 2 月

友人赋诗

在古代，传说文人墨客安坐潺潺曲水边，饮酒作乐，纵情山水，游心翰墨，作流觞曲水之举。当今社会科技发展，文人聚会交通方便，方式方法多种多样。上世纪五十年代末期，我曾经参加过上海市工人文化宫举行的作家诗人和文艺爱好者联谊活动。进入新世纪，普遍用上手机，朋友之间的文化交流更是轻而易举。

诚然，有时我也哼上几句顺口溜式的所谓自由诗，发表些许文字，然而我并没有认真研究过如何赋诗填词，在这方面，严格地说还没有入门，只是在朋友之间玩玩而已。

我的几位朋友，不时用微信给我传来诗词，犹如送来精神美餐，令我赏心悦目，惬意享受。同时，也给我带来无形的鞭策，触及锈蚀斑斑的脑袋活动活动。张序江就是其中的一位，他既是老乡，也是挚友。他长期在外交战线工作，曾任外交部亚洲司副司长、驻孟加拉国和乌干达大使。他文学造诣深厚，著有《回望》等多部著作。这是他给我的第一首诗：

见义铠兄
2006年5月31日，与友人金义铠在上海第一次见面，令人难忘，以此为念。

老师月下策飞鸿，
《蓝图放歌》越苍穹；

邮路三载始走尽,
云梯六层忍伤痛。

未曾见面早相识,
面孔陌生心相通,
海阔天空无疆境,
同乡同师志趣同。

拜读以后,我颇有感触,在犹豫不决中匆匆和了一首:

   答友人
  ——步序江弟原韵

同根同师乡音共,
辛勤耕耘各西东,
素昧平生难寻觅,
一见如故灵犀通。

苏州河畔喜相聚,
畅叙胸怀胜顽童,
崇尚淡泊无所求,
桑榆未晚情更浓。

(2006年7月12日于上海)

  张进发,是海军舰艇部队长达半个世纪的老战友,他原是海军某学院的政委,才思敏捷,妙笔生花,直面人生,针砭时弊,创作

了大量诗词。他不时传来新作,颇具新意,令老夫汗颜。今年四月下旬,青岛雾霾大作,他即兴赋诗,在我手机上闪闪发光:

七绝　雾　二首

(一)

神秘轻纱谁剪裁,
层楼隐现一排排。
岛城四月雾成景,
绿女红男仙境来。

(二)

面纱谁欲急掀开,
为睹真容一现来。
人算百般天算就,
海边雾里独徘徊。

当时,我在澳大利亚探亲旅游,就试着和了两首:

答友人
——步进发弟原韵

人在异域,拜读大作,舒心开怀。不懂词牌,不辨声韵,瞎和二首。

(一)

飘渺轻纱巧剪裁,

琼楼玉宇面半盖。
涛声依旧风拂面,
神童仙女翩翩来。

(二)
蝉翼面纱难掀开,
欲睹真容耐心待。
鬼斧神工非儿戏,
静心信步慢慢迈。

2019年4月27日于悉尼

雷同与新意

法国大作家巴尔扎克说过:"第一个把女人比作鲜花的是天才,第二个把女人比作鲜花的是庸才,第三个把女人比作鲜花的是蠢才。"不论摄影、写文章,还是创作别的作品,不能走别人走过的老路,要采用自己的思维方式。焦裕禄也说过:"吃别人嚼过的馍没味道。"跟在别人后面亦步亦趋,总是没有出路的。写文章要走自己的路,必须避免同别人的文章雷同,通过发散思维,独辟蹊径,创出新意。

我曾写过南浦大桥、杨浦大桥等不少大桥工程。1999年8月,准备去采写江阴大桥工程时,一个念头萦绕在脑际:又是报道大桥,怎么写呢?可不能千篇一律,必须有区别,从开头做起,首先要写出个"虎头"来。于是,我在采访中努力捕捉江阴大桥的个性和特点。考虑到50年前解放军曾在江阴等地开展渡江战役,那么有没有留下有关故事可作大桥文章的背景材料呢?据当地老百姓追忆,当年有一位战士说过一句话:"将来这里肯定会造一座大桥。"这一信息给我很大启发,于是在撰写《神州第一桥》时,便以今昔对比、前呼后应的方式,写了如下开头:

昔日百万雄师渡江处　今朝世纪彩虹架长空

历史上常常出现惊人的巧合事件。
——1949年4月21日,中国人民解放军百万大军,在西起湖口、东至江阴的 500 余公里战线上强渡长江，展开了向国民党统治区的全面大进军。当时，一位战士在江阴渡口预言：将来这里肯定会造一座大桥！

——50 年后的 1999 年 4 月 21 日，昔日那位渡江战士的预言变成现实，中国第一悬索桥——江阴长江公路大桥，在当年解放军渡江的地方胜利合龙，给波涛滚滚的扬子江又增添一道亮丽的风景线。

尽管这一开头并不怎么完美，但至少避免了与其他大桥文章的开头雷同。

为了让文章的开头与结尾做到前后呼应，我对文章的结尾部分也作出相应安排。要求自己写不出"凤尾"没关系，但至少要避免"虎头蛇尾"的结局。我的文章结尾是这样写的：

"一桥飞架南北，天堑变通途。"经建设者四年多的艰苦拼搏，江阴长江公路大桥横空出世，崭露新姿。她，像一条出水蛟龙，雄劲，威武；如一道蓝天彩虹，飘逸，瑰丽；似一架稀世古琴，精美，新奇。今天，正当我们喜迎新中国 50 华诞、欢庆神州第一桥问世之际，50 年前预言在江阴将造大桥的渡江战士您在哪里？请接受笔者的提议，让我们千里共举杯，祝愿伟大的祖国繁荣昌盛！

发表于 2002 年 3 月 21 日《建筑时报》

起名不容易

每个人从呱呱坠地来到世界，都必须有个标号——姓名，因此，起名就成为新生儿父母的一件大事。

解放前，我读小学的时候，老师讲过一个起名的故事。说的是一对山村夫妻，养下第一个孩子，如获至宝，起名"金宝宝"，由于缺乏营养，不久就夭折了。当第二个孩子出生后，丈夫说，第一个孩子的名字分量太重了，反而没能养活，要不，老二就用人们不喜欢的"小傻瓜"作为名字吧。谁知第二个孩子也没能留下来。从此，夫妻两人心灰意冷，再也不想养孩子了。可是，后来妻子又生下第三个孩子。正当他们为孩子起名发愁时，路过一个和尚，后面跟着一只黄狗，和尚随口说了一句："起什么名字，就叫'黄狗'吧。"夫妻俩照此起名。说来真怪，这个"黄狗"，竟然养育长大了。当然，这是个笑话。在昔日旧社会，用阿狗阿猫起名的相当普遍，我故乡一户周姓人家，三个儿子都用动物名称来起名，老大取名"牛"，老二名唤"金狗"，老三则叫"山狗"，有人诙谐地调侃道："他家简直是袖珍动物园。"在旧社会，老百姓缺衣少食，文盲比比皆是，用阿狗阿猫起名是当时社会经济文化的反映。而正在向现代化迈进的今天，我们完全有条件有能力给每一个新生儿起一个富有内涵的名字，引导和激励孩子茁壮成长。

早在谈朋友以前，我就给三个新生儿起过名，一个是亲属的孩子，两个是战友的孩子。那时我所在部队的政治部党支部共三个支部委员，除我以外，他们两位先后喜得贵子，都要我为他们的孩子起名。其实我根本不懂如何起名，真有点像"赶鸭子上架"。再三推辞无效，只得绞尽脑汁滥竽充数。一位支委参加海军多年，考虑到其酷爱海上军旅生涯，长期驰骋惊涛骇浪，就给其新生儿起名"浩波"，寓意孩子将来后浪赶前浪闯荡创伟业。另一位支委以前读书较少，渴求知识，勤奋好学，期望孩子将来掌握丰富的文化科学知识，成为国家的有用之才，于是我干脆为其新生儿起名"文"。这两个名字，虽然符合其父母的意愿，但总感到过于简单，一般化，内涵不足，而且可能会出现名字雷同的现象。

既然碰到起名的事，那么起名究竟要掌握什么要素，注意防止哪些问题，不由得引起我反复思考揣摩，后来慢慢悟出点道道。我想，最重要的必须注意起名文字的形、声、义三个方面。首先，字形要选好，力避过简过繁，切忌求怪媚洋。我既不同意那种为避免重名，特意选用怪僻字起名的做法，也反对专挑那些"约翰""安娜"之类外国人的名字，来为自己孩子起名的举动。至于那种以一二三简单数字为孩子起名的做法，也不赞成。其次，要注意起名文字的发音，力求琅琅上口，避免晦涩拗口；全名呼唤协调，切忌音韵相克。有的喜欢采用叠音词起名，务必要使其恰到好处，防止人云亦云，更忌庸俗浅薄。有的爱把叠音词用作孩子的乳名和昵称，无可厚非，但作为正名，就要比较慎重。再次，起名的文字要讲究内涵，名字喻义，要有一定的含义，表达一种观念或思想，不能随意选字，泛泛而论。

起名既要掌握三要素，还要详细了解孩子父母的家庭历史背景、具体想法，联系我国传统的民俗文化，综合各方面情况多维度地进行考虑。在内容上，不妨多设想几个方案。在时间上，不搞雷厉风行一锤定音，起名者和家属可以经过一段时间的反复酝酿和讨论，取长补短，然后择优录用皆大欢喜的最佳方案。

1967 年 8 月

有感而发

小说《海上理发员》（附后）在《萌芽》杂志发表以后，有朋友问我："《海上理发员》的题材是怎么挖掘出来的？"

我憨笑着说："午休躺在吊铺上睡不着，被火烤出来的。"

人们常说"文艺源于生活，又高于生活"。《海上理发员》产生于舰艇水兵的现实生活是无可非议的，至于高于生活那就免谈。

写这篇文章时，我正生活在"赤日炎炎似火烧"的军舰上。那是一艘二战期间美国建造的大型登陆舰，解放军从国民党海军缴获而来。舰上的士兵舱极其简陋，中间一条走廊，两边各设一排安装上下铺的帆布吊铺，全室六张上下铺，共住十二人。舱室前后各有一个可以进出的水密门，没有舷窗，有的舱室有通向上甲板的舱口，有的则没有。每个舱室只有一台太阳帽大的小电扇，别无其他降温设施。酷暑季节，钢铁打造的军舰外壳被太阳烤得发烫，而士兵舱紧靠舰舷。水兵们午休躺在吊铺上，犹如挨在锅炉房旁边，这个比喻一点都不夸张。汗流浃背，辗转反侧，可想而知，天天如此。直面这种环境，长长的头发得不到及时处理，长吁短叹不难理解。"哎，我的头发这么长，可咋办啊？""谁能把我的长头发剪一剪呀？"这种大呼小叫强烈地触动我的心，我想必须作代言人，把战友们的呼声以文章形式传播出去——这就是我撰写《海上理发员》的初衷。

刚开始构思时，考虑有一个理发员随舰出海，但这样写有悖于军纪，就否定了。解决经常出海的舰员理发问题，必须从自身入手想办法，因此想出"海上理发员"这个点子。那么谁来担任这个角色呢？我忽然想到舰上的政委处处以身作则，体力劳动也身先士卒，这个海上理发员就让政委来当吧——小说主人公就是这样走出来的。

为交代主人公的出场背景，烘托主人公出场的必要性和及时性，我塑造了王明和陈忠奎两个人物。王明头发特长，脾气又暴躁，让他处于矛盾的风口浪尖，进一步强化矛盾，从而升华海上理发员的价值和意义。穿插王陈两人在洗脸间的对话，以及理发开始前争抢理发第一席位的细节，说明头发长的不是个别人，既有利于表现文章主题，又增强了文章可读性。

后来，又考虑到，一个海上理发员不能完全解决矛盾，他要是不出海怎么办？万一他调走了怎么办？因此不能固定为某个个人，必须在机制上想办法，培训业余理发员，让舰员中志愿为群众服务的人建立一个海上理发室，这样既不影响训练和工作，又能解决生活上的矛盾。出于上述考虑，在原稿中写了同志们提议培训业余理发员建立海上理发室的文字——

"我提议，请政委当师傅，建立一个海上理发室，利用休息时间，义务为同志们服务。你们说好不好？"陈忠奎大声喊道。

"我同意！"

"我赞成！"

"我也参加！"

……

报名声此起彼伏，震动得我的耳膜嗡嗡直响，我再也忍耐不住，使出浑身的劲头，高声喊道：

"我坚决参加！"

这一喊，差点把政委吓一跳。

——可惜，不知杂志编辑是出于篇幅的考虑，还是别的什么原因，把上述这些文字统统删去了。其实，这些文字正反映出广大水兵的呼声，后来有的军舰自动组织起海上理发小组，出海的时候开展义务理发活动，深受大家的欢迎。经过实践检验，说明我文章的最后部分是有生命力的，理应保留。

另外，杂志编辑还在文章第三部分的"我踮脚一看"和"陈忠奎踮起脚来"这两句话中，把我原稿中正确的"踮"字错误地改为"垫"字，变成了别字，这是不应该的。"踮脚"和"垫脚"，是两个意义完全不同的词汇。"踮脚"，是抬起脚后跟用脚尖站着，从而可以看得高一点；而"垫脚"，是指铺垫牲畜圈的干土、碎草等。按理说，遇到这种情况，至少应该查一查字典，甄别清楚以后再作取舍。附在后面的文章，被编辑改错的两个字，我已经把它改正，恢复原样。

1960 年 8 月

附：小说

海上理发员

一

夏天的一个中午，战舰乘风破浪，威武地在海上飞驰。天蔚蓝蔚蓝，找不到一丝云彩。通红的太阳，喷射出火焰万丈的光芒，像要把海水煮沸似的。

钢铁打造的舰壳晒得好烫好烫，简直可以烤面包了！我们的住舱正好靠舰舷，没有舷窗，躺在吊铺上午睡，热得叫人喘不过气来。

战友们住惯这个家，有的呼呼睡着了，有的轻轻地在挥动着纸扇。我第一次在舰上过夏天，不习惯，怎么也睡不着，围着吊铺爬上翻下的，一会儿起来走近功率很小的小电扇吹一吹风，一会儿用毛巾擦一擦浑身的汗水。尤其是头上这寸把长的头发，简直成为大累赘，越热它越痒，真讨厌！我不时地狠命搔头，搔呀，搔呀，有时冒起火来，真想找把剃刀一下子把它削光。躺着，躺着，我实在受不了这种被煎熬的滋味，猛地翻下吊铺，提起脸盆，三脚两步地朝洗脸间冲去。

跑到洗脸间，"当啷"一下我把脸盆一摔，直着喉咙嚷道：

"真热，简直像蒸笼一样！"

这时候，陈忠奎也在洗脸间擦身体，他看到我这副生气的样子，又发现我这一头长发，就问了起来：

"光说天气热，昨天军舰靠码头，这么长的头发为什么不去理一理？"

"理发室又不是专门为我开的。"我粗声粗气地回答道，脑子里马上萦回起昨天的情景来：

下午，军舰靠码头补充淡水，我兴冲冲地跑下舰去理发。还没到理发室，就看到长蛇阵似的队伍排在那里。是呀，出海训练四十多天，谁不想理个发呢？可是，只有两个理发员，这么长的队伍要等到什么时候啊？我一急一气，就拔腿往回跑。晚上，战舰又出海，理发的机会就这样错过了。

回想起来，我直埋怨自己这个犟脾气。现在陈忠奎问我，我也没有心绪回答，反正告诉他实情也不能解决问题。我看他自己，不也是一头长发吗！

我们各自擦洗着身体,谁也不再吭声,洗脸间显得格外寂静。忽然,一阵急促的喊叫声飞了进来:

"快,快到俱乐部去看好消息!"

我和陈忠奎不约而同地抬起头来,注视着传来喊话声的218舱。啊,原来是小张挥着手在向谁打招呼。他一看到我俩,俏皮地扮个鬼脸:"快去看看,王明、陈忠奎,这好消息跟你们的长头发可有点关系呢!"

听了小张的话,我心里直嘀咕:"跟我的长头发有关系?难道昨晚军舰起航,跟来理发员不成?得跑去看看。"我马上摔下毛巾,和陈忠奎一道撵小张去。

二

俱乐部里,一片喧闹。黑板报下面围着一大群人,你一言我一语地交谈着、争论着。我也顾不上听他们说些什么,就一边嚷着一边往人群里挤:

"什么事?什么事?快让我看看!"

"别吵闹,让我念给大家听。"马上,人群里响起小张洪亮的嗓音,喧闹声顿时停了下来。我赶紧站稳脚跟竖起耳朵,小张一字一句地念起黑板报上写的内容:

"海上理发室启事:

为了进一步得到劳动锻炼,也为了当好群众的服务员,决定设立海上理发室,为全体舰员服务。现在,把有关事项说明如下:

一、理发地点:俱乐部。

二、理发时间:每天午休及自由活动时间。

三、不收劳动报酬。

海上理发员"

这的确是个好消息，立刻，俱乐部又沸腾起来：

"海上理发员，真新鲜！"

"理发员是谁？"

"为什么不收劳动报酬？"

"可是昨天在码头上还收两角五分钱呢！"

……

听小张这么一念，不管别人怎么嚷嚷，我可高兴得跳起来，心里乐滋滋的：这下子我的长头发可有救了。

议论在继续着。有人提议去请示舰首长，但有人反对，说现在是午休，正是海上理发员自定的理发时间，马上就能水落石出真相大白。我一听这话有理，立刻跑回住舱去穿海魂衫和长裤，我可要在海上理发室争取第一个理发的资格。

三

回到俱乐部，大家正围着一个人，我踮脚一看，不是理发员，倒是我们舰上的政委。同志们七嘴八舌地问着，我也挤了上去：

"政委同志，海上理发员是谁？"

"他在哪里？怎么还不来？"

政委慢条斯理地微笑着：

"问他干什么呀？他会给同志们理发就是了。我看还是先找一找理发的对象吧！"

他边说边向前移动着身子，大家让开一条路。这时候，我才注意到，原来政委手里拿着一块折好的白布和一个小木箱子。我心里判断道：这一定是理发工具！同志们也已经注意到这些玩意儿，小张打雷般吼道：

"政委，理发员怎么自己不拿理发工具，却叫你带来呢？"

"理发员怎么还不来?"陈忠奎也焦急地发问。

政委不慌不忙,笑眯眯地说道:

"要问海上理发员嘛——"他拖长着语音,突然来一个大转弯,"我看还是先挑一挑理发对象,理发员一到好马上动手……"

政委的话音未落,我就急忙抢着说:"我的头发最长,政委,理发员来了我挂第一号!"

"我的头发也够长的,你们看是不是?"陈忠奎踮起脚来求援似地环顾着大家,然后接着说,"我该排在王明前面吧!"

我在心里嘀咕着:排在我前面?哼,我才不让哩!

这会儿,小张大概也憋不住了,像打机关枪一样叫嚷起来:

"别争了!王明第一号,陈忠奎第二号。"

他又把头转向政委:"政委,理发对象有了,理发员怎么还不来啊?"

政委这时才细眯着眼笑道:"你们要问海上理发员吗?他远在千里,近在眼前——"

"噢,海上理发员就是政委?"顿时,我的脑海里急速地闪过好几个活生生的镜头:

——那是我上舰第二天的早晨,刚过春节,政委穿着单薄的衣服,起劲地和大伙在上甲板打扫积雪,脸上挂着黄豆般大的汗珠……

——有一天轮到我帮厨(舰员轮流帮炊事班干活),忽然政委来到厨房,穿起工作服,不停地洗菜、切菜,忙得眉开眼笑……

——一次,我和一位战友在清洁厕所,冷不防政委走了进来,他卷起袖子刷起便池来,刷呀,刷呀,刷得便池亮亮的……

"政委,你什么时候学会理发这手艺?"小张洪亮的问话声打断了我的回忆。

政委还是细眯着笑眼："说来话长。"意味深长地朝小张看了一下，接着大声对我们说道：

"王明，你不是第一号吗？前面请坐——第二号陈忠奎在旁边等候。"

这时候，我倒是踌躇起来：难道真的叫一位大尉政委给我这个列兵理发吗？这恐怕从盘古开天地到现在也没听到过的新闻吧！——马上，我又感到自己想错了，政委对待我们水兵什么时候不是亲如兄弟？在维护战舰的体力劳动中政委哪一次不抢在大伙前头？我正要责备自己几句，突然一只温暖的手拍在我的肩膀上：

"小王，快坐下，我们开始吧！"

我既喜出望外，又感到不好意思，带着复杂的心情坐下来，让政委把一块雪白的布披上肩头，可真是开心极了。我幸福地抬眼望望大家，人人都闪着明亮的双眸：小张，陈忠奎，所有在场的战友……

政委手法灵活地"嚓嚓嚓"剪着我的头发，不痛不痒，感觉舒适，真不知道政委什么时候练就这门好手艺。虽然，我面前没有像理发店那样布设一面大镜子，看不到政委给我理发的动作，可我深信：有海上理发员——大尉政委亲自出马，我的头发一定理得很漂亮，很漂亮……

初稿写于1958年11月，修改于1959年7月4日凌晨3时，发表于《萌芽》杂志1959年第14期

芝麻的西瓜效应

在日常工作中，人们往往巧作比喻说，"既要抱住西瓜，也莫忘了芝麻"。强调抓住大头，也不忽略细节。也有俗语说，"细节决定成败"。这些说法富含哲理，发人深省。

古往今来，不少事件的发展雄辩地验证上述观点的正确性。也许一个决定，一个微不足道的细节，恰恰决定事情的成败。昔日英王理查三世与亨利伯爵决战，就因为一只马掌少一只铁钉，失去一匹战马，最后导致战败而毁了王朝。

在新闻采访中，笔者曾了解到这样的故事，上海一家建筑公司的陈经理，与一位台商洽谈合资事宜，眼看临近中秋，该给远道而来的台商送点礼物，送什么好呢？月饼当然是最时新的了，但唯其时新，最贵重的月饼也显得意义平常。

陈经理忽然想到，一次与台商驱车同行，路边一个小贩叫卖"臭豆腐"，引起台商的注目。台商似乎有所心动，但又无奈地移开注视的目光。也许宾馆里很难品尝到这种风味小吃，上街头又怕有失身份。陈经理揣摩出对方颇有这种想法，那么，何不送些臭豆腐给他尝尝？

陈经理主意已定，第二天一早去菜场采购了 60 块臭豆腐，一半清蒸，一半油炸，然后配上调料，径直送到台商一行下榻的宾馆。台商见了，喜出望外。这件芝麻小事深深感动了他，觉得如此善察人情的合作伙伴，打着灯笼也难找呢！于是，他们双方很快签订了协议。这个注重细节促成合作的故事，既感动了笔者，也感动了晚报编辑，我写的《陈经理送臭豆腐》的故事，很快就在《新民晚报》发表（见 1994 年 9 月 26 日《新民晚报》）。

笔者在报道工程建设中，也遇到过类似的情况。1998 年 9 月初，我撰写上海金茂大厦工程建设的长篇通讯《敢与天公试比高》发表之际，从这项工程的总承包项目经理部获得开除一名外国员工的信息，原因是那个人撒野打了一名中国人。通讯刚见报，工程已在收尾，有无必要再报道这则小消息？

金茂大厦的参建者有来自亚洲、欧洲、美洲的几十个分包商，有人戏称"小联合国"。上海建工集团作为总包，指挥"多国部队"协同施工，实属不易，开始的确有外国分包商"不买账"，而处理外国肇事员工这事，巧好从一个侧面证明我们按国际惯例严格管理的能力和魄力。采写重点工程，既要抱"西瓜"，也要捡"芝麻"，何况这则消息不见得就是"芝麻"，于是，开除外国肇事员工的消息见报了。

消息虽小，反响却大。笔者在参加撰写金茂大厦建设者的演讲稿时，上海市委宣传部和上海建设党委的有关同志都认为这一事例以小见大，很能说明问题，务必用在讲稿中。"芝麻"发挥出"西瓜"的效应，是笔者意料不到的。

发表于 2002 年 3 月 21 日《建筑时报》

走在生活的前面

新闻要反映时代的脉搏，反映生活的真实，然而不能仅仅停留在反映上，更不能当社会的尾巴，要敢于和善于当向导，发挥正确的舆论导向作用。即使生活服务性报道也应该如此。不久前一个题材的连续性报道，在这方面给我们以深刻的启迪。

《美化住宅》的徘徊

适应居民改善居住环境的需要，我们《建筑时报》长期坚持刊出《美化住宅》专栏，介绍居室装潢的知识和技巧，颇受读者欢迎。为此，上海科技出版社特约本报编辑出版了《居室巧装饰》一书。后来，报纸虽连续刊登有关文章，但没有新的突破，可以说徘徊不前。如何把美化居室的报道向前推进一步？现实生活向我们提出了挑战。

1991年本报刊出《南京推出厨厕样板间》的报道，几天以后，湖南省唐荣应、河南省陈群英等读者来信，表示"对南京住宅厨厕样板间很感兴趣"，要求索取资料，并且希望报纸介绍民用住宅的新颖设计。读者的呼声引起我们的深思。随着改革开放的深入，人民生活水平的日益提高，人们对居住环境的要求和价值观念发生了明显变化，不再满足于窄小的居室布置和装饰，而是企求有较大的活动空间，并且按照自己的意愿进行设计和装潢。由囿于室内的"涂脂抹粉"，到自己设计赏心悦目的爱窝，无疑是一大飞跃。作为大众传媒的建筑产业报，理应满足这种要求，走在生活前面，引导这种变化。

瞄准新目标

当时，我们就把目光瞄向将于1992年5月落成的上海康健新村试点房。根据朱镕基同志关于解决人民住房困难的矛盾要从设计上下功夫的指示精神，上海市建委在1991年组织来自江苏、甘肃、四川、深圳和上海等地的15家设计单位，开展1991年上海住宅试点房设计竞赛。上海居住区综合开发中心负责实施，在上海康健新村15街坊陆续建成17幢15种不同风格、不同型号的新颖住宅，共437套，总建筑面积为25248平方米。这些试点房，一改过去"兵营式""火柴盒式"的旧模样，立面新颖活泼，颇有创新，特别是室内使用功能明显改善。如此大规模的住宅设计竞赛，并且付诸实施，这在全国尚属首次。我们当时设想，如果能把这些试点房的模式介绍给读者，比起"贴墙纸、铺地板"之类的知识传播，无疑是前进了一大步。于是，就在报上每期介绍一种试点房，图文并茂，结果引起读者的很大兴趣。

试点房开展设计竞赛，自然最终要进行评选。我们一面连续进行系列报道，一面向主持这次设计竞赛的单位了解评选计划。一开始，他们无意让本报参与，不想在评选揭晓前透露有关内幕。我们考虑到，如果能让读者由旁观者变成参与者，投入试点房设计竞赛的评选活动，势必收到更好的社会效果。因此，我们三番五次前去与有关部门洽谈，最终达成协议，由本报同上海市建委科技委、上海市工程标准化办公室、上海市居住区开发中心联合组织群众评选试点房活动。

至此，康健新村试点房的报道，由一般报道变成重点报道。为了给读者足够的时间参加评选，本报破例以三个版的篇幅集中介绍15种不同类型的试点房，既有立面图、平面图，标有各种数据，又配上文字说明，可以说一目了然。版面还刊登供读者评选的选票。

与此同时，本报设计制作了"康健杯"上海新住宅设计竞赛纪念封。由于切准群众的脉搏，本报增印的 5000 份介绍试点房的零售报纸以及同样数量的纪念封很快告罄。

1992 年 5 月，上海市建委科技委和居住区开发中心邀请中国建筑技术发展研究中心、清华大学、重庆建工学院等单位的 20 位专家、教授，前往康健新村试点房参观评议，随后又组织上海的专家和群众参观评选。建设部副部长周干峙也专程前往试点房视察。笔者同一位记者参加这一活动的全过程，对专家、教授进行跟踪采访。15 种类型的 17 套试点房，每一幢都设有按每套 3000 元、5000 元和 8000 元三种不同标准进行装修的样板房。由于记者亲临现场耳闻目睹，对于试点房的特点，诸如私密性空间与非私密性空间的妥善区分，大空间、大开间的灵活隔断，厨房、卫生间的细部处理，住宅各部位装潢材料及其色调的协调配置等，都掌握第一手资料，为深入报道奠定了基础。

意想不到的反响

试点房报道的"战役"打响以后，我们一面组织群众评选，一面进行连续报道。由于提供给读者的仅仅是 15 种试点房的 60 多幅图片和 3000 多字的文字资料，外地读者看不到房子，只能看图评选，难度是够大的。况且评选办法规定，参与者每人只能评五种类型的住宅，准备的奖金也不多，说不上有多大激励。然而，还是收到数以千计的评选票，除西藏、台湾以外的全国各省市、自治区，都有读者参加这次评选活动。有的读者喜笑颜开地告诉记者说："是否得奖是次要的，重要的是通过参加评选初步懂得了什么是设计先进的住宅。"

在报道方面，我们运用各种新闻体裁，报道试点房的方方面面，前后发表文章18篇、图片68张，计2万多字。特别是专家和群众对试点房的评价，更是浓墨重彩。其中，系列报道《专家眼中的现代住宅》的主要内容被后来的上海市试点房设计竞赛总结会所引用。一些报刊纷纷向我们约稿，《科学生活》杂志发表笔者与记者朱贵升合写的《沪上新模特》，《建筑》《买卖世界》《上海住宅》和《中国建设报》等报刊先后发表我们撰写的《现代住宅发展趋势》等文章，"浦江之声"还向海峡两岸播发我们的文章《住宅模特》，《报刊文摘》两次摘登本报对试点房的报道。上述报道已逾18000字。《建筑时报》的知名度也随之提高，北京等地一些慕名来沪参观试点房的群众，干脆打电话要我们帮助联系有关事宜。建设部住宅小区试点办公室向我们索要介绍试点房的报纸，向全国各地推荐。全国城市住宅设计研究网在天津召开工作会议，主动邀本报派员出席。关于试点房的报道会引起上述反响，这是我们始料不及的。

  实践告诉我们，新闻记者必须有洞幽烛微的眼力，培养"超前"意识，走在现实生活的前沿。只有这样，路子才能越走越宽广。

1992年8月

永不言败

2019年女排世界杯今天结束，中国女排以11战全胜的战绩荣获冠军，这是第五个世界杯冠军、第十个世界冠军！令球迷欢欣鼓舞，让国人为之自豪！

中国女排，自38年前第一次夺得世界冠军以来，虽然也经历过低谷，但几十年来一直发扬着永不言败、勇于进取的精神，向着一个又一个高峰冲刺，夺取一次又一次胜利。为此，人们津津乐道女排精神，热烈弘扬女排精神。无论传媒，还是权威部门，都对女排精神作过高度的诠释和概括，提倡发扬女排精神，振兴中华，为建设社会主义强国而努力奋斗。我个人理解，女排精神的核心所在，是为国争光，永不言败。

胸怀为国争光的坚定信念，便拥有强大的动力和无畏的担当。即使遭遇挫折，经受失败，也永不言弃，绝不服输。跌倒了，站起来！失败了，从头来！在这次同巴西女排的交锋中，跌宕起伏，惊心动魄。前面我们一度以1∶2落后，女排姑娘丝毫没有气馁，心中只有勇于拼搏的念头，咬紧牙关，奋起直追，硬是一分一分地追上去，打成二平。姑娘们没松一口气，加大火力，乘胜追击，一鼓作气拿下第五局，以3∶2逆转巴西女排，扫除夺冠路上一个强劲的拦路虎。

胸中怀有为国争光的责任担当，就会未雨绸缪，作好充分的比赛准备，既勇于拼搏，又善于智取。"知己知彼，百战不殆。"在世界杯之前，主教练郎平就把主要对手一个一个地研究透了，比赛开始后,又不断更新对手信息,这让队伍在大赛当中保持了稳定的心理状态。以这次同美国女排比赛来说,比赛前,两支队伍都取得6连胜,是世界杯开赛以来仅有的两支未尝败绩的队伍,也是最终冠军的有力争夺者。主教练郎平早就把美国女排队员一一作了研究,让我们的队员胸有成竹。同时,郎平采用先发制人战术,在比赛中第一时间做出反应,第一时间发现问题,有时是超前的,告诉队员下一步对手会怎么样,走在对手前面,使我们的女排有针对性地与对手进行交锋,最终立于不败之地。

郎平说,女排世界杯目标:升国旗,奏国歌!从这个目标出发,怀着为国争光的信念,无论遇到什么困难,都无所畏惧,顽强拼搏。郎平告诫队员:"在实现自己梦想的过程中,会遇到很多困难,应发扬永不放弃的精神去战胜它。"女排姑娘奋力践行,咬紧牙关拼到底。女排刚到日本横滨时自己租借场馆,在37℃高温下,仍然一丝不苟地每堂课练满4个小时。不少队员手上、身上都包着胶带,不顾伤痛,坚持拼搏。在对阵荷兰女排的比赛中,一次奋力救球时,朱婷直接翻滚到裁判席。在她的带领下,中国女排顶住荷兰队的冲击,顽强地以3∶1战胜对手。在比赛全部结束后,郎平哽咽着说:"其实挺难的,我们16个队员,没想到11连胜,其实也是11场比赛一场场拼吧。"

为国争光,永不言败。几十年来,中国女排发扬这种精神,坚持不懈,战果累累,举世瞩目,全国震撼。在振兴中华、实现中国梦的伟大征程中,无论是作为团队、企业,还是个人,不正需要老老实实向中国女排学习,发扬这种永不言败的精神吗?

2019年9月29日

加大重点工程报道的力度

重点工程建设,不仅与群众的物质、文化生活息息相关,而且大都是巨额投资,引进国际先进技术,举债建设,因此颇为国内外大众所关注。为适应形势发展需要,我们应该加大重点工程报道的力度。当然,这不能简单地理解为增加报道数量和加快频率,而是要从思想观念到具体操作上都进行相应的变革,至少要考虑以下"三变":

一、变终结式为进行式,满足受众渴望了解重点工程进展的迫切需要

由于受众和投资者对我国重点工程建设关注程度的提高和外界对建设中国特色社会主义步伐快慢的浓厚兴趣,那种对工程建设只作一次性的、终结式的报道,根本无法满足需要。现在大多采取连续性报道的方式,跟踪重点工程进展的节奏有序进行。这种连续性报道,自然有别于工程建设指挥部的施工日志,新闻题材必须加以选择,突出重点。

重点工程一般都具有宏伟的建设规模,工期长,跨度大,有分几期建设的,有连续施工几年的。工程通常比较复杂,其间包含几个重大工程节点。例如大型桥梁工程,一般分主桥桥塔施工、主桥安装、引桥吊装、主桥合龙和全桥竣工通车等节点。也有的重点工程分几个标段,一个标段实际上是一个工程大节点。有侧重地报道工程大节点的进展和新闻故事,基本上能满足受众企盼的目光，当然，也不宜把反映工程节点视为固定不变的套路。

不同的重点工程有不同的施工重点和难点，浓墨重彩报道施工重点和难点的突破，最能说明工程建设的推进，也最能解决受众对重点工程的悬念。比如，在交通拥挤、人流如潮的上海闹市区兴建地铁，人们普遍关注以下一系列问题：建设地铁会影响市民的正常生活吗？挖隧道会影响路面安全吗？在市中心用"逆作法"建设地铁车站能行吗？……这些问题正是上海地铁施工中要认真解决的重点和难点，一些大众传媒围绕这些问题，以《九十年代的"淮海战役"》《巨龙在地下潜行》《创世纪的"双龙会"》等作为标题，生动地报道地铁建设大军如何控制地面沉降、如何在地层深处稳步推进、如何攻克技术难关确保施工安全等情况，既消除受众的疑虑和担心，又宣告工程的突破性胜利。

二、变"单频道"为"全频道"，向受众展示重点工程推进的多彩画面

一些工程建设报道，往往局限于反映施工现场的情况，好像单频道的荧屏，比较单调，受众颇有微词。重点工程建设本身是多姿多彩的，内容是很丰富的，多层次、多侧面地展示其七彩画面大有文章可做。

重点工程建设是经济建设的重要组成部分，报道要避免就事论事，注意揭示重点工程建设的背景、地位和作用，引导受众联系改革开放的新形势认识工程项目的意义。比如，浦东开发的启动，迎来南浦大桥、杨浦大桥、奉浦大桥的建设；改革开放的推进，促成上海几代人的地铁梦变为现实。把这些重点工程置于新形势、大背景中去报道，显然有助于提高报道的深度。有一些重点工程，在国内和国外都具有可比性，通过实事求是的比较、鉴别、分析、综合，既有利于长志气，也有利于防傲气。

规模宏大的重点工程几乎都是系统工程，仅仅报道施工是不够的，只有从决策、规划、设计、施工直至竣工交付，恰到好处地进行全景式报道，才能使受众了解工程全貌，而不致如"瞎子摸象"只得到局部印象。近年来大众传媒对最初的工程设计已引起重视，如对南浦大桥、杨浦大桥的总设计师林元培及其伙伴们的故事花了不少笔墨，受众反映良好。

三、变灌输型为交流型，引导群众参与重点工程的报道

乍看起来，重点工程报道比不上"综艺大观""问题讨论"等专栏，受众较难参与，似乎只能是单向灌输。其实不然，只要采编人员重视调动广大受众的参与意识，使他们成为重点工程报道的主人，是有文章可做的。这不仅可以增强报道的亲切感、现场感，而且能使报道获得更多的受众，收到更好的效果。

重点工程报道让受众参与，通常采用发表读者来信的方式。例如，在黄浦江几座大桥的工程建设中，传媒收到过受众的不少来信。有询问工程有关情况的（如："斜拉桥是一种什么样的桥型？""混凝土是怎样爬上一二百米高的大桥主塔的？"），有要求澄清外界传闻的，也有来信批评的。对于这些读者来信，有选择地加以处理，并通过传媒公开答复，就能唤起更多受众的注意。还有一种方式，是有目的地集纳对重点工程的评价，也是行之有效的受众间接参与。上海有的报纸曾经发表过《市民谈南浦大桥》《外国人眼中的南浦大桥》等新闻，生动活泼，有较强的可读性。报纸还可开展"我与某某工程"的征文活动，也可举办"笔谈某某工程"，还可通过专访，以重点工程建设的指挥者、建设者访谈录的形式，或

知名人士、普通市民侃重点工程的形式，直接把采访对象的思想观点和褒贬意见公之于众，把建设者如何设计、施工的现身说法加以传播，这比起采编人员的单向传播更有广度和深度，也更加丰富多彩。

发表于复旦大学《新闻大学》'94夏（总40期）

关于《蓝图放歌》

说起来令我汗颜，爬格子几十年，直到2002年12月才由学林出版社出版第一本书《蓝图放歌》。而且，"犹抱琵琶半遮面"，羞答答地感到不好意思。

早在学生时代，本人就喜欢习作，记得第一篇文章是发表在《中国青年报》上，远在朝鲜的中国人民志愿军万象贤同志看了我的文章还特地来信。投笔从戎后，抽闲也写点小文章，在《萌芽》《解放军文艺》等杂志曾发表过小说、诗歌等习作，少年儿童出版社也选辑过我的文章。然而，真正同文字工作结下不解之缘，是在二十世纪六十年代从事新闻工作以后。在实践中深感自身文化底蕴浅薄，时时鞭策自己"加油""充电"，以弥补不足，力求与时共进。

二十世纪八十年代初我从部队退役到上海工作，负责一家报纸的复刊，挑起总编的担子，更觉自己才疏学浅，对工作和学习丝毫不敢懈怠，并在忙碌的编审工作中挤时间到现场采写新闻。日积月累，不知不觉留下若干文字。不少同事和读者多次鼓励我结集出版，本人一直犹豫不决。经思虑再三，才选辑了一个小册子《蓝图放歌》。当时考虑的是，如果读者看了书中的某些篇章，对被采写的对象，特别是对为祖国建设鞠躬尽瘁的建设者们，能留下一些良好的印象，也就如愿以偿。顾及自己的文字粗浅，难免有些诚惶诚恐，本来选辑30多万字，临付印时又撤掉了几篇。

作品问世后，2003年3月7日，上海建工集团党委宣传处同建筑时报社联合举行《蓝图放歌》一书的首发式，《建筑时报》和《上海建工》以"讴歌当代建设者风采,《蓝图放歌》举行首发式"为题,作了报道。文中写道:"金义铠同志是建筑时报社前总编。在40年新闻生涯中,金义铠同志敬业精进,笔耕勤勉,作风深入,采写了许多好文章。上海东方明珠广播电视塔、金茂大厦、上海大剧院、上海体育场、浦东国际机场、南浦大桥、杨浦大桥、江阴长江大桥等著名工程建设中,都留下了他深入现场采访的足迹;无论是风雪严冬还是流火酷暑,都可在建筑工地上见到金义铠同志的身影;甚至在出国途中,也不忘到集团在境外的工地去采访。几十年如一日,他把对祖国深深的爱、把对为祖国建设鞠躬尽瘁的建设者的爱,融入了一个个方格。"报道指出:"《蓝图放歌》一书,在一定程度上反映了上海改革开放以来城市建设日新月异的巨大变化,讴歌了建设者,特别是上海建工广大员工无私奉献的精神风貌。"其实,我只是履行一个新闻工作者的职责,上述报道是过奖了。3月17日,《建筑时报》又发表了赵仁童写的"关于金义铠和他的《蓝图放歌》"的评论文章《澎湃激情泻笔端》(附后)。

为感谢许多曾经接受采访的建筑工人、工程管理人员和建筑企业家,我分头向他们送去《蓝图放歌》。令我感动的是,现任报社总编李敏同志还指定专人开展了代售《蓝图放歌》一书的具体工作。

2003 年 3 月

附:

澎湃激情泻笔端

——关于金义铠和他的《蓝图放歌》

赵仁童

金义铠从建筑时报"老总"的位置上退休已数年。作为他的学生和部下,我的心中仍保留着对他的感激与敬佩。感激他的教诲,曾经的和继续给予的;敬佩他的执着、勤奋,也是曾经的,更是仍然十分的。虽然60多岁了,也已满头华发,但他的精神却是那么抖擞,步履依旧那么迅捷,笔端更是充盈着澎湃的激情!

新春之际,我几乎是一口气地读完了金义铠的文集《蓝图放歌》。掩卷细思,很是感动,46篇文章,近30万字,每一篇都让我感到亲切,又感到新鲜。我既是这些文章的第一个读者,更知道这些文章的采写过程。金总编几乎跑遍了当时上海的重大工程施工现场,每每是一身汗渍两脚泥浆地赶回报社,将采访中迸发的激情倾泻在笔端。退休后,他没有"封笔",没有颐养天年,更欢快地奔走在申城大大小小的工地上。于是,一篇篇重大工程的通讯,一个个建设者的动人事迹,一个个施工企业的发展历程,见诸报端。新闻记者的天职,使他停不下自己的双脚,放不下自己的笔(其实,他早已是用电脑写作了),以丝毫不减弱的激情,忠实地记录着我们这个城市的巨变,忠实地记录着建设者的伟大功绩。而在这些文章的字里行间,我分明听到的是金义铠对时代饱含激情的讴歌。

记得叶剑英元帅有过一句诗:"老夫喜作黄昏颂,满目青山夕照明。"想以此诗意赞赏金义铠，又觉不贴切。说句心里话，我们的金总一点也不见老，离"老夫"还远着呢。然而，他仍激情澎湃，奔波在工地现场，笔耕不辍，华章不歇的精神，着实让我们这些被称作编辑记者的折服。

我很有理由地期待着金义铠的下一部文集问世，更有理由地相信，中国建筑业会听到更多激情澎湃的放歌！

发表于 2003 年 3 月 17 日《建筑时报》

映日荷花别样红

夏天,漫步荷塘边,映入眼帘的是一大片出淤泥而不染的荷花,田田翠盖,亭亭玉立,芳香四溢,沁人肺腑,心情感到无比舒坦和愉悦,我边踱步边欣赏,依依难舍荷塘。

眼看着在日光映衬下艳红秀美的荷花,不由得回忆起南宋诗人杨万里那流传千古的不朽名句:"接天莲叶无穷碧,映日荷花别样红。"心里琢磨着,要是把这美丽的荷花拍成照片该有多好!

一开始,我用数码傻瓜机拍摄荷花,成像后反复观察,感到与真实的荷花相距甚远,有其形而缺其美,有其色而无其艳,郁郁寡欢,心有不甘,考虑再作努力。后来我买来单反相机,拍出的荷花图片好看多了,但总有"一般化"的感觉,不出挑,缺乏让人"眼前一亮"的反应。原因在哪里,如何突破这个薄弱环节?

我反复在荷塘边兜圈子,观察各株荷花的不同状态。又推敲起"映日荷花"和"红花需要绿叶来衬托"等词语的内涵,渐渐有所感悟。便从光影的处理、荷花与荷叶的匹配等环节上动脑子,把握细节,改进构图,终于在拍摄上有所长进,成像后图片比过去活跃不少。

任何植物都有它的特性。荷花是水生植物,性喜相对稳定的平静浅水,还非常喜光,生育期需要全光照的环境。荷花极不耐阴,在半阴处生长就会表现出强烈的趋光性。从荷花喜光的特性入手,我便选择一早就去拍摄荷花。早上日出之后,荷花向阳绽放,形态生动,秀色可餐,此时拍摄,图片呈现出鲜活的形象,煞是可爱逗人。同时，经过一个夜晚，晨曦初露，花瓣和荷叶上的露水滚动欲滴，别有一番风味。选择早上拍摄的结果，不仅自己看着图片比较满意，别人看后也纷纷点赞。

除了晴天，有时我也选择雨天去拍摄。凝神细看，荷叶上的水珠，晶莹剔透，大的像白玉，小的赛珍珠，似动非动，颇有"大珠小珠落玉盘"的雅趣。花朵则真正成为出水芙蓉，清新脱俗，靓丽动人。我便设法把雨中荷花的精彩画面变成照片，表现出其特有的欣赏价值。

人们称荷花为"花中君子"。在大众的心目中，荷花是真善美的化身，是吉祥丰盛的预兆，是佛教中神圣净洁的名物。莲最适合作纯洁、美好爱情的象征，唐代王勃就写有"牵花恰并蒂，折藕爱连丝"的名句。荷花也象征清白，表示清廉。在古代，文人墨客留下很多吟咏荷花的千古佳句；而现代，朱自清那篇出类拔萃的《荷塘月色》，则成为人们耳熟能详的公认美文。

荷花不但十分美好，而且，其发育的各个阶段都展现出不同的特质，可供人们观赏和应用，也可拍摄成不同特色的图片。为此，在荷花含苞欲放、绽蕾怒放和残荷败落等各个阶段，我都一一作了拍摄，倒是也有不同的收获。

荷花与莲藕服务于人类，人们普遍喜爱荷花与莲藕，这样就把人与荷花紧紧地联系在一起了。因此我也尝试着拍摄夏天赏荷的图片，拍了诸如"恋荷""梦荷"之类的小品。

在拍摄之余，我怀着对荷花的深深眷恋，选择若干图片制成小年糕《映日荷花别样红》，并配上下列文字，以供不时欣赏：

  贴波结水缘，
  酣睡绣锦缎，

但求"笨鸟先飞"，
无意争芳斗艳。

纯洁花之仙，
碧叶何田田，
濯清涟而不妖，
出淤泥而不染。

坚贞气宇轩，
明丽不娇憨，
大方素面迎宾，
映日别样红颜。

艺传"莲花落"，
情牵"并蒂莲"，
芙蓉万众眷恋，
文人赞诗绵连。

高雅不虚传，
圣洁享桂冠，
诸佛酷爱莲花，
谁敢斗胆追攀？

2019 年 8 月

重点工程报道"失准"刍议

随着基本建设的加速发展，重点工程报道成为大众传媒的"重头戏"，数量日增，频率加快，内容丰富多彩，形式生动活泼，获得了可喜的社会效果。然而，由于种种原因，重点工程报道不准确的情况时有耳闻，受众议论纷纷，这个问题不容忽视。

基本数据不实，是重点工程报道"失准"的突出问题。1981年6月，读者张某给上海出版的一家专业报写信说："谁能告诉我，上海南浦大桥主塔到底有多高？斜拉索究竟多少根？"他列举各报不同的报道，主塔高度有报150米的，有说154米的；而斜拉索的数量，则有168根、176根、180根和196根四种说法。来信最后写道："塔高和索数是早在大桥施工前就定了的，决不会变来变去，何况桥塔早已造好，钢索也早已定孔，而报道的数字却如此混乱，岂不令人遗憾！"这是一个比较典型的事例。其实，有的传媒在报道某些重点工程的投资金额、建设规模、生产能力、社会效益和经济效益等情况时，也有说法不一甚至自相矛盾的情况。

"排座次"有误，这是重点工程报道不实的另一表现。一些重点工程，如大桥、高楼、电视塔和地铁等，在国内、国际都存在可比较的项目，传媒报道时往往注重给其排座次，标为"世界第几座高楼""世界第几座斜拉桥"等。有人在对工程规模的大小、质量的优劣、建设速度的快慢等进行比较时，也常常发生差错。还以南浦大桥为例，有说它是世界第二座最大的斜拉桥，有说是第三座，其实这两种说法都不够准确。还有的采编人员，未作认真的调查研究、比较和鉴别，就贸然给某项重点工程戴上"最大""最好""最早"等"最"字桂冠，当受众得知真正的"最"字号时，不免啼笑皆非。

整体报道有失偏颇，是重点工程报道"失准"的又一问题。一些重点工程报道缺乏整体真实，有点顾此失彼。表现在报道工程建设时，连篇累牍地描述建设者如何艰苦拼搏、无私奉献，很少提及凭借科技促施工、依靠管理抓效率的内容。尽管以单篇报道而言，并无多大失实，但从报道整体来看，却不符合客观实际，更不用说体现时代气息。表现在报道工程进度时，一面讲施工进度如何如何快，工期提前多少天；一面又讲日夜奋战，节假日不休息，以致使受众得出"依靠加班加点提高速度"的结论。表现在讴歌建设者时，要么是大书特书工人带病施工，要么是尽情描绘建设者不顾亲人疾苦坚守工作岗位，似乎我们的建设功臣有不少病号和病人家属，令人难以置信。

重点工程报道失实，还表现在抢"新"超前上。当某些重点工程接近竣工时，有人片面追求"时效性"，便以"基本竣工"或"建成"见诸报端或视频。工程竣工是有明确界限的，"基本竣工"是一个不确定的模糊概念。图片新闻超前更是屡见不鲜，因为建筑物靠近地面一两层即使外装饰未完成也不易在图片中反映出来，有的就借此超前报道。还有的重点工程分期进行建设，当一期工程结束时，有的报道把二期工程的部分内容也"越俎代庖"给"完成"了。此外，诸如"××工程创造了××速度"之类的结论性评语也时有所闻，其中不乏"超前"或不实之嫌。

产生重点工程报道"失准"的因素多种多样，一个重要原因是对重点工程报道缺乏足够的重视，没有真正作为报道重点来对待。所谓重点工程，大都是关系国计民生的重大工程项目，无论是煤气厂、彩色显像管厂等工业项目，还是大桥、地铁等市政设施，抑或医院、电视塔等公共建筑，都同人民的物质和文化生活息息相关，因而是群众目光的聚焦点。这些大型建设项目，几乎都引进国际上先进的新技术、新工艺，带来某种神秘色彩，对受众具有很大的吸引力。而且，重点工程大都是巨额投资、举债建设，像上海的地铁、南浦大桥、杨浦大桥、合流污水治理工程等，亚洲银行、世界银行和一些国家就提供了不少贷款。因此，受众（包括国外关心的人们）对重点工程建设十分关心，不仅期望经常收到建设进度的信息，而且对报道涉及的问题富有强烈的敏感性。可见，重点工程报道举足轻重，无论在新闻的分量上，还是在报道的频率上，都应作为重点来对待，最好是分阶段地制订报道计划，组织强有力的采编人员分工落实。诚然，任何报道都应坚持真实性原则，但重点工程报道如果"失准"，就会产生较大的负面效应，比如可能会影响到给重点工程贷款的国际银行和外国金融集团的再投资。

  重点工程报道不准确，又一个重要原因在于记者采访作风不够扎实。不少重点工程，记者都是初次接触，照理亲赴现场采访比已熟悉的一般工程更为重要。遗憾的是，现在确有少数记者忙着跑场子，靠摘抄人家提供的现成材料发稿，这就难免发生差错。比如前面提及的南浦大桥的主塔高度和斜拉索数量问题，只要到施工现场认真调查一番，是完全可以搞清楚的。斜拉索一共180根，不可能产生四个数字。至于大桥主塔高度有两种说法，各有不同的内涵。一说154米，是指主塔的绝对标高，即上海地区工程测量普遍采用的，以吴淞口平均海面为基点起算的标高；一说150米，则是指主塔在地面以上部分的实际高度，即相对标高。上海的地面平均高度是4米，主塔以此为基准，高出地面是150米。要使重点工程的事实和基本数据准确，关键在于记者要跑第一线，抓第一手资料，不要当"二传手"。

知识断层，缺乏背景材料，也是重点工程报道"失准"的原因之一。重点工程既然包含国际上某些先进的科技和工艺，要准确地采写报道，非掌握相关知识和背景资料不可。比如某重点工程的规划、设计等的来龙去脉，国内外同类工程项目的历史和现状，该工程涉及的有关理论、新技术、新工艺，等等，对此都必须基本掌握或有所了解。以南浦大桥来说，为保证报道全面而准确，我先后走访大桥总设计师林元培、大桥建设总指挥朱志豪等有关人员，查阅有关资料和大桥设计方案，弄清了斜拉桥这种新型桥梁问世以来的历史和现状，斜拉桥这个大类中具体又分为几种型号，衡量桥梁规模的主要标志是什么，我国斜拉桥建设的发展状况如何，南浦大桥在世界斜拉桥中所处的地位和开发浦东振兴上海中的作用，等等，从而能够比较恰当地掌握分寸，报道时既不夸大，也不缩小。对南浦大桥的规模，准确地指出，在建设过程中，她应排在加拿大的安娜西斯桥和印度加尔各答第二胡格利桥之后，在世界迭合梁斜拉桥中位居第三；建成后跃居第二位，因为印度的第二胡格利桥至今未建成。人们常说新闻记者应该是杂家，兼收并蓄，拥有较宽的知识面，这对搞好重点工程报道尤其重要。为什么在一些建设工程报道中"最"字号桂冠往往张冠李戴？要害就在于知识面窄，没有准确的比较，就不可能有正确的鉴别。解决这个矛盾，唯有边干边学，腿勤加脑勤，以勤补"缺"，以勤补"拙"。

思想方法片面，整体报道意识不强，是重点工程报道不实的又一个原因。为什么有的重点工程报道动机不错而收不到良好的社会效果，甚至给受众以错觉？为什么有的重点工程建成后，受众从传播媒介中得不到关于如何建设的全面完整的印象？其要害在于我们的思想方法缺少辩证法，反映在报道上出现片面性。如前所述，有的采编人员，比较重视单篇报道的个体真实，往往忽略整体报道的宏观真实；比较习惯于弘扬施工队伍艰苦拼搏的精神风貌，不大善于撰写科学技术转化为现实生产力的深度报道；比较擅长报道施工现场出大力流大汗的建设者，疏于反映精心绘制蓝图指导施工的建筑师。基于这样的认识和实践，不能不影响重点工程报道的整体真实或宏观真实，进而影响报道的社会效果。因此，认真掌握辩证唯物主义的认识论和思想方法，对于做好重点工程报道至关重要。

发表于复旦大学《新闻大学》'93夏（总36期）、北京《新闻与写作》1993年第7期和《中国建设报通讯》1993年第1期

《龟趣》发表以后

在一次偶然的机会,听到某建筑公司有一位工人擅长养龟的消息,引起我的兴趣。一天下班后,利用业余时间前去采访建筑工人李荣鸿的业余爱好。

一到老李家,只见他弓着腰在一旁乐呵呵地看着。一会儿,两只乌龟登上他的左脚背,把脖子伸得长长的,瞪着小眼睛盯着老李,似乎在静候指挥员的命令,又仿佛在乞求主人的恩施……我们相互之间还没有打招呼,采访活动实际上已经拉开序幕。随后,我观看了老李用泥鳅喂龟就餐的全过程,并参观大大小小的乌龟和它们的栖息场所。坐下以后,从乌龟的品种、饮食、特性、繁殖,直至寿命,我寻根究底地问个遍。老李养的乌龟,数量多,品种也多,最兴旺时达27种,共200多只。不仅我国现有的17个乌龟品种都齐全,而且还收集了一些外国品种,真可谓奇龟荟萃,千姿百态,令人耳目一新。老李侃侃而谈,和盘托出,我高兴地满载而归。

一回到家,我像抓到头条新闻似的,激动地工作到深夜,一气呵成老李养龟的故事初稿。第一读者——我的妻子看后很感兴趣,认为"可读性很强",但对文章标题《话龟拾趣》不甚满意,感到有雷同之嫌。儿子阅读以后,也有同感,他建议改为《龟趣》。我反复修改以后,采纳儿子建议改了标题。第一次撰写娱乐方面的文章,抱着试试看的想法,把稿子投向天津的《八小时以外》杂志。几天后,就收到杂志编辑部余秋明先生的来信,告诉我"大作拜读,很好!本刊决定马上发表,请速寄两张照片来"。

《龟趣》发表后,编辑部即寄杂志给我,并来信向我约稿:"请先写一篇上海有关文化娱乐之类的文章,并请今后多多来稿,我们等待着您的大作!"妻子陪我利用星期天到外滩附近进行调研采访,终于觅到一位街头欢跳迪斯科的领军人物,写成《一位传奇式的新闻人物》,不久在该杂志刊出。

接着,不断收到杂志编辑部转来的信件,都是阅读《龟趣》以后的读者来信,从1987年下半年到1988年上半年,先后共收到14封。其中,一些读者表达对文章和养龟的好奇和兴趣,有的跃跃欲试。重庆读者陈尚志来信说:"金义铠先生写的《龟趣》,真是奇龟荟萃,乐趣无穷,非常感谢!"《小说天地》编辑部的朱金宇来信说:"读了《龟趣》,颇感新奇,这样的文章在报章上所见极少,使我得到不少启发和教育,非常感谢你!"

多位读者直接向我索要养龟爱好者李荣鸿的通信地址,要求拜他为师,请他传授养龟经验。湖北一位叫吴清泉的中学生写道:"看了题为《龟趣》的文章,对乌龟产生了很大兴趣,但苦于缺乏养龟经验,我想请李老师点拨一二,了却我的心愿。"吉林某厂工人王林惠来信说,他儿子看了文章《龟趣》,对养龟产生浓厚兴趣,近来觉也睡不好,总是念念不忘要他向作者和李荣鸿先生请教科学养龟方法。

也有传媒和教学单位出于业务工作需求,要求进一步了解有关内容提供详细资料的。黑龙江电视台教育部郑文旭先生写信到《八小时以外》编辑部说:"看了贵刊发表的《龟趣》一文,非常高兴,因为我们正在拍摄动物趣闻节目,此文对我们很有启发。"河南师范大学生物系李仲辉来信说:"从《文摘周报》看到《八小时以外》文章《龟趣》的摘录,谈到奇龟荟萃乐趣无穷的故事。我教研室正在进行这一课题研究,想进一步了解有关内容。"

一篇有关娱乐内容的小文章，竟然引起这么多人的关注，这是我始料不及的。文章虽有点可读性，也只能算作一般。也许是改革开放以来，随着物质生活的不断提高，人们就有条件和能力关注更多的精神生活了。

　　由于工作忙，此后，我再也没有向这家杂志社投过稿。

　　注：《龟趣》发表于1987年第6期《八小时以外》，辑录于本人的《蓝图放歌》。

1988年8月

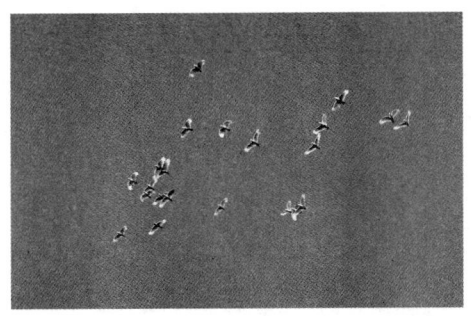

我爱夏天

苍茫大地，无比奥秘，春夏秋冬，一年四季，周而复始，乐此不疲。春天，春光明媚，万物复苏；夏天，烈日炎炎，万物争荣；秋天，天高气爽，五谷丰登；冬天，寒风呼啸，雪地冰天。四季分明，各具特点，说不上褒贬和爱弃。人们对一年四季各有感悟、各有所爱，可以理解，并不奇怪。

说来也怪，从小时候开始，我就喜欢夏天。童年岁月，天真烂漫，感到夏天天热，起居作息生活简单，白天可以跟大人去池塘洗澡，晚上可以在晒谷场上乘凉，过得很爽。长大后，我还是爱夏天，大脑有几多思考和认知沉淀。

夏天是一个朝气蓬勃的季节。我爱夏天白云蓝天阳光灿烂，喜看万物争荣活力竞放，欣赏水稻茁壮麦子金黄，乐听知了撩人鸟叫婉转。学校放暑假，我约伴抓知了，乐不可支；工作度假日，我携侣去垂钓，心花怒放。在部队服役期间，我们几个干新闻的朋友，喜欢在夏天汇聚一起写文章。夏日挑灯夜战，思路敏捷易来灵感。白天休息时到农田里转一圈，买几个西瓜回来，泡在浴缸里，当作点心和夜餐，啃着清脆香甜的瓜瓤，美不可言。

夏天是一个五彩缤纷的季节。我爱夏天争奇斗艳百花怒放，看这玉立水面的荷花，清幽高雅的兰花，淡淡清香的康乃馨，一枝更比一枝俏；瞧那高洁无瑕的百合花，富有雅趣的三色堇，金光灿灿的向日葵，谁不多姿谁不娇？我特别喜爱去荷塘欣赏美景、拍摄荷花，早晨抓拍洁白如玉的花中仙子，傍晚选拍别样艳丽的映日荷花，雨天抢拍晶莹欲滴的出水芙蓉。漫步荷塘游弋，悠然花中创作，是多么的逍遥自在、何等的淋漓酣畅！

夏天是一个众多瓜果成熟的季节。我爱夏天琳琅满目瓜果飘香，才尝新柔软多汁的枇杷，又恋上酸酸甜甜的葡萄；刚吃完醇香蜜甜的芒果，又盯上清凉解暑的哈密瓜。夏天夜短日长，白天阳光充足，瓜果能很好地进行光合作用，糖分积累多，因此特别甘甜。1985年夏天我有幸去过一次新疆，在吐鲁番的葡萄长廊聚会，头顶挂着伸手可及的累累葡萄，绿的如翡翠，艳的似玛瑙，大的赛橄榄，小的像珍珠，色彩斑斓，看得我眼花缭乱；长而大的叫"马奶子"，晶莹剔透的叫"无核白"，水红溜圆的叫红葡萄，香气袭人，逗得我垂涎三尺。夏天是享受瓜果的最佳季节，每逢夏天，我家天天晚上举行小小的西瓜宴，每次我都抢着开瓜，然后全家排排坐，一边聊天，一边品尝，阖家开心，人人欢笑。我想，这是夏天独有的欢乐，是其他季节望尘莫及的。

当然，夏天并非完美无瑕，不能避讳它的缺陷与不足。夏天天气炎热，特别是酷暑时节，热得人们汗流浃背，坐卧不安。我曾经在军舰上服役，在当时缺少防暑降温设施的条件下，的确闷热难耐。事物总有两重性，只要我们科学地扬长避短，夏天还是一个可爱的季节。

2015 年 3 月

钓翁之意

垂钓，对我来说，可以追溯到少年时代，真正感兴趣，成为业余爱好之一，则是在从事新闻工作期间。

回首小学毕业当放牛娃那时节，一边放牛吃草，一边提竿钓鱼，尽管收获寥寥，倒也别有兴致。说来也巧，第一次学钓鱼，我刚把渔线甩到池塘中，眼见一条母黑鱼带着一群黑乎乎的小黑鱼从远处游来，突然前方水面爆出一个浪花，我的钓竿往下一沉，"上钩了！"我马上提竿，果然，钓起那条不小的母黑鱼！哈哈，这就是我垂钓的处女作！从此，我同垂钓结下不解之缘。

后来继续上学，毕业走向工作岗位，再也没有碰过钓竿。只有在"五七干校"劳动，过"五一"节时钓过一次小毛鱼。一本正经的垂钓，那是在办报期间。一个星期天，应一位编辑之约，去上海青浦的野浜小试身手，可喜的是很幸运，一共钓上大小六尾鱼，这一来可引起了我对垂钓的兴趣。

垂钓初始阶段，每次比较关注鱼获的多少，收获较丰就十分高兴，成绩不佳不免有些气馁。一次，我们报社几个同事去上海川沙垂钓，我提竿一个多小时，鱼漂纹丝不动，默默告诫自己"耐心，再耐心"。继续站在岸边静观鱼漂的动静。果不其然，几分钟后，浮在水面的几个鱼漂突然直线下沉，我马上把竿子一提，感到十分沉重，就紧紧地握着钓竿，霎时钓竿被绷成弓形。"大鱼，大鱼！"我感到无比兴奋，提醒自己"集中精力，绷紧钓线，慢慢遛鱼，遛它个筋疲力尽"。我紧握钓竿顺势引导着鱼儿游动，时而向左，时而向右,遛啊,遛啊,遛了好久好久,鱼儿终于被遛得败下阵来,它无奈地翻动身体,露出水面。我赶紧请在旁助威的同志用抄网,好不容易才把大鱼逮上岸。"好一条大乌青!"大伙七嘴八舌地议论起来,"金总编厉害,这条青鱼至少有六斤重!"

我仔细地给青鱼脱着钩,眼盯着它颀长的身材,乐得说不出话来。

垂钓结束时,有人帮我把青鱼称了重量,竟然是六斤四两,正好同我女儿出生时的体重一样。一回到家,儿子喜出望外,像迎接凯旋的将士一样,举起相机郑重地拍下我和青鱼的合影。

同干别的事情一样,垂钓不可能都是顺风顺水的,失败的、颗粒无收的情况屡见不鲜。有一次,我们几个钓友相约去夜钓,特意买来猪肝,天黑以前就兴冲冲地布下守株待兔式的候捕甲鱼钓钩,可是守候、巡逻、搜索,来来回回也不知折腾多少次,一直忙到子夜,连甲鱼的影子也没见着。人人都等得不耐烦,就找个地方睡觉去了。第二天凌晨,大家"闻鸡起舞",前去各钓点搜查,还是一无所获。

一个星期天,我们几个朋友去青浦农机站河浜垂钓,也是令人难堪。因为许久不见鱼儿咬钩,他们都跑远了,我一个人守在一条河边,站岸一个小时,鱼漂一动不动;再提竿一个小时,依然毫无动静。正考虑打道回府时,鱼漂忽然快速下沉,"鱼来了!"我猛地一提竿,只见一条两斤左右的鲤鱼用力地甩着尾巴。我刚把钓竿移到岸边,"啪"的一声,鲤鱼掉入水中——脱钩了!考虑到鲤鱼刚被上钩过一次,在短时间内它不可能再上当。我收拾钓具,闷闷不乐地离开河浜。

回家途中,细细琢磨着鲤鱼脱钩的原因:一是提竿过急,鲤鱼咬钩不深,埋下了隐患;二是提竿过猛,鲤鱼被钩后,疼痛难熬垂死挣扎,钻了咬钩不牢的空子。我于心不甘,默默地发泄着:"看我下次怎么收拾你！"悄悄下定日后再战的决心。

又到星期天，我五点起床，独自出发，六点五十分赶到鲤鱼脱钩的那个河浜边，选择一个新钓位，提竿静静地守候起来。等啊，等啊，已经过去两个半小时，水面还是没有什么变化。老钓们有一句口头禅："钓翁钓翁，不钓南风。"可是今天没有刮南风呀，为什么水面一直不见动静？我犹豫起来：鲤鱼是不是被别人钓走了？它要还在，应该再来咬钩吧。冥冥之中，鲤鱼似乎猜透我心思似的。霎时，鱼漂唰地下沉，"天助我也！"我略微停顿瞬间就谨慎提竿，还是上次那条鲤鱼，照样甩着尾巴，可它再也没有上次的幸运，很快就被稳稳地甩在岸上。这是心态和毅力的较量，我欣慰地微笑着瞪一眼鲤鱼："我赢了！"

垂钓的环境，不是江河湖海，就是池塘水浜，大都空气新鲜，负离子多，比较幽静。人们提竿垂钓，静观鱼漂的动静，这是一种童话般的宁静，悠闲自在的宁静，满怀希望的宁静。置身这种场所，远离城市的喧闹声，忘却工作的快节奏，既可以静心怡神、陶冶情操，也便于磨练意志、锻炼身体，是一种修身养性的好活动。我刚开始垂钓时，同不少钓翁一样，比较在意鱼获的多少。随后，慢慢地把注意力转移到享受宁静、修身养性方面。

每当垂钓时，我伫立提竿，无忧无虑，轻松自在，自然地呼吸着清新的空气，宁静地迎接着拂面的微风，举首望天上云卷云舒，低头看水中鱼沉鱼浮，悠哉悠哉，仿佛步入朦胧的仙境，简直是一种惬意的享受！欧阳修在《醉翁亭记》中说得何等潇洒："醉翁之意不在酒，在乎山水之间也。"垂钓，也有它独特的乐趣，可以说：钓翁之意不在鱼，在乎修身养性也。

2010年1月

惩恶扬善

不少武侠小说和著名大作往往贯穿着一个核心思想：替天行道，惩恶扬善。比如《水浒传》《射雕英雄传》《基督山伯爵》等，概不例外。《三字经》一开头就讲"人之初，性本善"。崇善、劝善、行善，是人类从古到今的普遍主张、公认的为人基本准则。因此，凡是体现惩恶扬善思想的优秀文学作品，一定得到人们的普遍青睐，流传千古而不衰。

在澳洲之旅的两个多月里，除了外出观光，就在家读书、看影片。儿子为我准备了《福尔摩斯探案》连续剧、《流浪地球》等影片，还找来了人们津津乐道的《基督山伯爵》，我兴致盎然地把这部名著又重读了一遍。

法国著名作家大仲马在书中写了主人公爱德蒙·唐泰斯蒙冤入狱，在狱中的经历，以及越狱后化名基督山伯爵成功复仇雪耻的经过。故事跨越了法国在19世纪初叶波旁复辟王朝和七月王朝这两大历史时期。封建复辟与当时人民的反复辟构成了主要社会矛盾。唐泰斯复仇正是围绕这个主要矛盾展开的。使他蒙冤入狱的三个仇人唐格拉尔、费尔南和维尔福，后来成为金融、政治、司法界的主要角色，构成了七月王朝统治集团的缩影。最终，唐泰斯对曾经照顾他和父亲的莫雷尔一家报了恩，对三个仇敌报了仇，分别使其破产、自尽和发疯，把惩恶扬善做到了极致，让读者拍手称快。作家创作的故事紧扣社会历史，他抨击的三个典型人物，正是封建复辟势力的代表；他褒扬的主人公唐泰斯等人，则是反复辟的人民力量。因为顺应社会历史潮流而作,因此作品成为世界文坛的巨著,具有强大的生命力,一直深受广大读者的喜爱。

唐泰斯能够实现报恩复仇计划,达到为社会惩恶扬善的目的,关键在于具有坚韧的毅力、高超的智慧和丰厚的财富。

大凡成功的著名人物都经历过九死一生的锤炼。困难和挫折是迈向成功的阶梯,唐泰斯14年的牢狱磨难,正好成就了他越狱后凤凰涅槃般的浴火重生。诗曰"十年磨一剑",唐泰斯19岁被诬陷入狱,1829年成功越狱,直到1838年才完成复仇夙愿。从入狱到复仇,花了20多年时间,如果是一个意志脆弱者,早就被挫折和劫难击倒了。

唐泰斯坚信:"人类的智慧就包含在两个词中:等待和希望。"他在狱中度过漫长的岁月,怀有同命运抗争的坚定决心,懂得忍耐,满怀希望,学习本领、积蓄能量,不断丰富自己的内涵。他的狱友——博学的法里亚神父会六种语言,读过近5000本书,对于自己精读的150本书熟记于心,对数学、地理、化学都颇有研究。唐泰斯从神父那里孜孜不倦地学习了天文、地理、医学、政治、历史、金融、法律等各方面的丰富知识。知识就是力量,使他变得精明干练,具有深远的谋略,而不致鲁莽行事。他精心策划采用妙计越狱,冒名顶替,佯装成法老的尸体躺进裹尸布袋里,脚上被绑了一个36磅重的铁球,狱卒抬起他抛向大海。这个情节真是惊心动魄,扣人心弦。按常人推理,他肯定被葬入海底,绝无生还的可能。可是足智多谋、未雨绸缪的唐泰斯冷静地不时屏住呼吸,迅速用事先备在手上的小刀,划破布袋,挣扎出手和身体,再割断拴铁球的绳索,奇迹般地蹬脚浮了上来,死里逃生,获得自由,游向远处。真是酣畅淋漓,大快人心。正因为他知识渊博,聪颖睿智,越狱后干什么都得心应手,游刃有余,直至后来逐个斗垮金融、政治、司法界的三个头面人物——他的三个宿敌。

无论复仇还是报恩，还得有必要的物质基础作保证。唐泰斯获得法里亚神父赠予的神秘宝藏，越狱后，找到并拥有了那笔巨大的财富，才能以身缠万贯的绅士——伯爵身份出现在上流社会，才能有充裕的金钱支撑，开展一系列复仇和报恩活动。在当时的法国资本主义社会尤其如此，囊中羞涩，寸步难行，也就进不了上流社会，更不用说开展活动了。

大仲马这部巨著，我首次拜读时，就被跌宕起伏的故事情节深深吸引，爱不释手，感叹不已。后来又重读过几次，还先后买过两套该书，可惜都被借走，好在如今互联网上资源丰富，今后还准备再次细细品赏这一文坛佳肴。

2019 年 7 月

步履

匆匆

桂林如画

桂林是我国最著名的旅游城市之一,这次我同妻子有幸一道参加桂林旅游团,饱享眼福。"桂林山水甲天下"名不虚传,所到之处,步步是景,处处是画,可以说"桂林如画"。其中,印象最深的是漓江和象鼻山。

漓江是桂林的母亲河,桂林最美之处在漓江。桂林的山很富特色,不同于其他景观的山。桂林的山,不是慢慢起步,逐步爬高,而是拔地而起,直插云天,气势恢宏,千姿百态。桂林的山峰,不是尖锐如削,而是曲线构图如弦,形象俊秀雅致。

这天游漓江,大家一早来到江边,交通工具是竹筏。我们夫妇俩同卫主任等6人上一只竹筏,加上撑竹筏的船工共7人。竹筏徐徐前行,江中碧水明洁如镜,河底的鹅卵石清晰可见,身边微风轻拂,耳旁小鸟唧唧,身心顿感十分舒畅。抬头遥望江边,青山联袂,群峰竞秀,天空碧蓝,风景如画。它有别于电影中"小小竹排江中游,巍巍青山两岸走"的情景,而是好像进入"船在画中游,人在天上走"的神奇仙境。

漓江全长164公里,蜿蜒曲折,水质清澈。据说这里山多有洞,洞幽景奇;洞中怪石,鬼斧神工,琳琅满目。于是,形成了"山清、水秀、洞奇、石美"桂林"四绝"。它是典型而丰富的喀斯特地貌区,集中了桂林山水的精华。从杨堤到兴坪,是漓江最优美、最秀丽的地段。20元人民币背景图案、黄布倒影等漓江绝色景观,就坐落在这一段。我们同行的一位同志特意带来一张20元的人民币,跟现场景观进行对照，高兴地嚷道："棒极了，一模一样！"引起旁边的人转头张望。实际上，漓江沿岸，一步一景，特别是十里画廊沿途奇峰美景，田园秀色，有的像中国画，泼墨写意；有的像印象派，色彩明丽，美得令人窒息。我同老卫等同行伙伴，一边饱享江景山色，一边笑谈游览感叹，异口同声点赞："桂林之旅，满目皆画，宛若天堂，神清气爽，收获多多，不虚此行。"

第二天，我和妻子随同旅游团游览了象鼻山。象鼻山是桂林市的城徽，因酷似一只站在江边伸鼻豪饮漓江甘泉的巨象而得名，被人们称为桂林山水的象征。我们来到景观现场，只见盘踞在我们面前的小山，活像一只巨型大象，形神毕似，正是"象鼻入水中，江上雾朦胧"。奇怪的是，在象鼻和象腿之间有一圆形空洞，恰似一轮临水明月，构成了世上独一无二的"象山水月"景观。此景神奇，不禁引人遐想：这是否封神元老路过此地恩赐给桂林的礼物？游客们来到这个独特的景观，机会难得，都争先恐后地拍照留念，我好不容易才找到一个位置，赶紧给妻子"咔嚓"下象鼻山前的留影。

此外，我们还游览了七星岩等景点，风景也都很不错。

1992 年 7 月

佛是一座山

乐山大佛，久闻其名，早有"佛是一座山，山是一尊佛"之称。10月12日下午，我同参加《建筑》杂志特约记者会的同志们在副总编彭松琴带领下前去参观乐山大佛。

上了轮船，同志们七嘴八舌地议论着："乐山大佛的渊源在哪？""当年为什么要兴建这尊大佛？"导游介绍说，乐山大佛是依凌云山栖霞峰临江峭壁凿造的一尊弥勒坐像。在唐朝的时候，岷江、青衣江、大渡河三江汇合于凌云山，水流湍急，夏天涨潮的时候，常常有船毁人亡的悲剧发生。佛教的宗旨之一是普度众生。在岷江东岸凌云寺修行的海通禅师，对于这种状况甚为不安，于是发起修造大佛，想借佛力镇水，减杀水势。海通四处奔波募集造佛资金20年，筹得一大笔款项，请来一批能工巧匠开始修建佛像。当时的地方官吏和财主见钱眼开，妄图阻止施工，还威胁海通要挖去他的眼睛。海通不惧权贵，毅然挖去双眼，吓退了他们。我听后感到震惊，不由得对佛教传人这种与人为善、疾恶如仇的精神肃然起敬。

"佛是一座山，这么大的佛修建了多长时间？"导游回答说："大佛开凿于唐玄宗开元初年（公元713年），海通死后，他的弟子继续修筑，至唐德宗贞元十九年（公元803年）完工，历时90年。大佛建成至今已近1200年。"

轮船行驶十多分钟，到达大佛所在的凌云山附近。大家望眼欲穿地等待着乐山大佛形象出现在面前，带相机的人忙着设置光圈、速度等技术参数。靠近大佛时，我们调整镜头准备拍摄大佛。我翘首仰望,大佛正面端坐,耳长肩宽,气势宏伟。因为人在船上,看得不怎么清楚。我们很想拍摄大佛的全身像,遗憾的是,轮船和大佛靠得太近,大佛的形象太高大了,无法把他收入镜头。

接着,我们下了轮船,途经乌龙山,再到凌云山,从陡峭的栈道拾级而下,一面走一面抬头观察着大佛的英姿。只见雄伟壮观的大佛顶天立地而坐,头与山齐,脚踏大江,双手抚膝。造型庄重,设计巧妙,魁伟慈善的体态和英姿,给人以无穷的遐想。他双眉舒展,眼睛炯炯有神,和颜悦色,两耳垂肩。导游告诉我们,乐山大佛是世界上最大的一尊石刻弥勒佛,总高71米。其中,头高约15米,头顶上可置圆桌,头上的发髻有1021个。耳长7米,眼长3.3米,耳朵中间可站两个大汉。肩宽24米,可作篮球场。他的脚背上还可围坐百余人。他是一尊真正的巨型大佛。缅甸也有一尊大佛,但只有54米高,而且是站着的。一位游客诙谐地说:"乐山大佛坐着就有71米,要是站起来那就更高了。"我们听后都兴奋地笑了起来。

不一会,我们来到山下的大佛双脚边。这时听到有人喊叫,我抬头细看,同来的好几个人已站在大佛的脚背上,其中,常州建筑公司的吴经理在向我打招呼:"金总编,上来!"于是,我马上赶到大佛脚趾跟前,谁知脚趾很高,几次使劲都没能爬上去。这时,他走到大佛的小脚趾边沿,蹲下身子,伸出双手把我拉了上去。随后,我们几人就在大佛的脚背上游览、拍照……可是,不论待在哪里拍摄,只能拍到大佛的大部或局部,无法拍下他的全身。大佛之大,印证了"佛是一座山,山是一尊佛"之说千真万确。

回归途中,我们向导游又提出一个问题:"大佛建成近1200年,为什么能保存得如此完好?"导游说,这主要有两个原因:第一,乐山大佛两侧的岩石叫作红砂岩,本来是一种容易风化的岩石,但它的位置处于凌云山的西面阴坡处,周围林木稠密,地质结构稳定,就减少了风化;第二,当年凿造大佛的时候,就有计划地采取预防措施,在大佛的后面和有关部位设置排水沟,防止雨水对大佛的冲击和腐蚀。还有,在漫长的岁月中,人们多次对大佛进行了维护保养。啊,原来如此,我们的祖先真不乏足智多谋的能工巧匠!

1984 年 10 月 12 日

地下雄师——兵马俑

秦始皇兵马俑博物馆,久闻其名,如雷贯耳,早就想亲临其境开开眼界,这次前来西安,终于如愿以偿,得以零距离欣赏大秦帝国在2000多年前布设的地下雄师。

步入秦始皇兵马俑博物馆,参观者人山人海,万头攒动。我来到兵马俑最多的一号厅里,只见各种兵俑马俑排成一个浩浩荡荡的长方形方阵,前面是三排横队,后面分布着许多四人并列的纵队,各纵队之间以土墙相隔。队列整整齐齐,兵俑身穿铠甲,虽在地下沉睡了2000多年,如今依然栩栩如生。他们活像出征前的雄师,个个精神抖擞,或正义浩然,仿佛要与敌人决一死战;或恬静沉思,似乎在冥想斗智斗勇的计谋;或慷慨激昂,好像看到了胜利的曙光。陈列在这里的兵马俑有8000之众,英武轩昂,威震敌胆。不难想象,昔日秦始皇正是指挥这样骁勇善战的大军东征西伐,攻下一个个国家,最终一统中国。

导游介绍,秦始皇一号俑坑呈长方形,东西长230米,南北宽62米,深约5米,总面积14260平方米,四面有斜坡门道。俑坑中最多的是武士俑,身高1.7米左右,最高的1.9米。陶马俑高1.5米左右,身长2米左右。我凝神细看,兵俑体格魁梧,比例匀称,造型逼真,形象生动。他们身穿长襦,外披铠甲,胫缚护腿,足穿履,头束圆形发髻。戴长冠,冠上有带系结颔下,带尾垂于胸前。甲衣比较特殊,双臂的护甲长及手腕,手上并罩有护手甲,颈部亦围有护甲。经过观察比较,发现兵俑的脸型、身材、眉毛、眼睛、神态和年龄都各不相同，令我不得不惊叹古代能工巧匠的高超技艺。看到兵马俑一律是泥土的本色，我便提问："兵马俑本来就是这样的色彩吗？"导游说，它们原来都是彩陶，可是出土后三天，那些颜色都氧化掉了。实在令人惋惜。如果不氧化，彩陶的兵马俑一定会显得更逼真、更精彩。

据史料记载，秦始皇不但统一了中国，而且做了一个不再让活人陪葬的决定，命人做了许多惟妙惟肖的陶俑作为陪葬品，这样就产生了举世闻名的兵马俑传奇。兵马俑博物馆包括一、二、三号坑三个展厅和铜车马展厅，一号坑是兵马俑规模最大的坑。秦兵马俑是秦始皇陵周围的大型陪葬俑阵，在古今中外的雕塑史上是绝无仅有的，它的发现震惊了世界。有人提问："兵马俑沉睡地下是怎样发现的？"导游回答说，1974年，陕西省临潼县晏寨公社西杨村在打井时挖出大型陶俑，经考古工作者钻探试掘，发现了一个巨大的陶俑坑，并定名为一号兵马俑坑。以后又相继发现了二号、三号兵马俑坑。秦俑坑中兵俑的排列形式，反映了我国春秋战国时代特别是秦代的军队编制状况。一号坑内以车兵为主，车步兵相间；二号坑里车兵较多，步骑也占一定数量，形成车、步、骑联合编队的形式；三号坑似为指挥机关。

兵马俑博物馆展出的所有文物，均为写实的具象圆雕，构思大胆，气势磅礴，精雕细刻，丝丝入扣，不愧为久负盛名的艺术珍品、举世无双的雕塑奇迹！在兵马俑的坑道里，我感悟到一种雄浑的深沉，感悟到中华文明的博大精深、中华儿女的聪慧睿智。瞻仰了兵马俑博物馆，热血激荡着我的胸膛。壮哉，地下雄师——兵马俑，你们不仅感动了你、我、他，而且感动了中国，感动了世界！

1985年9月

庐山游记

1990 年 6 月 18 日　天晴　喜登庐山

庐山，是名满天下的风景名胜区，以雄、奇、险、秀闻名于世，素有"匡庐奇秀，甲天下山"之美誉。庐山又以盛夏如春的凉爽气候为中外游客所向往，是久负盛名的避暑旅游胜地。我们休养团怀着无比喜悦的心情，于 6 月 16 日 18 点半从上海乘"东方红 19 号"轮船，航行 46.5 小时，于 18 日 17 时许顺利抵达江西九江市。上岸后，乘客车直赴庐山。

"一山飞峙大江边"，庐山犹如天外来客，坐落于江西省九江市，耸立于长江南岸。汽车从山麓进发，驰骋在蜿蜒崎岖的盘山公路上，不断打弯，真可谓"跃上葱茏四百旋"。当下是旅游旺季，规定由山北上山，山南下山。山北公路长 35.6 公里，共有 300 多道弯。公路两侧筑有石礅，保护行车安全。沿途生长着松、杉、婆罗宝树等乔木，绿荫如盖，幽雅清静。公路坡度越行越陡，汽车减速前行，只见奇峰异嶂此起彼伏，悬崖峭壁迎面而来，瑰丽景色美不胜收。目睹苍苍林木，面迎习习凉风，悠然进入清凉世界，轮船靠码头时的闷热顿失，感到神清气爽，浑身舒畅。

随着汽车的不断登高，山上陆续涌现迷蒙飘浮的簇簇云雾。有的像缕缕青烟，袅袅上升；有的像团团棉絮，翩翩轻飏。它们忽而如千帆竞发，浩浩荡荡；忽而似万军覆没，无影无踪。变幻莫测的云雾啊，你让我们怎么看清庐山秀美的音容笑貌？难怪大文豪苏轼的名句"不识庐山真面目，只缘身在此山中"传颂近千年而不衰。

"快看，云雾在我们脚下飘荡！"不知哪位先生惊喜地喊起来。"真妙，我们来到了蓬莱仙境！"又一位先生紧接着应声道。"过去只在电影《天仙配》里见过七仙女下凡，想不到如今我们建筑工人也能登上天堂！"又有一位先生即席抒怀，道出大家的心声。可不是嘛，要不是人民自己掌握命运，像我们建筑工人这样的普通劳动者，能来赛如仙境的避暑胜地旅游吗？

汽车行驶一个多小时，至18点40分，我们到达目的地——庐山人民武装部招待所。

有人被庐山美景所倾倒，挥笔盛赞道："庐山四季景色殊异，各具魅力。春山如少女梦醒，含羞浅笑；夏山如团荷擎盖，滴翠生凉；秋山如枫林霜晚，尽染醉颜；冬山如玉树临风，银花晃漾。"值此旅游机会，我要饱览庐山秀色，尽情享受一番精神大餐。

6月19日　天阴有雨　游含鄱口和仙人洞

上午7点半，我们开始第一天游览活动。先是乘车浏览庐山人民剧场、庐山博物馆和庐山大厦。当下车步行去黄龙寺山门前的三宝树景点游览时，天淅淅沥沥下起雨来，我们撑着雨伞，仍然兴致勃勃地前去瞻仰。人人举头仰望，只见三棵三四十米高的参天大树凌空耸立，一棵是银杏，两棵是柳杉，树干粗大需三四个人合抱。三宝树相传为1500多年的古树，树下石碑上镌有种树人"晋僧昙诜手记"的文字，大家赞叹不已。随后，尽管风吹雨打，我们还是踏着羊肠小道，来到刻有"痛饮黄龙"大字的怪石旁，欣赏黄龙潭的景色，我奔向潭边，试了试沁人肌肤的清凉潭水。

告别黄龙潭，汽车越过起伏的山峦，把我们送到含鄱口。含鄱口海拔1286米，是含鄱岭和对面的汉阳峰形成的一个巨大壑口，大有一口吸尽山麓的鄱阳湖水之势，故得名。含鄱口的奇妙就在于一个"含"字，造成"千顷鄱湖一岭含"的气势。我们拾级登上含鄱亭，俯首凝视，但见脚下白雾茫茫，挡住了美景奇观，让我们抱憾的是，没有眼福欣赏含鄱口的峰岩口含千顷鄱湖的雄姿。

时值中午，在风光饭店用完午餐后，我们进入仙人洞景区。仙人洞，在庐山佛手岩下，高约两丈，深宽各三四丈，传为仙人吕洞宾所居，故名仙人洞。此地森林覆盖率高，山清石秀，空气清爽，是一个天然的大氧吧，夏季气温25℃以下，像开空调一样凉快。游览这里，令我们最感兴趣的是那棵名满天下的石松，它位于仙人洞的左侧不远处。在那"横看成岭侧成峰"，高达数十米的峭壁顶端，天衣无缝地横着一块巨石，上面镌刻着"纵览云飞"四个雄浑有力的大字。巨石缝里屹立着一棵苍劲的庐山松，任凭风驰云飞，它仍然昂首挺胸，从容自在。可见，毛泽东吟咏的"乱云飞渡仍从容"，正是恰到好处。为记录这赏心悦目的无限风光，小张同志让我站在石松旁拍下宝贵的图片。

6月20日　天雨　人民的庐山

庐山的天气变幻莫测，连日阴雨，下下停停，让人们捉摸不透。尽管如此，上午我们还是结伴游览小天池和望江亭。

我们拾级数百步，登上海拔1093米的天池亭，放眼远眺，庐山东谷的牯岭街，周围一带色彩斑斓的秀丽美景，看得我们眼花缭乱，那苍翠欲滴的丛林中，时隐时现地点缀着大大小小的红顶别墅，是那样的和谐而优美，不经意地撩拨着我们愉悦的心弦。

据说，庐山建有上千幢房子，其中大多数是旧社会地主和资产阶级的别墅，而如今，劳动人民成为这些房子的主人。我们曾经观察过一部分别墅，有的住着普通劳动者，有的辟为休养所和疗养院。在我们走过的地方，没有看到一幢破烂的房子。

离开小天池，我们又来到望江亭，它是电影《庐山恋》"一家亲"合影的地方。望江亭位于庐山剪刀峡上，地形险峻突兀。只见亭顶形如大伞，底端则是平台，它英姿潇洒，幽雅俊秀。因为四周风景优美，视野开阔，可以瞭望长江鄱阳湖大转角的滔滔江水，故得望江亭雅号。要是天气晴朗，站在亭上极目远眺，可清晰地看到万里长江犹如一条白带。可惜，天不作美，当时浓雾迷漫、大雨滂沱，我们只得扫兴地下亭踏上归途。

下午，偕伴两人，游览景点"月照松林"，参观庐山博物馆。王羲之的真迹"鹅"字、唐寅的丹青《庐山图》等珍贵文物，使我们大开眼界，遐想联翩。忆昔日，以蒋介石为代表的封建地主阶级，在这里专门修建豪宅"美庐"，把庐山作为他们寻欢作乐醉生梦死的场所。而当今，人民政府把庐山这避暑胜地辟为劳动人民生活、休养和旅游的地方。可不是嘛，当年的庐山会议会址，如今成为庐山人民剧场；毛泽东等中央领导曾经住过的地方，也已成为友谊俱乐部，向群众开放。至于供劳动人民享用的疗养院、休养所，几乎到处可见，数不胜数。令人欣慰的是，今日庐山，名副其实地成为人民的庐山！

6月21日　天阴　诗魔字字珠玑

上午，休养团全体人员在庐山大厦的石阶上拍了集体照。接着，我们几个人结伴游览芦林大桥和芦林湖。中午，在大厦餐厅美美地饱餐了一顿，五菜一汤，第一次品味庐山名菜"石鱼炒蛋"，回味无穷。

下午，原来考虑取道"花径"进仙人洞风景区，重游风景奇秀的"锦绣谷"。可是，越压越低的云雾和越下越大的雨滴打破了我们的计划，只得随机应变，再游花径公园。园中繁花似锦，亭台碑碣，曲径通幽，湖光山色，风景如画。还拥有一个1961年建成的如琴湖，湖水碧绿似玉，清澈如镜，也许是它得天独厚，湖水引自山泉而且没有污染的缘故吧！顿时，云烟缭绕，恣意水墨，若隐若现，变幻莫测。我们踱步游览，有说有笑，悠然自得。

唐代大诗人白居易被贬任江州（九江）司马时，于公元816年登庐山游览，相传花径是他咏诗《大林寺桃花》的地方。我们步入花径亭，在白居易的如椽大笔写就的"花径"两字面前逗留了许久。我思绪连绵，不由得想起诗人跌宕起伏的人生，默颂起诗人千古不朽的诗篇。霎时，"匡庐奇秀，甲天下山"，诗魔对庐山的绝美赞词，仿佛在耳际琅琅回响。"长恨春归无觅处，不知转入此中来。"这一内涵深邃的佳作，虽然出自《大林寺桃花》，其实，庐山奇秀的景观雄辩地证明，诗魔白居易的咏叹正是对庐山入木三分的真实写照！

6月22日　天晴　"银河落九天"

今天，是我们游览庐山的最后一天，也是这次旅游的高潮。首先是瞻仰公元384年为名僧慧远大师建造的东林寺，然后是浏览温泉。12时20分，在这个难忘的时刻，我们来到秀峰，向著名的庐山瀑布龙潭进发。秀峰景区千岩竞秀，万壑争流，景色十分迷人。

同行的共6人，为了赶时间，没顾得上吃午饭，干粮也没带，就毫不犹豫地匆匆登石阶上山。山麓有一小龙潭，人们在纷纷摄影留念，而我们无心欣赏，径直登山，目标直指第一幅瀑布泻下的龙潭。山路弯弯曲曲，延伸向上，对很少爬山的人来说的确是一场严峻的考验。不到半路，就累得我们汗流浃背，不约而同地纷纷脱下外衣和衬衣，上身只留一件背心。走呀走呀，眼看目的地不远，但走起路来并不容易。我们费了九牛二虎之力，终于到达第二个龙潭前，只见最上面的一幅瀑布直流而下，有十多层楼房那么高，末端略微向左边倾斜落入第一个龙潭中。而龙潭下面，又垂挂出第二幅瀑布，急速下泻，落入第二个龙潭，真是巧夺天工，珠联璧合。我们为这两幅接龙式的壮观瀑布所吸引，赶紧轮番拍照留念。此时，已经13时18分，我提醒大家时间不多了，"上，爬不到第一个龙潭不是庐山客！"一位伙伴激昂地嚷着。"对！"大伙呼应着，鼓足勇气继续攀登。"嗨哟，嗨哟！"你追我赶，谁也不愿落后。

　　13点30分，我们胜利到达目的地——最高一幅瀑布倾泻而成的龙潭前，从山下到这里，我们一共攀登了1600多级石阶。瀑布，像一条雪白的锦缎直挂在峭壁上，又如溅玉飞雪，气势澎湃。飞瀑注入碧潭，发出如雷轰鸣，腾起水花烟雾，惊愕峰峦，撼人心魄。正是根据这一神奇情景，被誉为诗仙的唐代大诗人李白独具慧眼，领悟非凡，创作了"飞流直下三千尺，疑是银河落九天"这一惊世绝唱，惟妙惟肖地描绘了庐山瀑布的雄姿和奇秀，千真万确地道出了古今游客的感受和赞叹。"快，记录下这珍贵的美景！"张兆逵一面招呼着，一面打开相机。我们依次登上龙潭口的巨石顶端，以自豪的心情向庐山瀑布宣告我们的胜利，一一留影。龙潭尽管受飞瀑冲泻而浪花四溅，潭水依然碧绿可爱，一眼可见潭底。当我走近潭边时，雾蒙蒙的水花向我挥洒，清凉可人，如沐甘霖，令我心醉神迷。而后，当我翘首仰望瀑布顶端时，发现瀑布左右两边峭壁稍高，中间略有凹陷，瀑布正好从中间这一空隙倾泻而出，如珠帘倒挂。我们深深地被大自然恩赐的美景所陶醉，依依不舍。可是，休养团约定14点30分在秀峰下面乘车返回，我们只得离开，跑步下坡。

　　下山快马加鞭，不到20分钟，我们一行人都奔到了山下，这时才感到饥肠辘辘，每人买一碗甜酒酿充饥，"咕嘟咕嘟"地一口气吃光，心里那个爽劲，真像在庆功宴上喝庆功酒一样兴奋和自豪。

1990年6月

天涯海角

正当上海寒风飒飒、草木凋零的隆冬季节，我们建筑时报社利用新年假期组织了一次海南之旅，报社同仁及家属参加的几十人旅游团，欢声笑语，气氛热烈。1月24日晨，我们一行从浦东机场乘机直飞海口。下飞机后，我们游览假日海滩等景点，便在当地下榻。

第二天，参观热带植物园、红色娘子军纪念园和博鳌亚洲论坛会址等地。第三天奔赴三亚，游览黎村苗寨和亚龙湾沙滩等景观。

27日，游览著名景点天涯海角。"天涯呀海角，觅呀觅知音……"早在聆听周璇那甜美的《天涯歌女》时，就期待着在有生之年去海南的天涯海角走一走，如今，这一天终于来到了，喜悦之情溢于言表。天涯海角风景区位于天涯区的马岭山脚下，距三亚市区约26公里。其前海后山，风景独特。我们步入游览区，沙滩上那一对拔地而起的青灰色巨石赫然入目，据说高有10多米，长达60多米。两石分别刻有"天涯"和"海角"两组大字，意为天之边缘，海之尽头。天涯海角就是由此得名的。这里的碧海、青山、白沙、巨石、礁盘，浑然一体；椰林、波涛、渔帆、鸥燕、云霞，辉映点衬，形成南国特有的椰风海韵，为此，大批游客慕名前来。我们来到这里时，果然如此，游客熙熙攘攘，人声鼎沸。"天涯海角"，原是用于表达旅人客居异乡的惆怅情结，经过千百年来承前启后的积淀，这一成语已经积聚了丰富深刻的文化内涵。其间的意趣，早在唐代诗人张九龄的"海上生明月，天涯共此时"、民国时期李叔同的"天之涯，地之角，知交半零落"等诗句中有所诠释，而天涯海角游览区则承载了这一浪漫的文化意象。特别让我感兴趣的是 1982 年著名作家郑南创作的《请到天涯海角来》这首优秀歌曲：

　　请到天涯海角来，这里四季春常在，
　　海南岛上春风暖，好花叫你喜心怀。
　　三月来了花正红，五月来了花正开，
　　八月来了花正香，十月来了花不败。
　　来呀来呀来呀，来呀来呀来呀，
　　……

　　自沈小岑热情奔放的演唱后，这首歌一度成为海南家喻户晓、长唱不衰的岛歌，同时也是一首具有全国影响力的原创通俗歌曲，两次走进春晚，30 多年来一直传唱大江南北。

　　我深深地被天涯海角的奇妙风景和历史渊源所感动，除了拍照留念，还在景区的小卖部选购了一件印有天涯海角景观和字样的 T 恤衫，一直珍藏着。

　　紧接着，我们游览的又一重点景观是南山。南山位于三亚市西南 20 公里处，是我国最南端的山，历来被称为吉祥福泽之地。据佛教经典记载，救苦救难的观世音菩萨为救度芸芸众生，发了十二大愿，其中第二愿就是"常居南海愿"。为此，人们就在这里矗立起引人注目的南海观世音大佛，三面成像，高达 108 米，雄伟壮观，游人无不叹为观止。据记载，唐代著名大和尚鉴真法师，为弘扬佛法五次东渡日本未果，第五次漂流到南山，在此居住一年半之久并建造佛寺，传法布道，随后第六次东渡日本终获成功。日本第一位遣唐僧侣空海和尚也在此登陆中国，驻足传法。鉴于上述种种因素，南山自然成了佛教圣地和著名的旅游胜地。人们喜欢念叨的一句话

"福如东海长流水，寿比南山不老松"，指的就是这个南山。妻子崇敬慈悲为怀的观世音菩萨，眼看南山的观世音大佛，十分激动，我便为她拍下以大佛为背景的纪念照。

1月28日是海南之旅的最后一天，我们游览著名景点鹿回头山顶公园，它位于三亚市南面三公里处，是鹿回头半岛最南端的山头。这座山三面临海，状似坡鹿，据说高达275米。我们登上鹿回头山顶，三亚市全景尽收眼底，可以俯瞰三亚独具特色的"山""海""河""城""湾""岛"等热带海滨风光。引起我特别关注的是主峰山顶那座著名的鹿回头雕像，只见右边是一头高大的回头坡鹿，左边紧挨着一位亭亭玉立的少女，雕刻精细，明丽洒脱，不愧为三亚的标志性雕塑。鹿回头，起源于一个流传千古的黎族爱情神话。传说古代有一位青年猎手，导游说他名叫阿辉，从山中追赶一只坡鹿至南海之滨的一座山岭，坡鹿已精疲力竭，无路可走，猎手欲拉弓射杀，只见坡鹿含着眼泪回过头相望，猎手遂动恻隐之心，放下了弓箭。后来，坡鹿化身一位美丽的少女，与猎手相恋相爱，结成夫妻。从此，他们便在这片土地上繁衍生息，后人就把这个山岭称为"鹿回头"。由于这个美丽的黎族爱情传说，三亚被称为"鹿城"，鹿回头也成为三亚神圣的爱情之地，许多相恋的青年男女都喜欢到这里来海誓山盟，永结同心。鹿回头也是三亚森林植被自然保护区的核心地带，绿化覆盖率高达96.6%，植物种类达300多种，还生存着数十种野生动物。通向山顶都是高大繁茂的热带林木，漫步那里的林荫通道，景色瑰丽，凉快舒适，给人们以无穷的快乐和享受。因时间不够，我们只游览了鹿回头山顶公园，未能欣赏宽广的热带森林自然保护区。

2003年2月

"天府之国"的感慨

早就听说四川叫"天府之国",可并没有琢磨过它的含义。这次走进成都市,才略微懂得其内涵。

我们前来与会的人员利用间隙,游览了成都的若干旅游胜地。第一个游览地是峨眉山。进山伊始,映入眼帘的是处处郁郁葱葱,林木茂密,既有高大挺拔的乔木,也有青青翠竹之类的秀美植物,不免产生秀色可餐之感慨。随着我们步步登高,渐渐发现山峦之间云烟缭绕,若隐若现,变幻莫测,似乎看到峨眉山像一个"犹抱琵琶半遮面"的秀美少女。植被如此茂密,又有云雾飘渺,自然有别于一些只见雄壮难觅俊秀的名山,而博得"峨眉天下秀"的美誉。早就听说,峨眉山不仅是如诗似画的旅游胜地,更是中国佛门圣地,以"普贤道场"之名,与五台山、普陀山、九华山并称为中国佛教四大名山。山上建有许多佛教寺庙,这天我们游览了报国寺、万年寺等,只见佛像慈祥,装潢精美,信徒众多,香烟袅袅,所有的建筑、塑像、法器以及礼仪、音乐、绘画等都展示出佛教文化的浓郁气息。我们没有去游览猴区,还是在途中碰到猴子,不过它们只爬到我们身边来找食物吃,并没有抢我们的东西。

第二次,我们游览青城山。它背靠岷江雪岭,面向川西平原,群峰环绕,状若城郭,故得其名。我们攀登青城山,感觉气温凉爽,林木深深,翠绿如海,凸显青城山"幽"的基调。所到之处,无论宫、观、桥、亭,还是坊、阁、泉、池,或匿于绝岩之下,或隐于密林之中,呈现出无穷的幽意。细细体味,真有山林幽深、古道幽静、山花幽香、鸟鸣幽趣、亭阁幽雅、溪流幽清之内涵。置身此境，幽谷芳气，扑面而来。称它"青城天下幽"，可谓实至名归。青城山是我国著名的道教名山。东汉顺帝汉安二年（143年），"天师"张陵来到青城山，看中深幽涵碧，便在此结茅传道，青城山遂成为道教的发祥地之一。以天师洞为核心，至今保存有数十座道教宫观。我们着重游览了道观天师洞，这里景色幽丽，东有三岛石，巨石矗立，涧深壁陡，藤萝垂挂，无比幽静。西侧有掷笔槽，幽谷深邃，景色奇幽。

最后一次，我们在瞻仰杜甫草堂和三苏祠以后，前去参观举世闻名的都江堰。它位于成都市都江堰市城西，坐落在成都平原西部的岷江上，始建于秦昭王末年（约公元前256—前251年），是蜀郡太守李冰父子在前人鳖灵开凿的基础上组织修建的大型水利工程，主要由鱼嘴（分水堤）、飞沙堰（溢洪道）、宝瓶口（引水口）三部分组成。鱼嘴指的是鱼嘴分水堤，是都江堰水利工程中最壮观的地方，是工程的精髓。导游用手指着远处的鱼嘴，告诉我们说，鱼嘴位于金刚堤的顶端，它和金刚堤共同作用使岷江河床分汊，即分为内江和外江。鱼嘴的意义在于发挥分汊河流的分水分沙作用，如冬、春枯水季节，分水堤将约十分之六的水流入内江，十分之四的水流入外江，保证灌区的用水量，称作"四六分水"；而夏、秋洪水季节，岷江水位升高，故分水堤又将十分之六的江水排入外江，十分之四的江水注入内江，发挥泄洪防涝作用。这种功能就是二王庙石崖上刻着的六个字——"分四六，平涝旱"。有人问道："那么飞沙堰起什么作用呢？"导游回答说，飞沙堰又称"泄洪道"，是都江堰水利工程中第二大主体工程。通过巧妙的设计不仅能疏通洪水、分流，还具有强大的排沙石功能，是都江堰确保成都平原不受水灾的关键所在。当内江的水量超过宝瓶口流量上限时，多余的水便从飞沙堰自行溢出；如遇特大洪水时，还会自行溃堤，让江水回归岷江正流。噢，我们这才明白，原来"飞沙"是利用地心引力的原理将上游带来的泥沙和卵石从这里抛入外江，确保内江通畅。最后参观的是宝瓶口，宝瓶口实际上是李冰他们用人工挖掘的一条宽不足20米的水渠，但作用却极其关键，用以严格控制内江水进入成都平原的流量。我们来到伏龙观顶层，从高处俯瞰，宝瓶口真像一个瓶口，看到滔滔江水穿过宝瓶口奔流而下。

　　参观了都江堰水利工程，我的心情久久难以平静。李冰父子真不愧为伟人，他们为国为民，忠心耿耿，殚精竭虑，兴建如此伟大的工程，是世界的一大创举。两千多年来，都江堰水利工程一直发挥着防洪灌溉的双重作用，使成都平原成为水旱从人、沃野千里的"天府之国"，至今灌区已达30余县市，面积近千万亩，是全世界迄今为止年代最久、唯一留存、仍在一直使用、以无坝引水为特征的宏大水利工程。都江堰水利工程，是我国古代劳动人民勤劳、勇敢、智慧的结晶。拥有如此伟大的人民，只要经过艰苦卓绝的努力，何愁整个中华大地在不久的将来不成为"天府之国"？

1986年9月

初上北京

1964年9月22日,我奉命参加《解放军报》的新闻培训,第一次来到北京。一下火车,路经长安街,看到天安门,建筑宏伟,街道宽敞,心情十分激动。

参加这次新闻业务培训的,海军共三人,北海舰队是许业勤,南海舰队是卞以正,东海舰队是我。国庆前夕,我们前去西单买月票没买成,就去天安门和王府井大街浏览了一番。人们都在忙着迎接国庆,街道两旁在搭牌楼、挂彩灯,披戴节日盛装。东西长安街整洁坦荡,车来人往,井井有条。天安门城楼气势非凡,宫灯高挂,彩旗招展。天安门广场十分广阔,对面矗立着人民英雄纪念碑,人民大会堂和历史博物馆分列两旁。啊,这是伟大祖国的心脏,我日夜向往的地方,不由得心花怒放。

10月3日,我和许业勤前去游览颐和园。此园的前身为清漪园,被英法联军烧毁后重建,改名颐和园,寓意心平气和颐养天年,是给慈禧太后退居休养用的,被誉为"皇家园林博物馆"。

颐和园规模宏大,总面积达294公顷,主要由万寿山和昆明湖两部分组成,集中了全国园林艺术的精华。园中亭台、长廊、殿堂、庙宇和小桥等人工景观,同自然山峦和开阔的湖面相互和谐、艺术地融为一体。我们来到万寿山南麓,只见众多建筑重廊复殿,层叠上升。主要游览了气势磅礴、富丽堂皇的佛香阁和排云殿。接着,来到长达728米的长廊。连绵不断的梁枋上绘有许多精美的彩画,据说总数达8000多幅,内容丰富多彩,看得我们眼花缭乱。最后，游览十七孔桥。这座桥，据说兼有北京卢沟桥和苏州宝带桥的特点，宽 8 米，长 150 米，桥栏望柱上雕有 500 多只形态各异的石狮，桥畔还有铜牛和廓如亭。昆明湖碧浪荡漾，烟波淼淼，横卧湖上的十七孔桥，如长虹偃月倒映水面。湖中的三座小岛鼎足而立，寓意着神话传说中的"海上仙山"。颐和园的建筑，布局巧妙，精彩纷呈。

10 月 11 日，我和许业勤又去参观了北京故宫。这是中国明清两代的皇家宫殿，旧称紫禁城，是中国古代宫廷建筑的精华。进入故宫，啊，建筑规模实在宏大无比，我们简直像刘姥姥进大观园，搞得晕头转向。前面部分是太和殿、中和殿、保和殿三大殿，宏伟壮丽，金碧辉煌，雕梁画栋，庭院明朗，象征封建政权至高无上；后面部分是东西六宫、御花园，相对排列，秩序井然。我们没时间细看，只是在外面浏览一番，把参观重点放在故宫博物院。

故宫是明、清两代 24 个皇帝的皇宫，也是这些皇帝聚集天下奇珍异宝的皇家藏宝之地，据说故宫博物院收藏有中国 5000 年文明史的精品，数量达上千万件，是一座顶级的藏宝巨库。步入院内，只见珍宝和文物琳琅满目，不胜枚举。其中，最令我们感兴趣的是顶级镇馆之宝。第一件国宝是千古名画《清明上河图》，为北宋画家张择端所作的无价之宝。他以精致的工笔记录了北宋末期、徽宗时代首都汴京（今开封）郊区和城内汴河两岸的建筑和民生。在五米多长的画卷里，共绘了 550 多个各色人物，勾画细腻，栩栩如生。画家艺术造诣如此高超实在难以想象，令人拍案叫绝。第二件是乾隆款金瓯永固杯，高 12.5 厘米，口径 8 厘米，足高 5 厘米，用内库黄金、珍珠、宝石等珍贵材料精制而成，色彩斑斓，明丽高雅，是故宫宫廷文物的代表作。取名"金瓯永固"，寓意政权永远巩固。因此，该杯一直成为清代皇帝的祖传法宝。我盯着这只金杯看得兴致勃勃，难分难舍。忽然，那边老许发现了玉雕瑰宝，招呼我过去一道观赏。那是《大禹治水图玉山》，高224厘米，宽96厘米，座高60厘米，重5000公斤。讲解员说，玉山用料是著名的新疆和田玉，从和田密勒塔山跋山涉水运到北京后，工匠为它整整花了十个年头，才雕刻完工。我们靠近细看，玉山上雕有峻岭叠嶂、瀑布急流，遍山古木苍松，洞穴深秘。在山崖峭壁上，成群结队的劳动者在开山治水，此景描绘的正是夏禹治水的故事。玉雕晶莹剔透，幽幽闪光。我们在夸奖古代工匠高超工艺的同时，深感封建帝皇奢侈享乐之无度。

后来，我们还参观了陶器、青铜器展，既获得一次高雅的艺术享受，也对我们祖国的悠久文明加深了一分认识。

1964年11月

壮哉，万岭青

经过几个小时的驰骋，我们的汽车驶进了蜀南万岭乡。

放眼望去，公路两边尽是浩浩荡荡的老竹新篁，郁郁葱葱，冲天耸立，它们是那样的端庄肃穆，宛如彬彬有礼的仪仗队；它们是那样的威武雄壮，仿佛整装待发的百万雄师。举目远眺，漫坡遍野，茂竹森森，拥翠泻清——嗨，好一片碧波荡漾的竹海！须臾，雾霭缭绕，烟云飘渺，啸啸竹涛如隐隐沉雷，顿时勾起了我昔日在海军服役时雾海夜航的情思，不由自主地极目搜索起前方那忽闪的灯标……

"竹海的名称叫万岭青。"竹海的山民对我说，相传北宋诗人黄庭坚谪居四川宜宾时，登山攀顶，面对漫无边际的万岭竹海连连赞叹："壮哉，竹波万里！峨眉姐妹耳！"乡人敬酒，请他留词山乡，诗人推开酒碗道："秀色使吾醉矣！"遂以叉头竹帚为笔，在黄伞石上急挥"万岭青"三字。从此，这个名称一直沿用至今。

万岭青位于四川长宁、江安两县毗连的南部，覆荫着500多个山丘，总面积达40平方公里。你看那粗如碗口高达20多米的楠竹，还有名贵的花竹、凹竹、慈竹、绵竹、人面竹、湘妃竹等，绵延起伏，茫茫碧翠，翠了四川南部一角，故万岭青又被称为"蜀南竹海"。

潜入竹海，油红色的沙土小路引人入胜，它松软舒适，在上面行走，仿佛漫步在红色地毯上。路边海绵绒似的地衣和幽兰，恰如镶配在地毯上的花边。小路蜿蜒起伏，忽而下深涧，可闻清流低唱；

忽而上高坡，可见银练高悬。走向竹海深处，头顶绿叶遮天，脚下野花芳香，眼前玉叶琼枝，耳际鸟声婉转，朦胧中犹如步入桃源洞天，景色奇幻，妙不可言。辗转万绿丛中，一座座幽墓残寺，扑朔迷离；攀越红岩石壁，一处处古洞观阁，扣人心弦。竹海翠岭重叠，翠峰插云，翠色绵延百余里，是何等的秀丽壮观，无怪乎人们自豪地把她誉为四川"三最"之一："峨眉（山）天下秀，青城（山）天下幽，竹海天下翠。"据说，竹海风光，四季不同，晴晦各异：春天金笋齐拔，夏季林风浸肌，深秋层林霜醉，冬日翡翠托玉。云雾飘渺中的竹海，令人深邃莫测；万里晴空时的竹海，让人心旷神怡。文人墨客到此，无不激动得思潮起伏，纷纷为之折腰赋诗。"宁可食无肉，不可居无竹"的苏东坡，在竹海喝完竹筒酒，欣然题联："云中寻古洞，篆烟飘渺，看神仙海外飞来；天际出悬岩，石窍玲珑，问混沌何年凿破。"国防部前部长张爱萍来到此地，亦情不自禁地挥毫题词："万顷竹海波涛涌，千年茂林曲径幽。"

横渡竹海，我们踏上了左回右转的盘山公路。只见路边垒着一堆堆砍伐下来的楠竹。山民们或加工断截，或装车转运，一张张汗涔涔的脸上无不洋溢着飞扬的神采。一位老汉高兴地跟我攀谈起来："竹子全身都是宝，竹梢做扫把，根儿刻成竹根雕，主干用来造纸，做家具，制工艺品，给建筑工人搭脚手架……它的用途说也说不完。"他顿了一顿自豪地说，"你可知道，那国宴上用的玉兰片就是用竹笋做成的，在世界博览会上得过金奖的竹制工艺品也是我们竹海加工的呢。"老汉朴实无华的话语，铿锵有力，回旋在竹海的浪谷波峰，铭刻在我的脑海心田。忽然间，琴蛙、相思鸟竞拨琴弦，白鹤、鹭鸟舞姿翩翩，老银杏笑容可掬，山茶花眉飞色舞，山山岭岭千千万万的翠竹鸣奏起悠扬动人的交响乐章，令我恍惚朦胧，如痴似醉。

"一经盘空绝人迹,只许猿鹤时翩跹。"忽而雾气溟濛,缥缥袅袅,轻柔如纱,我们仿佛腾云驾雾,飘飘欲仙。惜别仙气逼人的仙寓洞,告辞飞花溅玉的忘忧谷,一行人循着三国孔明赵云部属的足迹,越过翼王石达开奋战过的古寨,传颂着川滇黔红军游击队驰骋竹海的动人故事,依依不舍地踏上归途。

1987 年 6 月

泰国之旅

由我率领的建筑企业家旅游团，在参观香港国际建筑材料展览会和开展交流活动以后，前往东南亚旅游。1993年6月11日飞抵曼谷，在泰国逗留期间，主要是游览泰国的大皇宫、玉佛寺、湄南河和芭提雅等景点。

第一天上午，我们前去参观曼谷大皇宫。它类似北京故宫，原来是泰国王室的皇宫。大皇宫坐落于湄南河东岸，是泰国的地标。走近大皇宫庭院，首先映入眼帘的是如茵的大片草地和姿态各异的古树。迈步向前，只见大皇宫佛塔式的尖顶直插云霄，鱼鳞状的琉璃瓦在阳光照射下灿灿发光。据说大皇宫始建于1782年，经历代不断修缮扩建，最终建成规模宏大的建筑群，共28座，总面积218400平方米，是泰国保存最完美、最具民族特色的皇宫。我们游览的主要建筑是四座各有特色的宫殿，从东向西一字排开，一色的绿色瓷砖屋脊、紫红色琉璃瓦屋顶和凤头飞檐。屋顶是典型的泰国"三顶式结构"。宫殿一座又一座，汇聚泰国建筑、绘画、雕刻和装潢艺术的精粹，展现鲜明的暹罗建筑艺术特点。导游告诉我们，大皇宫集泰国数百年建筑艺术之大成，堪称"泰国艺术大全"。节基王朝从一世到八世都住在此地，1946年拉玛八世在宫中被刺之后，拉玛九世便搬至大皇宫东面新建的集拉达宫居住。现在大皇宫除了用于举行加冕典礼、宫廷庆祝等仪式和活动外，平时对外开放，成为泰国著名的游览场所。

走出皇宫，我们前往泰国第一大河——湄南河游览。湄南河，泰语的意思是"河流之母"。自古以来，它哺育了海天佛国的世代人民，培植了这片热土的经济文化。它不仅是沟通泰国南北的交通大动脉，也是东南亚别具风格的旅游胜地。湄南河河面很宽阔，运输船只和游船穿梭往来。我们坐在游船上，船舷很低，清风吹拂，十分凉爽。船头不断溅起白色的浪花，船主喜称这是各位游客吉祥的好兆头。两岸风光富有特色，建筑错落有致，高耸的是现代建筑，低矮的是庙宇和民宅，穿插在其中的一座座佛塔，在阳光下熠熠生辉的金顶和流光溢彩的琉璃瓦，不时在眼前闪现。一路上，常常看到有小船在岸边停泊，僧侣们下船挨家逐户地去化缘。据说，曼谷市内有一万多座寺庙，随处都能见到佛塔，泰国真不愧为"千佛之国""黄袍之国"。

第二天，我们一行人前往世界驰名的旅游胜地芭提雅。那里不但有各地游客青睐的美食和风景，还有很多奇特的游乐项目。我们在乘船过程中，透过船底的玻璃隔板，观看了海中的珊瑚美景，只见它们色彩斑斓，绮丽多姿，随着水流缓缓漂动，仿佛在轻歌曼舞。到达芭提雅，放眼望去，长长的金黄色海滩一直延伸到海天连接处，据说这里的海岸线长达15公里。海中水清浪平，海滩沙质细腻，十分诱人。海风轻拂，碧波荡漾，游客们有的愉快地在海里游泳或戏水，有的惬意地躺在沙滩上享受日光浴。海里还有滑水、潜水等各种水上运动，呈现出一派热闹欢乐的景象。芭提雅海滩北部比较安静，有不少漂亮的海滩酒店和度假村，而南部则集中着众多餐厅、酒吧、小旅馆、夜总会等商业和娱乐场所。希望安静地享受，还是喜欢热闹和刺激，游客可以各取所需，自得其乐。入夜，这里有燃放烟火以及歌舞、夜总会等丰富多彩的娱乐活动。当晚，我们参加文艺晚会，欣赏富有泰国民族特色的精彩节目，其间，也演唱一些中国歌曲，我们旅游团人员个个都十分开心。

1993年7月

可叹的"人妖"

从曼谷来到芭提雅,晚饭后出席文艺晚会,演出的都是歌舞节目,主要是表现泰国的民族风情,中间也穿插一些中国的歌舞,质量一般,娱乐开心一番,也还凑合着过。

在观看节目过程中,有人告诉我,其中有的节目是"人妖"表演的。"哪几个节目是'人妖'表演的?'人妖'是什么样子?"好奇心驱动着我提出不少问题。

朋友告诉我,泰国"人妖",主要是指在旅游景点从事表演的特殊人群——从小服用雌性激素而发育变态的男性。部分是变性人,而大部分仍是"男人",只是胸部隆起,腰肢纤细。他指着一名个子较高的表演者说,"那个就是'人妖'"。他们都很漂亮,外表上和女性的区别是手脚比较大。噢,原来"人妖"是对身体强制扭曲而成的。由于特殊的社会环境和原因,"人妖"沦为供人欣赏的取乐对象,从本质上说是人在社会的一种畸形存在方式。好端端的男性,为什么非要通过强制手段变成不男不女的太监式人物呢?真是作孽呀!

由于好奇,总想对"人妖"多问几个"为什么",我就通过导游和有关方面了解"人妖"的一些情况。从中获悉,泰国"人妖"的产生并非偶然。因为泰国的色情旅游业火热,女子在这个行当能挣很多钱。一些男人为谋生计,想方设法把自己变成"女人";一些人贩子为捞大钱,拼命拐骗、制造"人妖"。于是,"人妖"这个特殊群体就逐渐形成。据说,到二十世纪九十年代,泰国"人妖"已达 2 万人。

那么,"人妖"来自何处?在泰国,"人妖"一般都来自生计艰难的贫苦家庭,可以说几乎没有富家子弟愿意做"人妖"的。在泰国,有专门培养"人妖"的学校,从小孩两三岁时开始,培养的方式是以女性化为标准,包括女式衣着打扮、女性行为方式和女性的爱好等。更重要的一点是吃女性荷尔蒙药,一般经过十多年的服药期,男性生理特征便逐渐萎缩,皮肤就会变得细润,有光泽,臀部、胸部会很发达。

"人妖"是泰国的特产,也是泰国独特的人文风情。泰国旅游业的繁荣,与"人妖"的存在有很大关系,欧洲人到泰国旅游,不少是冲着"人妖"而去的。看着衣着华丽、仪表姣好、体态动人、载歌载舞的"人妖",令人有雌雄难辨之感。当然,这种特殊的"人妖"模式,势必引起旅客的思考:她们到底是男人还是女人,是怎样变成"人妖"的?扭曲的身体造成怎样的畸形内心世界……

泰国虽然是一个仅有6000万人口的小国,然而每年都有700万境外游客前往观光旅游,此项收入每年高达70亿美元,成为泰国经济的支柱之一。泰国的旅游业极富地方特色,其中的"人妖"特色歌舞表演,受到不少游客的欣赏。

一个国家大兴旅游业,实施不同的经济发展模式,那是自己的权利,不容他人干涉,说三道四。然而,从人权的角度考虑问题,由于种种原因,对一个好端端的孩子,剥夺他正常自由的发育方式,从小对其身体实施强制扭曲的改变,的确是不可取的。

1993年7月

走进新加坡

早就听说新加坡是颇有名气的亚洲小龙,1993年6月9日终于来到新加坡,我要好好领略一番这个不简单的国度。

走进新加坡市区,大楼林立,高耸入云,壮观别致,引人注目。商店门庭若市,游客熙来攘往,呈现一片欣欣向荣的气象。

新加坡别称为狮城,因此我们一行对与狮子有关的事物特别感兴趣,便先来到鱼尾狮公园。阔步向前,远远看到一尊高大威武的狮子雕塑,口中喷出长长的银白色弧形水柱,水花飞溅。洁白的狮子,在明媚阳光的照耀下,同闪闪发光的水珠相得益彰,色彩明丽。狮子高傲的头和鱼尾相接,飘散的头发,细腻的鳞片,仿佛表达出向往自由的语汇。关于鱼尾狮的来历,跟一个传说有关。据《马来纪年》记载,公元14世纪时,一位来自"三佛齐王国"的王子,在海上航行时遇到风暴,船漂到一个小渔村,他一登陆就碰见一只神奇的野兽,随从告诉他这是狮子。于是,他给小岛起名"狮子城",在这片美丽的地方,创建了属于自己的王国。鱼尾狮的狮头就是这样来的。因为"狮子城"从前以打鱼为生,便把下半身设想为鱼尾巴。从此,新加坡这个美丽的国度便与鱼尾狮紧紧联系在一起。后来,林浪新先生创作巨型雕塑《鱼尾狮》,建有这尊高8.6米、重80吨的独特作品的鱼尾狮公园,便成为新加坡最具代表性的景点。凡是前来新加坡旅游的人,几乎都要前来瞻仰这尊非凡的鱼尾狮雕塑。

鱼尾狮公园周围,建筑雄伟,气势恢宏。对面,是世界级的豪华游乐城,它像一个倒"山"字,三座高大的楼房顶着一艘巨大的邮轮，匠心独具，令人惊叹。西边，建筑物"榴莲房"别具特色，发人深思。还有一个庞大的建筑物，顶天立地，引人注目，那就是世界上最高最大的摩天轮。置身其间，不由得为此大手笔规划、大开拓设计连连赞叹！

　　新加坡是东南亚的一个岛国，除新加坡岛（占全国面积的88.5%）之外，还包括周围63个小岛，总面积为682平方公里，大约有400万人口。我们还浏览了新加坡最迷人的度假小岛——圣淘沙岛。该岛面积390公顷，素有"欢乐宝石"的美誉。从前它只是一个小渔村，被英国占领以后建成军事基地，1972年改造为美丽的悠闲度假村，被冠以浪漫的名字"圣淘沙"，取自马来语和平、轻松、安宁的意思。这里是世界级的旅游景点，上岛细看，一片纯净的海滩，满眼旖旎的风景，有着多姿多彩的娱乐设施和休闲活动区域，诸如海上运动场所、高尔夫球场和度假休闲中心等，一应俱全。我们同来的伙伴们，各取所好，就尽情地游玩起来。我没有年轻人那股子玩劲，只是一面浏览迷人的风光，一面用相机记录美好的瞬间。新加坡也是一个热带岛国，位于赤道以北136.8公里。圣淘沙，自然景色十分优美，鸟语花香引来各种野生动物，如孔雀、猴子和松鼠等。如果游览英比亚山天然保护区，沿着自然走道缓缓前行，不仅能够呼吸新鲜空气，享受大自然所散发的雨林多酚，还可以零距离观赏热带雨林的动植物，眼锐的人也可以捕捉在林中觅食的动物踪影，如长尾短尾猿、松鼠、热带蜥蜴与20多种飞禽。与自然走道相连的龙道，更是为周围葱绿青翠的环境增添了几许神秘的传奇色彩。遗憾的是时间不够，我们无法游览这些美妙的景点。

　　新加坡是一个多元文化的移民国家，促进种族和谐是政府治国的核心政策，新加坡以稳定的政局、廉洁高效的政府而著称，是全球最国际化的国家之一。游览新加坡，所见建筑宏伟，街道整洁，市场繁荣，秩序井然，绿荫苍翠，环境幽雅，人们给予"花园城市"之称，可谓实至名归。1942—1945年，新加坡曾被日本占领，在一次参观展览过程中，我看到多处连续播放那段难忘的历史，告诫人们不要忘记过去。这给我以很大的触动，一个期望振兴的国家，只有不忘屈辱的过去，才能激起发奋图强的勇气，从而逐步实现发展的梦想。

1993 年 6 月

日落涠洲岛

女儿在节前预订了机票，这次春节之旅，目的地是广西北海的涠洲岛。

2月20日，年初二，女儿、外孙女和我一行三人，从上海飞到南宁，主要游览了南宁动物园，次日乘火车抵达北海。这里属亚热带海洋性季风气候，常年平均气温23度，不冷不热，我的朋友张序江大使在此购有房子，每年都和夫人从北京来这里过冬度假，执行"候鸟计划"。他曾经建议我也到北海买一套房子。张大使夫妇热情地为我们接风，并陪同游览了市区。

22日，我们从北海国际客运港乘渡轮，航行两小时左右到达涠洲岛，女儿同预约的电动车驾驶员联系上以后，三人坐上电动车，路况很差，颠簸厉害，好不容易度过艰难的个把小时，终于到达预订的旅馆。

涠洲岛，经火山多次喷发而成，面积25平方公里，是中国最年轻的火山岛。据考证，最近一次喷发距今约3万年。涠洲岛与火山喷发堆积的珊瑚沉积融为一体，使岛南部的高峻险奇与北部的开阔平缓形成鲜明对比。这里的海水碧蓝见底，海底活珊瑚、名贵海产瑰丽神奇，种类繁多，岛上植被茂密，风光秀美，奇特的海蚀、海积地貌、火山熔岩让人称绝，素有"大蓬莱"仙岛之称。在2005年《中国国家地理》杂志"选美中国"活动中，涠洲岛被评为"中国十大最美丽海岛"之一，位列第二。

23日上午，我们乘车前去鳄鱼山参观涠洲岛火山国家地质公园。

岛上将大量海蚀遗迹保护起来，呈现在游客面前，因火山熔岩而出名，这是岛上的核心景区。当我们慢慢地沿着木阶梯下到海边，眼前的景观令人咋舌：一二十米高的悬崖下，千疮百孔的赭红色火山岩，不规则地交叠在一起，因为饱经沧桑，都是奇形怪状，很难以语言确切表达。其间有许多火山洞穴，远远望去像是在海边架起的一座巨大迷宫，迷宫下就是谜一般的大海。海面是一片宝石蓝，烟气浩渺，水波涟涟。在路边，一块火山岩上书写着三个红色大字：火山口。不过，看不出同周围有多大区别。远处，有一艄公驾着一条小船破浪向前，尽显洒脱逍遥的神态。据说，登上公园内灯塔的瞭望台，眺望蔚蓝无垠的海岸，可以隐约看到远处对岸的北海城市。

这天下午，我们还参观了涠洲岛东边的盛塘天主教堂，这是晚清四大天主教堂之一。教堂由法国巴黎传教士建于1853年，耗时10年，主体建筑保存完好。整座建筑主要取材于海底珊瑚沉积岩，运用力学原理设计建成，是典型的文艺复兴时期法国哥特式教堂，外表高耸的罗马式尖塔有着"向天一击"的动势，造成一种"天国神秘"的幻觉。教堂高13.5米、长56米、宽17米，全用岩石、珊瑚粒及竹木瓦建造，建筑面积为1500平方米，教堂内可容纳1500人。听介绍说，岛上1万原住民中，天主教徒就有3000多人。步入教堂，庄严肃穆，信徒不多，十分幽静。这座掩映在绿影婆娑的芭蕉林和菠萝蜜树林中的宏伟教堂，从外墙仿佛能看到上世纪二十年代老上海的影子，复古的外观演绎着岁月的洗礼，富丽堂皇的内饰传达着高雅的内涵。它拥有一种时光刻痕的美，墙壁上的斑驳，发黑的白墙，并不是很新的内设，都赋予了特殊的沧桑感。周围的小巷还保留着涠洲岛原生态的建筑及生活方式，可感受老涠洲岛的慢生活。这一切，令人浮想联翩⋯⋯

事先了解到，涠洲岛西边的石螺口海滩适合看夕阳，这天傍晚我们就赶到那里去看日落。走近海边,只见远处的海水蔚蓝,海天一线,夕阳染红的天很浪漫,海风也挺温柔,美不可言。只见太阳已经挂在西边离海面不高的地方,金灿灿的,犹如苍天开眼,恢宏吉祥。周围的天空是比较深沉的橙黄色,在太阳下方距离不远的海面,映照着一条长长的金黄色倒影。我迅速打开相机,设定最小的ISO和较小的光圈,在18时26分拍下第一张日落前的照片,从屏幕上检查,成像效果还行,于是一边观察,一边继续拍起日落图片来。天气晴朗,只有在太阳的右上方有一片云彩,呈浅黄色,像大海上一个朦胧的小岛,过了一会,变成两个、三个……我赶紧一一拍摄。太阳瞬息万变,很快变成了浅黄色,周围的天空也随之变幻色彩。顷刻,太阳和上方呈淡淡的金黄色,太阳下方直至海面变成了浅灰色。18时34分,太阳已下落到离海面似乎只有十多米的距离,还是迷人的浅金黄色,周围出现了紫红的光晕,中右方不知怎的出现了一条像"减号"般的橙色线条。接近海面的天空变成了略带黄色光缕的灰兰色。古农谚云:"日出而作,日落而息。"渔民们忙碌了一天要返航了。海面断断续续的渔船,成了形象生动、线条清晰的漂亮剪影,引起我的浓厚兴趣,于是,既拍渔船锚泊、归帆航行,也拍人们嬉闹、握手告别……一张张夕阳西下的海滨剪影,别有一番味道。又过瞬间,太阳变成像金色的蛋黄一般,下端的弦已被切去了少许,海面也看不到倒影,说明太阳开始下坠了。一会,暗蓝的云中只剩大半个太阳。18时40分,太阳仿佛变成半块金黄色的月饼。18时41分,太阳只剩下一抹金黄的眉毛。刹时,太阳悄悄溜走了。全神贯注在欣赏和拍摄海滨落日中,这时思想才放松下来,环顾周围,观看海边落日的游客还真不少,不远处女儿也正忙着用手机拍摄,外孙女则在海滩看热闹。

在涠洲岛的最后一天上午,我们三人漫游东边的五彩滩。这是国内罕见的集海蚀崖、海蚀平台、海蚀洞于一体的地质景观带。景区内长达 1.5 公里的海岸，几乎都发育着 20—50 米高的海蚀崖，崖面耸立，蔚为壮观。退潮时的五彩滩，可以见到一层又一层的海蚀沟，色彩斑斓，在阳光的照耀下十分漂亮。

当天下午，我们返回北海。傍晚，张大使夫妇陪同逛了老街。晚上，又亲切地设宴送别。25 日，我们收获满满地从北海飞回上海。

2015 年 2 月

似幻似真游鲁镇

今年的春节之旅，实施"自驾游"，由女儿开车，年初一出发，第一个目的地是浙江绍兴柯岩。

柯岩风景区是国家AAAA级旅游区，始于汉代，已有1800多年历史，以古越文化为内涵，融水乡风情、古采石遗景、山林生态于一体，包括柯岩、鉴湖、鲁镇和香林四大景区。

鉴湖与柯岩连缀一起，山水兼容，岩湖互衬。步入景区，一阵沁透的水韵气息便扑面而来。那咚咚作响的石街，布满青苔的砖瓦，形态各异的飞檐，错落有致的拱桥，处处浸透着水的灵动。绍兴的"母亲河"焕发出悠然诗意的旋律，令人心旷神怡。我们或坐乌蓬船游湖，或漫步景区观光，玩得不亦乐乎。景区的古采石遗景独具特色，最让我感兴趣的，一是位于湖中的那块像高楼般的巨石，里面雕有一尊十来米高的弥勒佛像，神态慈祥，形象逼真；二是顶天立地的柯岩云骨，号称天下第一石。它从平地直插云霄，上宽下窄，犹如一座颠倒过来的宝塔。云骨高30余米，底围仅4米。远看宛若一柱烟霭，袅袅升空，故又称"炉柱晴烟"。近看真像巍然矗立的擎天柱，恰如伟人诗中写的："刺破青天锷未残。天欲堕，赖以拄其间。"人们称它为"云骨"，可谓受之无愧。云骨上有光绪年间所刻的"云骨"两字，顶端古柏苍翠，虬枝横斜，据考证树龄已逾千载。相传宋代大书画家米芾酷爱奇石，见云骨而"癫狂"，守护数日才依依惜别。柯岩美丽独特的湖光山色，引历代文人赋诗赞叹。唐代诗仙李白云："镜湖水如月，耶溪女似雪。"南宋诗人陆游高吟："千金无须买画图,听我长歌歌鉴湖。"清代齐召南诗赞:"白玉长堤路,乌篷小画船。"

年轻时我爱读鲁迅的小说和杂文,《狂人日记》《阿Q正传》《孔乙己》和《祝福》等都一读再读。鲁迅先生的许多名言,内涵深邃,富有哲理,我特别喜欢其中的两句:"倘能生存,我当然仍要学习。""横眉冷对千夫指,俯首甘为孺子牛。"不仅用来勉励和鞭策自己,还关照孩子们学习和领会。

鲁迅在《社戏》《风波》《明天》和《祝福》中都提到过鲁镇,而在绍兴的历史上并无这个小镇。一个书面的水乡小镇,通过鲁迅的小说,存活于千百万读者的心中。2003年,柯岩风景区将鲁迅小说中虚构的"故乡",经过周密规划设计,建成实体鲁镇。它以源远流长的越文化为底蕴,再现了鲁迅作品中的典型人物环境,以及当年水乡绍兴的民俗风情、建筑风貌。其间乌瓦粉墙的台门、店铺,千姿百态的石桥、栏杆,纵横交叉的小河、水巷,飞檐挑角的戏台、庵庙,依傍鉴湖一河两街的传统建筑风格,形成了"人家尽枕河,楼台附舟楫"的水乡风情。因此,一进入鲁镇,便真真切切地置身于典型的江南水乡之中了。

鲁镇的规模挺大,一座楼房的外墙上书写着硕大的"鲁镇"二字。沿着弯弯曲曲的河道,大多是鲁迅笔下提到的建筑,粉墙黛瓦,小桥流水,民居、商铺错落有致。除了通常的饭店、酒店、百货店,如今已看不到的老式毡帽店、锡箔店、油烛店、钱庄、当铺等,在这里差不多一应俱全。街头美味飘香,诸如绍兴美食黄酒花雕、女儿红、腐乳、臭豆腐、醉鱼,以及孔乙己茴香豆等,应有尽有。

鲁迅笔下的人物,阿Q、祥林嫂、假洋鬼子、鲁四老爷……一个个陆续出现在街上,让我们游客仿佛漫步在鲁迅小说描述的环境之中。当我从说书的地方走过时,抬头看到一个中年人,身穿咖啡色隐花长袍，外罩黑色马褂，头戴红顶黑色西瓜帽，眼架墨镜，脑后垂着长长的辫子，一身清代文人墨客打扮。他右手握着打开的黄色纸扇，上书"绍兴师爷"四个繁体大字，迈着方步从前方从容走来。噢，是师爷，不过，纸扇上的字，似乎有画蛇添足之嫌了。我举起相机"咔嚓"，留此存照。霎时，忽然看到小外孙女快步从前方赶去，我凝神细看，原来前面有一个衣着清朝服饰的"巡街兵丁"，同一对重彩浓妆的"假洋鬼子"在拍合影，好像在炮制什么"花边新闻"似的，外孙女想去看个明白。

鲁镇的街头巷尾布设着许多组形象夸张、引人注目的雕塑，众多铜质群雕讲述着一个个鲁迅小说中的故事。例如：阿Q革命，阿Q挨打，阿Q调戏小尼姑、抢亲……既让人忍俊不禁，也让人看到了鲁迅笔下那些人物的性格与命运。

因为正值新春佳节，鲁镇洋溢着绍兴水乡特色的浓浓年味。突然，远处传来响亮的锣鼓声和喧闹声，举目眺望，原来是舞龙舞狮的队伍来了。我迅速奔向前去观看，他们在鲁镇牌坊前的广场开始表演。龙灯有20多米长，表演者达10人之多。红黄狮子各一只，每只狮子有两个演员。无论巨龙翻飞，还是狮子腾跃，粗犷奔放，技艺精湛，赢得观众一阵阵喝彩声。我用相机兴奋地记录着一个个精彩的瞬间。不一会，小河那边又传来一片欢呼声，远远可见是乌篷彩船巡游来了。走近细瞧，每一条彩船都披戴着火红的中国结，高挂着红灯笼，敞篷船舱里站立着花枝招展的越剧角色，一条船一个主题，或梁山伯和祝英台"十八相送"，或许仙和白娘子"篷船借伞"……一条接着一条，在河中鱼贯游行，引来众多游客和居民。

在鲁镇，有水可嬉，有桥可依，有酒可酌；爱戏看戏，爱艺观艺；有历史，有现代；有故事，有游乐……游览了今天的鲁镇，也让我看到浓缩了的绍兴。鲁镇修建于鲁迅小说故事的发生地，演绎了当地历史生活中的民情风俗,而且又与小说中的人物故事紧密相联。因此,走进鲁镇,仿佛是走进了鲁迅小说,走进了历史,给人们一种似幻似真的感觉,启迪人们以心灵去实地感受历史,引发对昨天、今天和明天的遐思……

2018 年 2 月

美在云和梯田

游了绍兴鲁镇,我同女儿等三人驱车向浙江丽水崇头镇进发。2月18日早晨,我们便奔赴云和梯田景区。

云和梯田最早开发于唐初,兴于元、明,距今有1000多年历史,总面积51平方公里。主要分布在云和县崇头镇周围高山上,海拔跨度为200—1400多米,垂直高度1200多米,跨越高山、丘陵、谷地三个地质景观带,最多有700多层,是华东地区最大的梯田群,被誉为"中国最美的梯田"。景区内拥有梯田、云海、山村、竹海、溪流、瀑布、雾凇等自然景观。

车到中途,我们就开始浏览梯田。有几道山坡,梯田灌满了水,水汪汪,明亮亮,活像一面面朝天敞开的镜子,映出蓝天里朵朵浮荡的白云,简直成了数不胜数的大大小小镜子博览会——牛角形的、圆弧形的、椭圆形的……顺着山坡,舒舒展展地延伸开去。更多山坡的梯田,没有灌水,或呈灰褐色,或呈浅绿色,层层升高,通往山顶云端,通往蔚蔚蓝天。梯田因地制宜,沿坡而建,坡凸田就大,坡曲田就弯,坡宽田就长,逐级递升,层层向上,真像一座座特长特大的梯子,不,它是夸张的梯子,奇特的梯子,是世界上梯子的极品,是独具匠心的"天梯",等待着人们攀登上天去遨游太空。我们的祖先把这些在山坡上开垦出来的一小块一小块田地,称其为"梯田",恰当极了,真是实至名归!

云和梯田,四季景色各异,如同一位"四季美人":春穿花衫,水满层畴;夏披绿纱,禾海滚浪;秋着红裳,金穗漫山;冬裹银装,雪毯素装。也像一套"四季图画"：春天是一轴淡淡的水墨画，夏天是一帧精美的绣制品，秋季是一幅重彩的油画，冬季是一方冷峻的木刻。现在正值冬春交接之际，可惜看不到她最美的景观。

云和梯田不仅是著名的 AAAA 风景区，而且具有重大的经济价值。云和全县总面积 978 平方公里，其中林地面积 121 万亩，耕地 7.3 万亩，水域 5 万余亩，素有"九山半水半分田"之称。一代代聪明勤劳的农民，用锄头和镰刀，砍伐灌木和荆棘，挖去乱石和杂砾，在高低错落的坡地上开垦出一小块一小块田地，经年累月，形成为一大片一大片可以耕种的梯田，硬是叫山坡生长出金灿灿的水稻等庄稼，把山地改造成哺育子子孙孙的米粮仓。

遥望前方一望无际的秀美梯田，不由得浮想联翩。穿越疏密有致的层层梯田，仿佛洞察到中国山村坚强不屈的脊梁；透过闪闪发亮的片片积水，宛然看清了代代农民辛勤汗水的沉淀；品赏山坡壮美的画图，深切感悟到山村儿女农耕文明的光芒。云和梯田的奇妙景色尤为可贵，它不是雨露风化自然天成，而是千百年来中华悠久人文的结晶。

"云雾奇观，浮云世界"是云和梯田的又一特色。我们驱车到达一处山顶时，大雾迷漫，依附于山间、梯田，古朴村落点缀其中，平添了几分人间烟火气。云雾似纱，忽而为项颈的哈达，忽而为足下的地毯，忽而为缠腰的彩带，云雾山间飘，人若画中游，如入天界梦境，妙不可言。

在山顶游览拍摄了一会以后，女儿与外孙女准备下山到梯田去浏览一番。我已届耄耋之年，应有自知之明，没有同行。片刻间，母女俩已轻松地奔到山坡中间的梯田，兴高采烈，手舞足蹈，频频向我挥手致意。我伸出长镜头，抓拍了她俩在梯田里活动的难得照片。

山坡陡峭，梯田上下落差数百米，城市游客攀登山路可不容易。女儿和外孙女上坡返回时，虽然精神饱满，但比起下坡时要费劲得多，行进速度递减，待到最后登顶时，难免举步缓慢，汗水涔涔。我们前来旅游，难得攀登几次山坡，而这里的农民，不仅开垦了梯田，而且成年累月在山坡上上下下，种植庄稼，辛勤耕耘，不知挥洒了多少汗水、花费了多少心血。

2018 年 2 月

漫步悉尼

儿子在澳大利亚定居，一直催我去旅游，2019年终于成行，4月14日，我来到享有国际盛誉的著名城市——悉尼。让我喜出望外的是，无论外出游览，还是在家休息，儿子都全程陪同，为我提供十分方便的条件。

我先后去市中心和景点游览20多次，对悉尼留下深刻的印象。悉尼面积1687平方公里，人口500多万，是澳大利亚第一大城市，也是一流的国际大都会。悉尼东临南太平洋，海水蔚蓝，惊涛拍岸，震撼心魄。漫步街头，映入眼帘的是：英式街道，欧式建筑，典雅风貌依旧；现代大厦，时尚住宅，新颖摩登漂亮；公园广阔，树木苍翠，绿茵萋萋如毯；蓝天白云，飞鸟翩翩，考拉袋鼠欢畅……一道道靓丽的风景线，令人心旷神怡。

对我的眼球最具冲击力的是悉尼歌剧院，它耸立在悉尼市贝尼朗岬角上的一块小半岛上，三面环水，又称海上歌剧院。它是世界著名的表演艺术中心，悉尼的地标建筑之一。据说，歌剧院由38岁的丹麦建筑师乌特松设计，从瑞典运来105.6万块专制白色瓷砖，耗时14载，于1973年落成。它是20世纪全球最具特色的建筑之一，于2007年被联合国教科文组织评为世界文化遗产。它拥有可容纳1547人的歌剧厅、2679个席位的音乐厅等四个剧场和五个排练场，每年在此举行的表演大约3000场。举目远眺，歌剧院宛如一叶行驶的白帆，在阳光下熠熠生辉。高空俯视，它仿佛飘浮在空中的花瓣，向四面徐徐散开。凝神细看，又像三组巨大的贝壳片，以不同的方向巧妙组合成贝壳般的雕塑体，令人叹为观止。以不同的时间和角度欣赏歌剧院，景观各具特色，而在皇家植物园观景台可以看到歌剧院的全景。夜晚的歌剧院，在彩灯照耀下更加漂亮。我曾去歌剧院附近参观三次，从多个角度拍摄了她的英姿，每次都让我陶醉其间，流连忘返。

横跨市中心南北的港口大桥是悉尼又一标志性建筑，花九年时间于1932年建成。这座1149米长的大桥，恰如"巨型衣架"，构成一幅美丽的图画。悉尼大桥是单孔拱桥，曾号称世界第一单孔拱桥，是悉尼早期的代表建筑。它像一道横贯海湾的长虹，巍峨俊秀，气势磅礴，与举世闻名的悉尼歌剧院隔水相望，成为悉尼的象征。现在攀爬悉尼大桥已经成为悉尼最受欢迎的旅游项目，这也是世界上唯一允许游客爬到拱桥顶端的大桥。

位于市中心的情人港，也颇具特色。那里碧波荡漾，海鸥飞舞，船舶纷至，彩旗招展，游客摩肩接踵，恋人情意绵绵，秀美景色迷人，犹如展厅美图，更像视频佳片。周边的建筑高雅别致，耀眼夺目，与碧波映衬相得益彰。

游览景点，我们多数自驾前往，也乘火车、电车。有时也逛商场，上超市，领略人文风情。这里交通发达，市场繁荣，社会和谐，秩序井然。悉尼的道路十字路口不设交通警，顾客超市购物自行付款，给我留下深刻的印象。

在游览途中，我一面饱享眼福，一面欣然"咔嚓"，拍摄不少照片。返沪后，我尝试做成有声影集"美篇"——《漫步悉尼》，在前面撰写几行文字，于照片中配上几句小诗，聊作纪念：

（一）

英式街道貌依旧，

摩登建筑雄姿秀，
蓝天白云都市靓，
欣欣向荣立潮头。

（二）

精细设计竞装潢，
美观前卫亮时尚，
琳琅满目商品丰，
熙熙攘攘顾客爽。

（三）

巧夺天工歌剧院，
熠熠生辉闪白帆，
悠扬歌声润心窝，
游客欢畅乐翻天。

（四）

飞架南北拔地起，
满弓备箭待时机，
车轮滚滚频点赞，
勇担通渠功无比。

（五）

绿茵宽阔草萋萋，
生态环境数瑰奇，
飞鸟翩翩无禁区，
考拉袋鼠任嬉戏。

（六）

情人港里浪花溅，
恋人依依并步欢，

船舶列队秀彩旗，
海鸥助兴舞蹁跹。

（七）
辽阔海湾湛湛蓝，
游艇迸发快如箭，
斩波劈浪逞英豪，
你追我赶勇争先。

（八）
惊涛拍岸豪气爽，
昂首悬崖"咔嚓"忙，
观海归去无遗憾，
美妙瞬间卡中藏。

（九）
潮涨潮落只等闲，
浪峰浪谷战犹酣，
初生牛犊不怕虎，
年少也要搏一番。

（十）
滔滔海湾鸥相追，
气势磅礴风光美，
悠哉游哉步逍遥，
流连忘返心陶醉。

2019年6月

海湾的魅力

世界上有不少著名大城市，依赖大江大河的水流之利而魅力无穷，悉尼依仗的主要是大海，城市的发展沿着悉尼湾海港和帕拉马塔河渐进地向内陆进行渗透。城市周围拥有众多的海湾，其巨大魅力造就了悉尼优异的生态环境，给城市带来无穷的活力。

城市傍水，就带来勃勃生机。近岸兴建商厦住宅、公共建筑或娱乐设施，无不深受市民的欢迎，博得游客的青睐。海港大桥附近海湾两边都成为风水宝地，一片片别墅豪宅，吸引众多买主竞购。独辟蹊径建在水中的悉尼歌剧院，跨越海湾飞架南北的悉尼大桥，平添独特的惊世景观，慕名前来的各地游客络绎不绝。

得海湾之利的悉尼港，由于港湾总面积为 55 平方公里，口小湾大，成为世界上著名的天然良港。这里，各式远洋轮、渡轮、游艇、帆船和舢板，往来频繁，是澳大利亚进口物资的主要集散地，同时也汇集了世界各地的观光客。有人称悉尼港是城中港，如若租一艘游艇，携侣同行，悠哉悠哉，游弋于悉尼港的碧水中，随心眺望两岸美景，定然是十分惬意的享受。

在悉尼期间，我游览过多个海湾景点。除了汹涌澎湃的海浪、迎风飞翔的海鸥等最基本的要素之外，不少海湾独具特色，各有千秋，无不景色迷人，令我目不暇接。

沃森港是一个比较宁静的港湾。只见港湾一端嵌入陆地，镶就一个金灿灿的圆弧形大沙滩，前面是蔚蓝宁静的海湾，后面是苍翠茂密的树林，头顶是湛蓝无垠的天空，有的游客在游泳戏水，有的游客则躺在沙滩沐浴阳光——苍天挥洒了一幅多么精彩的大油画。海湾的另一端，水面飞驰着皮划艇，桨打着独木舟；岸边有的游客在垂钓，有的游客在摄影……其中既有外来的观光客，也有很多当地的居民，人们尽情享受着休闲的愉悦和幸福。

而植物园湾，则波浪滔天，狂嚎怒吼，一会白浪如山遮断视线，一会惊涛拍岸吓唬游人。我和儿子就因为避浪脚步慢了一拍，双双被淋湿鞋子，只得坐在岸边晒一会太阳。然而游客中不乏"侠客""勇士"，有三三两两站在海边拍摄巨浪的，也有在岸边巨石上作腾空跳跃姿势的，我都一一把这些美妙的瞬间留在相机的记忆卡里。这里的风浪滥发淫威，天长日久，把岸边的巨石磨炼出奇妙的花纹，涂抹成瑰丽的色彩，造就了景点的一大特色，令游客们喜笑颜开。

其中的曼利海湾，颇具娱乐和探险特色。绵延 1.5 公里的海滩一端，波光粼粼，设有海水游泳场，可供水上运动。而海滩北端的女皇崖，则是学习冲浪的绝佳地点，也适合有经验的冲浪者竞技争雄。这里的巨浪，奔腾呼啸，排山倒海，一排追着一排滚滚而来。只见冲浪者一会被掀向浪峰，一会被抛向浪谷，就像玩杂技一样。冲浪的勇士中有大人，也有小孩，个个斗志昂扬、奋勇争先，他们坚毅不屈的神态，大有斩波辟浪战犹酣的大将气魄！海滩南端有一条小径延伸至别的海滩，慢跑者、自行车手们在那里大显身手。海滩设有林立的餐馆、咖啡厅和有现场表演的酒吧，游客们蜂拥而来。曼利人自豪地说："距悉尼仅七英里，烦恼抛却数万里。"不难想象，这是多么诱人的休闲胜地！

2019 年 6 月

墨尔本印象

2019年5月下旬，儿子陪我游览澳大利亚第二大城市墨尔本，给我留下难忘的印象。

墨尔本拥有500多万人口，是澳大利亚第二大城市，享有世界"文化之都"的美誉。走进墨尔本，浓郁的文化气息扑面而来。历经岁月洗练的老建筑依然演绎着古典风情，新颖前卫的超现实主义建筑令人耳目一新。

联邦广场具有典型的代表性。联邦广场是维多利亚州最精密、最庞大的建设项目之一，建筑设计颇具大手笔。它覆盖中央商业区、娱乐场所等地域，融合艺术、活动、休闲、观光和露天场地等各种功能。人们对联邦广场的喜爱，聚焦于其周边既抽象又奇特的建筑物，包括维多利亚国家艺术馆新馆、游客服务中心、室内表演厅、媒体大楼、艺廊、餐厅等。我们到联邦广场游览两次，对那幢外观十分引人注目的 The Atrium 建筑最感兴趣。它的外墙由几何图形的钢铁和透明玻璃组成，立面丰富，色彩斑斓。挑高的天花板、透明的玻璃墙，不仅让外面的光源得以完全照射进去，还与邻近的古典建筑融合在一起，成功地诠释"传统与现代"和谐相处，"古典与创意"相得益彰的概念。它强烈地吸引着我，自然也占据了相机储存卡上的不少空间。

站在联邦广场向亚拉河的另一边眺望，可见一座高耸入云的银色尖塔，芭蕾舞裙造型玲珑剔透，那就是162米高的维多利亚艺术中心，是墨尔本著名的地标性建筑，她为人们提供着大型音乐会、戏剧和舞蹈等丰富的艺术大餐。而位于佛林德斯街和斯旺斯顿街交叉路口的圣保罗教堂，依然不减哥特式建筑的壮观。那动漫速写构思的水族馆，则给人们强烈的视觉冲击力。

　　位于亚拉河南岸的尤里卡大厦是墨尔本的标志性建筑，这座297.3米高的大厦共有91层，是世界最高的住宅楼，颇有"一览众山小"的雄姿。尤里卡88层观景台是南半球最高的高空观景台，可以360度全景环顾市中心及周边景色。还有一个透明玻璃房，可缓缓从大厦主体中伸出，悬于300米的半空中。这是全球唯一一处可以感受"悬崖箱"体验的地方。我同儿子登上观景台，鸟瞰全城，美景醉人，尽收眼底。瞬间，华灯初上，银光闪耀，灯海灿烂。一对来自祖国的恋人，眉飞色舞地连连拍摄美景，如痴如醉。

　　墨尔本的街头涂鸦特美，引人注目。据说这里的年轻涂鸦者喜欢到巷子里去挥洒他们的灵感，儿子特地陪我浏览了涂鸦最著名的霍西尔巷。这条街呈北高南低之势，是中央商务区标志性的街头艺术巷道，也是全城涂鸦更换最快的地方，据说有时仅仅过一天，整条巷子里的面貌就更换一新。我们去游览时，正碰上两个涂鸦者在墙上大显身手，引来不少游客驻足观看。这种洋洋洒洒的街巷艺术，是墨尔本的一大景观，前去采风的游客数不胜数。此外，构思富有个性的城市雕塑在公园里不时涌现，凸显出现代艺术特色。

　　墨尔本唐人街是澳大利亚，也是全世界最早的唐人街之一，中餐馆、红灯笼、中文招牌鲜艳夺目，彩旗飘扬，商店林立，热闹非凡，游客纷至沓来。我们曾经两次在附近的中餐馆就餐，美味可口。

　　离墨尔本不远的海滨公路——大洋之路，是维多利亚最负盛名的景点。沿途波澜壮阔，怪石嶙峋，犹如鬼斧神工。终点的"十二使徒"，耸立在海上的十多根巨型岩柱形态各异，惟妙惟肖，夕阳斜照，海鸥飞舞，是别有千秋的绝佳美景。我们以一整天时间游览了这一特色景观。

返沪后，我把游览墨尔本拍下的照片做成有声影集"美篇"——《墨尔本印象》，并配下列小诗留作纪念：

（一）

玲珑剔透参九天，
悠扬旋律悦心坎，
演绎尽喜怒哀乐，
震撼遍巾帼硬汉。

（二）

大厦比肩貌非凡，
新颖别致气宇轩，
美术馆俏夺眼球，
水族馆妙赛动漫。

（三）

登高鸟瞰真精彩，
建筑道路一排排，
河流桥梁似积木，
都会之夜变灯海。

（四）

洋洋洒洒涂鸦欢，
浓妆淡抹群芳妍，
四海游客接踵来，
有口皆碑尽开颜。

（五）

粗犷大气复清纯，

栩栩如生武又文，
于无声处扣心扉，
以静制动传神韵。

（六）
亚拉河水泛碧波，
船舶舢板如穿梭，
同心协力劲荡桨，
摇捣银浪花朵朵。

（七）
历史悠久唐人街，
张灯结彩赛过节，
商店林立生意旺，
宾客纷至又沓来。

（八）
大洋之路浪称霸，
嶙峋怪石似披甲，
"十二使徒"稳如山，
笑看夕阳往西滑。

2019 年 7 月

风雨兼程大洋路

5月27日,墨尔本已是深秋,气温只有十来度,感到冷飕飕的。早上八时许,我和儿子乘坐旅游公司的中巴车向大洋路进发。

大洋路位于墨尔本西部,据记载,于1919年开工,1932年全线贯通,参加修路的达3000余人。这条路是为纪念参加第一次世界大战的士兵修建的,许多参战老兵也参与建设。因濒临南太平洋,而被命名为"大洋路"(Great Ocean Road)。大洋路距离墨尔本市中心有90分钟车程,从托尔坎镇出发,一直到南澳大利亚边界的纳尔逊,全长约300公里,现在已成为澳洲境内为数不多的世界著名观光景点之一。

一路上天公不作美,不时刮风下雨,可谓风雨兼程,为旅程增添了几分难度。大洋路沿途景观很多,还经过几个很不错的小镇,我们在美食小镇吃了可口的中餐。那里,鸽子成群结队,与游客亲密相伴,饶有风趣。在矿工开采的纪念地,我们追踪瞻仰遗址;在茂密的树林中,我们到处搜索拍摄考拉。其中,惊险绝妙的洛克阿德峡谷给我的印象十分深刻。我们一行人从高高的木梯上拾级而下,前往海滩,小心地站在被岩石包围的金黄色沙滩上,近距离观赏海浪冲击峡谷岩石的景观,惊险程度让我心跳加速。这是一片险峻莫测的海岸,只见汹涌澎湃的海涛,发出惊心动魄的吼声,从两侧高大悬崖所形成的闸门涌入,翻着白花,撞击着崖石,轰鸣作响,在峡谷中浪花四溅,最终汇成一汪深蓝碧透的翡翠池,场面壮观,令人惊叹叫绝。

巴士开至离峡谷不远的地方停下，到达又一景点，儿子说先从上面观看。此时，狂风暴雨大作，铺天盖地刮来的大风，如癫如狂，呼啸怒号，一阵紧似一阵，把我的雨伞刮得翻了个，我只得收伞挨雨浇淋。风刮雨打实在厉害，逼得我想打退堂鼓，我问儿子"这是什么景点"，他回答说是"十二使徒"，我一听这个响亮的名称马上来了精神："那一定要看！"于是，我俩就朝着"十二使徒"的方向赶去。在风雨中举步维艰，好不容易来到景点旁边的木栅栏前，还没站稳脚跟，逞强施威的风雨给我一个"下马威"，唰地把我头上的帽子给刮跑了。还好儿子眼疾手快，找了根小树枝三下两下，从隔离栏外把帽子给抢了回来。"十二使徒"景观位于大洋路坎贝尔港国家公园内的海岸线上，指的是在离岸不远的海水中坐落着经千万年海水风化而逐渐形成的十二块断壁岩石，因为其数量和形态酷似耶稣的十二门徒，因此荣获美名"十二使徒"。穿越风雨，我们举目凝视矗立在波涛汹涌中的十来根独立岩石，形态各异，粗犷雄劲。它们历经酷暑严寒，任凭风吹浪打，不屈膝，不退却，巍然屹立，傲视苍穹，堪称铁骨铮铮的英雄好汉！我想，如果在晴天的傍晚来这里，一定风景独好，放眼看去，夕阳斜照，海鸥飞舞，是一道别有千秋的绝佳美景。真可谓：大洋之路浪称霸，嶙峋怪石似披甲，"十二使徒"稳如山，笑看夕阳往西滑。

2019 年 7 月

步履匆匆

有时候去某地,或出差,或路过,节奏很快,抓紧间隙到某景点浏览一番,无暇细细品赏,只能是走马观花,免不了步履匆匆。

游览长城就是这样。从1964年开始,我先后登过八达岭长城三次,到过山海关一次,都是匆匆忙忙。长城太雄伟了,深深地扎根在我的脑子里,印象最深的是四个字:古、长、坚、险。首先,长城是中国古代的军事防御工程。始建于春秋战国时期,历史长达2000多年。其次,长城很长,分布在15个省区市,秦汉及早期超过1万公里,故又称万里长城。说它"坚",不只是一道单独的城墙,而是由城墙、敌楼、关城、墩堡、营城、卫所、镇城烽火台等所组成的防御工程体系。通过层层指挥、节节控制,像天堑一样坚固。说它"险",修筑长城遵循"因地形,用险制塞"这个原则,关城隘口都选择在两山峡谷之间,或河流转折之处,便于控制险要关口,还有一些地方利用危崖绝壁、江河湖泊作为天然屏障,以达"一夫当关,万夫莫开"的效果。长城,现在已被列为"世界十大文化遗产"和"世界新七大奇迹"之一。

雄风扑面来,登城真自在!我每次攀登长城,心仪长城的胸怀都备受震撼,几经吟咏,留下了几句纪念文字:

雄伟磅礴,起伏蜿蜒,俯身于峡谷,翘首于峰巅,嘲弄骤雨暴风,嬉笑日辗月转。

气壮山河,扣人心弦,迎千磨万击,铸铁脊钢肩,巨龙腾飞九天,神州风光灿烂。

同里之旅也是来去匆匆。同里是江南著名古镇之一，始建于宋代，至今已有1000多年历史。它四面环水，风景优美，水多，桥多，明清建筑多，名人雅士多，游览同里，犹如品赏高雅逸趣的水墨画。古镇看似古色古香，却又与现代相结合，是品茗、聊天、听曲、游览的好处所。静卧景区的太平桥、吉利桥和长庆桥，是同里的桥中之宝。三桥鼎足而立，相距不足50米，别有风味。当地的老百姓有"走三桥"的习俗，是一种避灾、祈子、求福的祈禳活动。这个典型的水乡古镇，让我十分兴奋，激动地胡诌了几句打油诗：

  河在镇中走，屋在水上造，风轻扬，浪飘渺，徐徐小船摇，难数石拱桥。
  古朴街市，秦砖汉瓦，一部历史，一卷名画，"东方威尼斯"，游人拇指翘。

同里名胜退思园，是小巧精致的袖珍景点。它建于清光绪年间，距今100多年。该园是清朝官员任兰生被罢官返回故里后建造，园名引自《左传》中的"林父之事君也，进思尽忠，退思补过"之意。这里亭、台、楼、阁、廊、坊、桥、榭、厅、堂、房、轩一应俱全，以池为中心，诸建筑如浮水上，宛如一个世外桃源般的小天地。观园有感，当晚思绪连绵，敲击起键盘：

  淡泊退思园，远别是非乡，尔虞我诈烟云绝，一尘不染心安祥。
  翠鸟竞歌喉，奇葩斗幽芳，无虑无忧恋寂寞，一草一木皆文章。

2003 年 9 月

回眸

零悟

红薯情结

红薯，在我家乡叫番薯，北方人称地瓜。从我牙牙学语、蹒跚学步的时候起，就不时地叫着"我要番薯"，同红薯结上了"忘年交"。

我家土地少，人口多，家境贫寒。我有奶奶、父母和众多兄弟姐妹，家庭成员多达十人，吃饭成了大难题。穷人们常说"糠菜半年粮"，我家是红薯当主粮。

每天早上，母亲烧一大锅米粒寥寥无几的杂粮菜饭，父兄们干农活的和小孩都吃菜饭，母亲和姐姐们主要吃红薯。至于晚饭，基本上是千篇一律的煮一大锅红薯。我在乡里上小学，每天中餐就吃带去的两块红薯，几年如一日，概不例外。

我家的水田大都是租来的，每年收获了稻谷，交租以后所剩无几，父亲便用两大块旱地种红薯，借以解决全家的口粮问题。每当红薯成熟时节，星期天我就跟哥哥们去挖红薯。一株红薯藤下面，至少能挖出两三块大红薯，多的有六七块，我一边捡着，一边数着，开心得像捡到宝贝似的。我记得，每年收获结束，我家楼上就摆放着一大堆一大堆暗红色的红薯，我奶奶看着那么多红薯，笑得合不拢嘴，叨叨个不停："这么多番薯，今年有吃的了……"

天天吃，年年吃，从小吃到大，我跟红薯结下了深厚的感情。红薯填饱了亲人的肚子，救了我一家人的命。毫不夸张地说，在我成长过程中，红薯在那个年代立下了汗马功劳。扪心自问，从孩童时代开始我就喜欢上红薯，至今步入耄耋之年，我对红薯，爱更深，情更浓。我仍然常常吃红薯，几天见不到红薯，便怅然若失。

现在人们的观念变了，谈及红薯，增加了几分理性的因素。按照我老家过去的传统观念，家境较好的农户对红薯另眼看待，一般都当作喂猪的饲料。如今，人们认识发生了一百八十度的大转变。据现代科学研究，红薯是一种很好的粗粮，营养丰富。其膳食纤维含量要比米饭高出一倍多，含有的维生素 A 和胡萝卜素都十分丰富，这些都是人体正常代谢时的必需营养，能保护眼睛，滋养肌肤，对降血压、减肥都有好处，也能预防一些疾病和癌症。而且，红薯藤还具有药用价值，可用来治疗身体水肿、风湿骨痛，也可用于润肺止咳。红薯质地甘甜，味道不错，食用方法多种多样，可以烤红薯、制作红薯片和煮红薯稀饭等，红薯叶子也可烹制美味的菜肴，深受人们欢迎。

最近，一位朋友同我聊天，不经意间聊到了红薯，自然免不了抚今忆昔谈起本人从小吃红薯长大的往事。其间，也谈到兄弟姐妹的寿命问题，当得知我有三个姐姐和哥哥都活到九十岁以上时，朋友若有所悟地对我说："这中间可能同你家一直吃红薯有关吧。你们年年种那么多红薯，人人都那么喜欢吃红薯，一是红薯营养好，二是冥冥之中说不定红薯之神在呵护你们兄弟姐妹呢！"我听了，不由得仰天大笑起来……

2017 年 3 月

祖母的秘密

从我懂事的时候起,就没有见到过祖父,祖母已处于垂垂老态,苍苍白发,慈眉善目,和蔼可亲。我和弟弟都很喜欢她。

祖母是一个虔诚的佛教徒,长年吃素,天天念经。她有经书,也有木鱼,还在二楼设立一个佛龛,每逢农历初一、十五烧香礼拜。她有几位信佛的朋友,有时结伴去寺庙参加佛事活动。在孩提时代,我对祖母信佛不理解,感到很神秘,随着年龄的增长和认知的变化,渐渐有了一知半解的认识。

我不知道祖母是从什么时候开始信佛吃素的,不明白偶一错吃荤菜会是个什么样子。有一天晚饭前,母亲正在炒菜,炒好青菜后摆上餐桌。祖母可能肚子饿,盛好饭便先吃起来。大概青菜味道不错,一开始就吃得很香。这时,母亲转过头来一看,急切地喊道:"妈你不能吃,那是有猪油的!"祖母一听,慌忙把嘴里的青菜吐了出来。在场的我看得发呆,这究竟是怎么一回事?难道佛教信徒吃点荤油炒的菜,菩萨就不灵了吗?我一脸茫然……

家务由母亲和姐姐们操劳,祖母除了念经,就是休闲养生。身体还行,没患什么疾病,只是说话噜苏,常常喃喃自语,不知在嘀咕什么。也许年老体弱的原因,有时吃饭、排便管不住自己,会闹出笑话来。我家土地少,而且大多是从富人那里租来的,因此对品质高、产量低的庄稼不大播种,例如荞麦,只种半亩地。荞麦可是细粮,用荞麦粉做的面条可是美味,全家都把荞麦面当作奢侈品对待,一年难得吃上几回。每次吃荞麦面,祖母都要比平时多吃上一两碗，有点像不懂事的小孩，管不住嘴。如果哪个晚餐吃荞麦面，晚上祖母准在床上拉稀，母亲第二天一早势必前去打扫，全家大小见怪不怪，也都习以为常。

1956年1月我投笔从戎，从金华回家向亲人告别，那是我最后一次见祖母，不久她就去世。

多年来，我一直以为祖母就是父亲的亲生母亲，哪知其间还隐藏着一个秘密。后来，同几位亲人的聊天中，逐步解开了这个秘密。我老家是浙江省金华市浦江县一个叫金冠样的小乡村，追根溯源，父亲不是本村人，这里是祖母的老家。祖母只生三个女儿，都已出嫁，膝下无子，养老成为后顾之忧。一天，她到20里外的地方去探望女儿，途中，在一个叫前金村的凉亭里休息，同附近的一个妇人聊起家常。从中得知两家男人都姓金，一谈变成"本家人"了，越谈越热乎，自然涉及两家的子女情况。祖母心想，自己膝下无子，而对方有四个儿子和四个女儿，家境也有困难，更重要的是两家都姓金，不是正好可以过继一个儿子给自己吗？想到养儿防老大事，祖母顿时胆大起来，不管对方是否愿意，就把自己的想法和盘托出。谁知两人一拍即合，不约而同地说："我们两家前世有缘，今世就成一家人了！"两人手拉着手高兴地欢笑起来。获得双方家长同意后，过不多久，两家办完有关孩子过继的手续，我的父亲——当时年方九岁的金良增，便离开前金村的亲生父亲金太柱，来到金冠样村成为金太冰的养子。家史中原来还有这个秘密，可是我从来没听到父母谈起这段曲折的故事。

2018年8月

在西山小学的日子里

1951年上半年学期结束,我整理完个人的书籍和生活用品,同前来帮助搬行李的大哥正准备离开学校,校长大步跨进校门。

我快速地迎上前去,热情打招呼:"邱校长,你好!"邱校长一见我已整理好行李,随即微笑着开腔:"金老师,怎么整理好东西要走?"不等我答复继续说道,"这个学期,金老师教学有方,工作努力,得到孩子和家长们的普遍称赞,农会和乡里也表示满意。另外,金老师积极支持土改运动参与填写土地证,并带领学生参加庆祝大会演出,都得到上级的表扬。为此,我同各方面商量结果,决定请金老师留下来,下学期继续为我们西山小学执教。"邱校长走到我的行李前面,手提起铺盖说:"这个铺盖就留下吧。"根据老家乡村小学聘用教师的不明文规定,每当学期结束时,如果聘用方要留下教师的铺盖,说明决定下学期继续聘用该教师。

"邱校长,你听我说。"这时我可急了,走过去抓起绑铺盖的带子,"我年纪比较小,文化基础薄弱,教学工作实在难以胜任,我需要继续学习,西山小学下学期就另请良师吧。"

校长要强留,我坚持要走,双方几经反复交换意见,校长拗不过我的犟脾气,最终只得把我放行。

其实,我坚持要离开西山小学,倒不是真的工作不下去,而是有着深层次的原因。

这年年初,是我的一位小学老师介绍我去这个学校任教的。新中国百废待举,山村更是亟须发展教育事业,西山小学就是应农民的迫切要求而诞生的。学校由一个破旧的庙宇改造而成，十分简陋，并列三间平房，左右两间为教室，中间一间一分为二成老师的办公室和宿舍。30多名学生，由一名老师实施复式教学，另由一位不在校工作的村干部任校长，负责学校重大事项的管理。

我小学毕业刚两年，没钱上中学，一直在念补习班，有时也帮老师做些孩子的学习辅导，然而要我独立实施一个学校的全盘教学工作，真可谓"赶鸭子上架——强人所难"。

所幸我读小学时基础比较扎实，在备课上狠下功夫，认真钻研教材，并且阅读一些字典和参考书，天天忙到半夜才休息。"只要功夫深，铁杵磨成针。"我还刻苦自学，持之以恒地不断提高自身的知识水平。经过一段时间的苦干，教学工作总算走上了正轨，山村的孩子秉性淳朴，能够吃苦，要求掌握知识的欲望强烈，学习普遍很努力，成绩逐步上升。

新中国成立之初，正值抗美援朝和农村土地改革时期，农会要求学校配合进行宣传活动。我一面认真读报，向农民们宣讲政治形势；一面趁星期天回家向正在读书的弟弟学习扭秧歌、打花棍等文艺节目，返校再传授给学生开展校外活动。一个人，单干独挑，真是忙得不亦乐乎。

学校在山区，离我家20多里路。一次，父亲来校看望我，当晚正巧农会借用学校教室开会。父亲同一位农民聊天时，不注意说漏了嘴。当年，我才14岁，介绍我去任教的老师向对方虚报了年龄，谎称我18岁。我有口难言，为争取一个职业，只得违心地接受下来。谁知父亲在聊天中脱口而出，说我是他的第三个儿子，并透露了我的真实年龄。我急得直跳："糟糕！我没有脸再干下去了。"未成年人怎么能当小学老师呢？岂不让人笑话！幸好同父亲聊天的那个农民家住在半山腰，很少同旁人接触，没有把娄子捅大。然而纸是包不住火的，我虚报年龄的真相迟早还是要被揭穿的。从那时候开始，我下定决心赶快离开这个学校，免得一旦真相大白时处境尴尬。

本文开头的一幕，正是源自这个虚报年龄的"地雷"。

就这样，我怀着五味杂陈的心情离开人生第一个工作岗位，成为农村的一名放牛娃。

1954 年 7 月

魂牵梦萦浦师情

光阴荏苒，转瞬从浙江省立浦江师范毕业已五十度春秋。

岁月悠悠，我的心间一直荡漾着深深的浦师校园情，我的脑海一直闪耀着宝贵的浦师知识链。每当回眸昔日快乐的校园生活，无不思绪万千，心情久久难以平静。

梦圆放牛娃

1951年夏天，我离开执教的西山小学，考上了中学，因交不起学费只得在家放牛，可是心里一直念叨着"我要上学"。看到年龄相仿的孩子上中学，真有一种难言的痛楚。有时晚上做梦，好不容易跨进中学的大门，但一觉惊醒，"竹篮打水一场空"，又陷入深深的苦闷之中。唉，什么时候我才能继续上学？

一天傍晚，我的一位张老师带来浙江省要创办15所师范学校专门招收贫苦农民子弟的好消息。第二天是考生报名的截止日期，一大早，我带上有关证明和小学毕业证书，步行十里路到本县浦阳镇去报名。不料招生广告上写有"凡是今年已被中学录取的新生一律不得报考"的文字，我在报名处门口急得团团转。怎么办？我这个从不撒谎的穷孩子，出于无奈，只得火速回家在毕业证书上将原名"金义凯"改为"金义铠"，然后再赶到浦阳镇去报名。参加考试后没多久，浦江师范招生录取揭晓，我在榜上名列第四，高兴得一个晚上没睡好觉。

新中国诞生不久，百废待举。浦师创办初期，条件较差，困难重重。党和政府花大力气办教育，除了提供学校教学经费，每个月还给每个学生六元助学金。新生只需在入学时交 90 斤大米，学费全免。学校发扬延安精神，自力更生，勤俭办学，为全体学生提供食宿。以助学金操办学生伙食，每顿三菜，主食不限。这一切，在当时来说的确难能可贵。为了减少开支，当年学校办起鲜为人知的"砻糠灶"，煮饭、炒菜、烧开水，以至澡堂烧热水，都以砻糠（稻谷壳）当柴火。一开始，学校组织同学们步行八里路去浦阳镇抬砻糠，长长的队伍颇为壮观。后来作了改进，先由校工将一大筐一大筐砻糠从浦阳镇装到竹排上，然后沿浦阳江航运到离学校不远的岸边，再由同学们成群结队地去江边抬砻糠。搬运师生们食用的大米，通常也是采用这个模式。诸如布置教室、修建操场，以及学校生活中的安排会场、开展娱乐活动、整理宿舍、打水、洗衣，等等，更不用说，样样都是同学们自己动手。

考进浦江师范，正当同学们长身体、长知识的时候，对我们这班穷孩子来说，可谓如鱼得水，各方面都天天向上。入校时我不足 15 岁，由于学习生活愉快，伙食又好，个子长得很快，叶明时主委在第一学期作期终总结时，曾特别提到我一学期体重增加 12 斤，我这个由经常挨饿的放牛娃转变而来的学生听后不由得热泪盈眶，心底强烈地涌动着对党、政府和学校道不尽的感激之情。

润物细无声

浦师创办伊始，便十分注重教学质量。老师们谆谆教导我们：认真学习，尽可能多地掌握文化知识，毕业后当一名合格的人民教师。老师们在教学中仿照苏联凯洛夫教学法等，采用启发式，循循善诱，引导我们自觉学习，不断以文化科学知识武装头脑。

时间虽已跨越半个世纪，当年，敬爱的老师们那一幕幕重点突出、深入浅出的课堂教学情景，至今依然历历在目：

——楼怀标老师在黑板上挥笔疾书斗大的"阶级斗争"四字，滔滔论述"中国从奴隶社会以来的几千年历史就是一部社会发展史、阶级斗争史"，第一次在我的脑子里奠下唯物史观的基石。

——章森炎老师发动同学们自告奋勇地概括课文中心思想和段落大意，然后去粗取精加以总结升华，一步步为我们夯实谋篇作文的基本功。

——潘绍城老师细细诠释数学公式的由来和发展，认真演绎公式的活学活用，馈赠给我们同学分析归纳事物的万能钥匙。

——程一帆老师巧妙操演亲手制作的教具，由浅入深地讲解牛顿定律、阿基米德原理……不断以科学知识启迪同学们的思维，逐步去探索世界的奥秘。

——童新民老师从理论和实践的结合上，惟妙惟肖地阐述学校的布局、设置，教室的通风、采光，使我们懂得注重环保、追求健康是人类社会永恒的主题。

——金友贤老师在黑板上画了一张张地图，带领大家分类填写山脉、河流、物产和铁路等，既在我们的头脑中储存地图，又让我们领悟什么是直观教学。

——王光美老师在每堂音乐课上发出清脆甜润的嗓音、悠扬悦耳的歌声，给同学们以美的熏陶，启发大家不断感悟人生道路上美的旋律和韵味。

……

浦师作为人民教师的摇篮，老师们用心良苦，特地为我们每个班起了内涵深邃的班名，甲班叫"文垒"，乙班为"文锋"……引导我们同学奋发学习，争当向文化进军的先锋，构筑文教战线的堡垒，毕业以后努力为新中国的文化建设作贡献。别看这些班名不经常亮相，在我们三年学习生活中却产生了潜移默化的积极效应。

记得在我们乙班教室洁白的墙上，张贴着"着重理解，刻苦钻研，独立思考，循序渐进"16个大字，言简意赅，语重心长。它成为我三年学习生活的座右铭。本人由于尝过失学的痛苦，学习自然是"不用扬鞭自奋蹄"。在老师的精心教育下，我努力贯彻16字学习方针，获益匪浅，对学习生活感到十分愉快。

由于浦师校风正，学风好，老师教学有方，学生学习自觉，我们首届同学功课普遍不错，走上工作岗位以后许多人身手不凡，业绩卓著。

欢乐满校园

在浦师，课外活动同样丰富多彩，给我留下了美好的记忆。

热火朝天的课外读书活动是当年同学们的一大兴奋点。那时候，在校园里流行着一股阅读苏联小说热。诸如《钢铁是怎样炼成的》《普通一兵》《青年近卫军》《卓娅和舒拉的故事》《古丽雅的道路》等苏联作品，高尔基和鲁迅的小说，以及《可爱的中国》《把一切献给党》等书籍，同学们竞相阅读，爱不释手。至于这些书中的主人公保尔·柯察金、马特洛索夫、奥列格以及方志敏、吴运铎等的故事，同学们普遍都耳熟能详。学生会和班级还经常举行读书心得交流会，借以互相学习，共同提高。在读书活动的启发下，当年我从报刊上摘录了黄继光、邱少云、罗盛教等许多志愿军英雄的故事，汇成一个手抄本，一是供自己学习，二是准备走上工作岗位以后给孩子们提供精神食粮。

在读书活动中，印象最深的是奥斯特洛夫斯基那段脍炙人口的至理名言，至今还铭记在我心中："人，最宝贵的是生命。这生命属于每个人只有一次。人的一生应当这样度过：当他回首往事的时候，他不会因虚度年华而悔恨，也不会因碌碌无为而羞愧。临终的时候，他就可以说：'我把自己的整个生命和全部精力都献给了世界上最壮丽的事业——为全人类的解放而奋斗。'"在我几十年的人生道路上，这段名言发挥了强有力的激励和鞭策作用。

结合国家大事，开展校外宣传活动，浦师也搞得有声有色。记得《婚姻法》颁布之际，曾掀起一个宣传热潮，校门两侧的围墙上开辟图文并茂的宣传栏，学校特地组织向附近群众公演戏剧《梁山伯与祝英台》《白蛇传》，许多同学还分头深入农村进行口头宣传，一时间在当地引起轰动。为了宣传党的方针政策，美术老师张昌业不顾年老体弱，曾多次率领我们到附近的农村去放幻灯。张老师言传身教，克服种种困难，带领同学们制作幻灯片，还亲自像表演木偶戏似的，通过手工操作在幻灯屏幕上冉冉升起五星红旗，我们几个同学则引吭高唱国歌，每次都吸引了众多观众。一天晚上，出发途中突然下起雨来，张老师毫不犹豫地率领我们同学一路小跑，提前赶到预定地点放映幻灯。张老师德艺双馨，给我们留下了宝贵的精神财富。

浦师的文娱体育活动十分活跃，具有多样性、广泛性、经常性等特点。如大操场的体育比赛、大礼堂的集体舞，还有歌咏比赛、文艺晚会、课外兴趣小组活动等，无不精彩纷呈。活动中师生同堂，男女平等，团结友爱，其乐融融。正如当年同学们纵情歌唱的："同志，亲爱的兄弟！同志，亲爱的姐妹！今天我们在一起学习，明天参加实际斗争中去。"校园里时时迸放着青春的活力和激情，处处洋溢着熔炉的友爱和温馨。那时候，张道宏（即张世田）等一些爱好习作的同学，自发地尝试着向北京和上海的报刊投稿。我的第一篇报道《笔记记得清楚了》，正是发表在当年的《中国青年报》上。毕业以后，我从教师、军人，最后定格为新闻工作者，这同在浦师学习时的课余爱好不无关系。这些年来，本人得以经常在报刊上发表文章，出版集子，追根溯源，是因为在浦师学习期间播下爱好习作的种子。

三年浦师校园生活，故事多多，色彩斑斓，构筑我们智慧的底蕴，赠予我们美好的记忆，留给我们无穷的遐想。

同学们当年风华正茂，如今大都已年届古稀。历经成长的烦恼、耕耘的艰辛、创业的愉悦，峥嵘岁月的切身体验使我们深深感悟到"知识就是力量""知识改变人生"的内涵和魅力。历史已经雄辩地证实：50年前从浦师毕业，是我们人生道路上的一个重大转折。如果说我们像幼苗得以长大成材，首先是因为母校浦师的雨露滋润和关爱；如果说我们如雏鹰得以飞向大千世界，那是因为敬爱的老师为我们插上了坚强的翅膀。

斗转星移人颜老，魂牵梦萦情长在。尽管我们的浦师早已退出历史舞台，但学校和老师哺育我们成长、同学们同窗共读的这份情、这份爱，无论闯荡天涯海角，无论待到天荒地老，永远不能忘怀，永远也不会忘怀。

"50年聚一回"——接到浦师首届毕业50周年同学联谊会的邀请函之后，我简直欣喜若狂，思邈邈而连今昔，夜漫漫难以入眠。恰如苏轼写的："老夫聊发少年狂……鬓微霜，又何妨！"我热切地翘首以待相聚联欢这一天尽快到来！

2004年4月13日写于上海，发表于《浦师春秋》

如愿以偿

早在师范学校读书的时候，我就十分崇敬解放军，不仅经常和远在朝鲜的中国人民志愿军的万象贤同志通信，而且自己还搞了一个手抄本，摘录黄继光、邱少云、罗盛教等许多志愿军英雄的故事，准备为自己和未来的学生提供精神食粮。受志愿军英雄事迹的感染，有时候，我会憧憬着幸福的明天，自己也成为一名解放军战士。

说来也巧，1955年11月初，在我执教的浙江省金华市传来了我国要实行义务兵役制的消息（1955年7月30日，第一届全国人民代表大会第二次会议审议通过了新中国第一部《兵役法》），我心里暗暗高兴：机会来了！可是，又担心上级能否批准我参军，怎么办呢？

一个晚上，当我完成第二天的备课以后，静下心来，认认真真地写起了决心书：

> 我是一个贫农的儿子，从小家境贫寒，勉强读完小学就当了牧童。是人民政府的助学金，才让我继续了学业，并培养成为一名人民教师。穷孩子翻身不能忘本，新中国来之不易，有赖于全体公民的勤劳建设和坚强保卫。"天下兴亡，匹夫有责"，"位卑未敢忘忧国"。按照法律服兵役，这是每个公民应尽的义务。我正好年满18岁，是一名服兵役的适龄公民，现已下定决心，时刻准备祖国的挑选，只要祖国一声令下，我将义无反顾，立即投笔从戎。

我的家在浙江浦江，虽然上有父母双亲，但有三位兄弟赡养，没有后顾之忧。一旦被批准入伍，我会回家去做好父母的思想工作，相信他们会支持我的决定。

请你们放心，要是我应征入伍，一定当好普通一兵，决不会给祖国丢脸。若是当上陆军，我将挎起钢枪警惕地守卫在祖国的边卡；如果分配到海军，我将操纵战舰忘我地捍卫好祖国的海疆；要是有幸能参加空军，我将驾驭银鹰勇敢地巡逻在祖国的蓝天。

我的热血已经沸腾，我的准备一切就绪，时刻静候祖国的召唤……

为了引起上级注意，确保批准本人的应征入伍请求，决心书准备了一式三份，分别送往中共金华市委员会、金华市人民政府和金华市兵役局。

几天以后的早晨，学生们来上学时都围住了我："金老师，你要求当兵的决心书登上全市黑板报了！""金老师要当兵去了，我们怎么办啊？"当时，尽管不便给孩子们多说什么，我心里暗自高兴。后来，金华市兵役局让我去市广播站作了广播讲话，我自言自语："应征入伍的请求初战告捷。"

11月19日，我按照金华市的有关规定，办理了应征公民兵役登记。从这天开始，天天渴望着兵役局能尽快给我传来好消息。

我翘首以待，盼啊，盼啊，总算盼到了兵役局发出的入伍体检通知。

1956年1月8日，我黎明即起，早早赶到兵役局指定的金华市公费医疗门诊部参加入伍体检。检查项目按部就班地逐个进行着，测量体重时，医务人员说了声"好险"，可把我吓了一跳。"刚好100

斤，差一点可就不合格了。"医务人员笑着说，"你真是很幸运。"可不是嘛，要是连体重这一关都过不了，应征服役一切免谈。

经过一系列的法定程序，1956年1月13日上午10时，我接到了金华市兵役局送来的《应征公民入伍通知书》，高兴得一下跳了起来，喃喃自语道："终于如愿以偿。"我飞快地展开通知书，上面的一字一句，简直像一颗颗蜜枣落在我的心间：

> 金义铠同志：你以实际行动拥护兵役法，积极响应号召，担负起保卫祖国的神圣职责，这是很光荣的。现经市兵役委员会审查，认为你适合服现役的条件，望你接此通知后准备入伍服役，并于1月18日前来市兵役局集中……

我交代了教务，告别学校的同事和学生，并回老家拜别父母，1956年1月18日下午，大步流星地前去金华市兵役局报到，光荣地成为中国人民解放军的一员。从此，开始了我的军旅岁月。

1956年1月

一场"歼灭战"

晚饭后，天还明亮，我约好两个战友，分别扛着铁锹、锄头和木棍，精神抖擞地出发，目的地是营区边的农田。现在正值冬天闲置时期，我们趁自由活动时间，准备进行一场特殊的战斗。

我已侦察多次，这里的农田时有老鼠出没，按照动物分类，在田野生活的老鼠称田鼠。此时，我不经意地回忆起《伊索寓言》中那篇《田鼠和家鼠》的故事，其间叙说家鼠担惊受怕地享受着一些好吃的东西，而田鼠平平安安地过着普通的生活，描绘了一次田鼠到家鼠家作客的经过。我信誓旦旦地说："今天可不让你们平平安安过日子！""我们打它个'歼灭战'！"战友们满怀信心地掺和着说。

一到侦察过的农田，我们三人跨过田埂，拉开距离，提着带去的工具，慢步搜索前进，人人都把眼睛瞪得大大的。走了十多步，"老鼠！"忽然小傅大喊一声，手举着铁锹一个箭步冲向前去。我抬头朝着小傅前进的方向看去，什么也没看到——田鼠逃走了。

田野里一片寂静，北风轻拂，脸上略感丝丝凉意。三人全神贯注地搜索着，谁也没吭一声。我暗暗嘀咕着："小混蛋怎么还不出来？"正在此时，一只田鼠突然从我右侧猛窜过来，我边冲边举起锄头向田鼠狠狠砸了下去，只听到"吱——"的一声，田鼠的小腿颤抖几下就不动了。"哈哈，击毙敌人一名！"三人围着倒霉的田鼠端详起来：它的身体呈灰色，比较结实，尾巴比家鼠要短，眼睛好像也比家鼠小。眼看着第一份战利品，大家的劲头更足了。

过了一会，小俞前方也发现一只田鼠，窜得飞快，没等我动手，唰地钻进前面田边的洞里。"田鼠会挖洞挖地道，这难不倒我们。"我提议道，"我们跟踪追击，来它个抄家逮鼠！"三人马上挥动锄头、铁锹，在田鼠遁走的地方挖起土来。挖呀，挖呀，挖到四五十厘米的远处，忽然冒出"吱吱——"的叫声。我提醒战友："注意警戒，别让它们跑了！"当小傅把又一锹土翻出来时，只见两只田鼠如丧家之犬似的仓皇出逃。小傅立刻对准一只田鼠用力把铁锹戳了下去，我则火速用锄头狠狠砸向另一只田鼠，顷刻之间，一对田鼠夫妻同时归天。

还没等我们仔细端详这对短命夫妻，忽见又一只田鼠向左边飞奔，我们同时追了上去，还是被它唰地一下钻进洞里。"你会钻洞，我能挖洞，看谁笑到最后？"我让大家继续用刚才的办法"照此办理"，挖开地洞以后，果然，又消灭一对田鼠夫妇。我正在纳闷："大田鼠已消灭五只，怎么没见小田鼠呢？"还没等到战友们回答，只见又一只田鼠在远处飞跑，我们就一齐跟踪追击，它进了洞，我们就马上挖洞。翻开鼠洞，一举歼灭两只大田鼠、五只小田鼠，乐得大家眉开眼笑。

眼看天色渐渐昏暗下来，我们又四处巡视了一会，没有再发现田鼠出没，于是就"鸣金收兵"。掐指一算，耗时50分钟，速战速决，歼灭敌人12名，可喜可贺。返营途中，小傅咧开嘴，带头哼起"我是一个兵，来自老百姓——"我们两人立刻和了上去——"打败了日本侵略者，消灭了蒋匪军……"

回到营房，我这个新兵小班长，怀着不露声色的喜悦挥笔疾书。第二天，中队的黑板报上赫然刊出我写的稿子《一场"歼灭战"》，引来不少看热闹的战友。

1956 年 3 月

第三号光荣花

我们服役的单位是一艘大型军舰。在住舱的隔板上，本来就挂着两朵光荣花，今天又增加一朵，就管它叫"第三号光荣花"。

第三号光荣花又红又大，它比第一号和第二号更鲜艳、更美丽，实在令人喜爱。光荣花的下端垂着粉红色的飘带，上面两行闪闪发光的小字记载着它的荣誉和期望：

祝帆缆班荣获支队化学比赛第一名，
希同志们再接再厉争取更大光荣！

提起第三号光荣花，我们军舰上的同志都知道，得来可真不容易啊！不是嘛，十多天前，大队比赛时，我们仅获得第二名，只过短短的十来天，在范围更大的支队比赛中却获得了第一名。

荣誉的确来之不易，操练也并非那么简单，这次比赛的内容之一"防毒衣操演"就蕴含着一系列的故事。

防毒衣是用橡胶制成的，头罩、上衣和裤子"三位一体"，此外还有防毒面具、橡皮手套和高高的齐膝靴子。它的用途是防止军用毒剂的侵蚀和原子武器中放射性战剂的杀伤，是现代战争中不可缺少的一种战斗装备。防毒衣的穿戴，必须严格符合条令要求，做到动作准确、迅速，完全适应现代战争的需要。为达到这个要求，同志们在操练中都很起劲，谁也不愿落后。

起初，大家穿一次防毒衣都要两至三分钟的时间。而我呢，竟然耗时 3 分 20 秒。我心里发急，埋怨自己前几天脸上长疖子，一直不能参加操演，今天操演动作这么慢，在实战中岂不贻误战机？正当我急得满头大汗时，军士长温和地拍着我的肩膀说："小伙子，不要急，咱们坐下研究研究，怎样来加快操演速度？"

研究的结果，是采用分组比赛，学先进、赶先进的办法。首先，班长站起身来，提出要跟翁明水比。"好啊！比一比看谁来得快？"小鬼翁明水马上跳起来，紧张的比赛操演就此展开。

准备完毕，军士长喊一声："毒剂！"他们俩一下子就戴好防毒面具。紧接着，"穿防毒衣"一声响，秒表马上走动起来，他们俩也就紧张开啦！一片穿靴子、套衣服的窸窣声，拉风箱似的喘气声，顿时淹没了秒表的脚步声。

我们五六双眼睛，一眨不眨地盯着他俩的操演，谁都十分紧张。当秒表的指针指向 2 分 5 秒时，翁明水大喊一声："好！"紧接着班长也喊了个"好"。军士长检查一下他俩穿戴的情况，十分满意地露出笑容："突破了！前次最快不是 2 分 15 秒吗？"

"我看翁明水穿得如此快，是因为防毒衣折叠得好……"杨清标高兴地提出他的看法。"还有……"余世根也紧接着叙述他的收获。

就这样，我们一边比赛，一边找窍门，学经验，操演了一个上午，大部分同志都把速度提高到 2 分 30 秒左右，班长和翁明水则提高到 1 分 50 秒。可是我还徘徊在 3 分钟左右，不由得汗颜。同志们乐滋滋地提着防毒衣、面具袋离去，我拖着沉重的步子走回住舱。吃中饭时，我感到大米饭没有味道，勉强扒拉几口就走了。

午休时，大家都打起呼噜来，我可怎么也睡不着："唉！头上长几个疖子，几次没参加操演，竟然落个'老牛拉破车'的境地，多丢人啊！"不一会，我又原谅起自己来："你有病嘛，这次速度缓慢，又有什么关系呢？"可是，脑子变成战场，另一种思想又猛地冲了过来:"你自己原谅自己呀!凭你这种穿防毒衣的速度,能在战时担负起迅速扑灭毒源的责任吗?亏你还是共青团员哩!"但是,目前已经落后一大截,怎么办呢?操演时我已经认真刻苦,干得满头大汗,也不曾喊声累。学经验嘛,也做了,可用到自己身上就是不灵。

忽然,我脑子里闪过"拳不离手,曲不离口"以及"熟能生巧""百炼成钢"等成语,茅塞顿开:我的症结是比别人练得少,动作生疏,速度自然上不去。脑袋一开窍,立即一骨碌从吊铺上翻身下来,悄悄地跑到仓库去拿防毒衣,考虑到身边无人,便干脆独自在仓库里操演起来。

那里空气不流通,有些闷,还散发着一股难闻的气味,我也顾不上这些,脑子里念念不忘的只是"操演!操演!尽快赶上集体的步伐"!我反复操演,操一遍找一次缺点,不断改进,逐步提高。热得汗流浃背,海魂衫湿透了,怪不舒服的,嘴巴在包着两层胶布的面具里,像耕地的老牛一样,连连喘着粗气。实在闷得难受,脱下防毒衣,稍停一会,随后咬紧牙关,又干了起来。再不行时,走到上甲板去呼吸几口新鲜空气,又返回仓库操演。通过反复操演,我找到自己在扣衣扣、扎腰带、折衣服等环节上的不少问题。同时,反复操演的结果,让我摸熟防毒衣各部分的性能和特点,因此它就比较听我使唤。对,只有练到技术娴熟,才能实现得心应手。悟出这个道理,心里踏实,身上也仿佛舒畅起来。此时,我揣测同志们快要起床,便立即收拾东西,悄悄回到住舱。就这样,我采用"笨鸟先飞"策略,日复一日,秘密而使劲地追赶着大家。

一天上午,战舰照例在海上航行,我们班又开始防毒衣操演。这一次比赛更起劲,速度又有提高。同志们谁也顾不上去擦头上黄豆般的汗珠,谁也没注意到自己呼吸的声音像拉风箱一样,军士长发出的"休息"口令也已失灵。后来,在军士长的再三动员下,大家才同意休息几分钟。班长老是想创造新纪录，就在同志们喝水和解手时，他准备"增产"，要我看秒表。结果，又创造出1分42秒的纪录。好容易赶上大家的水平，这个新纪录又将了我一军。我马上要求操演，沉着地运用从班长那儿吸取来的经验操演起来。说也奇怪，竟给自己创造出1分45秒的纪录，一下子提高10多秒。军士长看到我这个成绩，十分满意，表扬我进步很快。不一会，同志们全都就位，严阵以待，再也不用军士长下达"开始"的口令了。

速度一个比一个快，全体同志都突破2分钟，最快的达到1分40秒。这一来，可把腰痛又喉咙痛的病号朱士生急坏了。"军士长，我也来比一比，一定让我来比一比！"他再也沉不住气，一下子冲到军士长身旁。同志们劝他休息，军士长不准他操演，可是他不听，已经搬来防毒衣。怎么办呢？只得让他来比几遍。到底是病号，第一二遍都是耗时2分多。他不甘落后，咬咬牙，挺一挺身体，喊一声"再来"。这一次可快了，当秒表指针走到1分59秒时他就已穿好。多不容易啊！谁敢说这时他的腰不痛呢？为了操演，他忘记病痛，真是个硬汉！他这种精神让我感触颇深，身上似乎又增添一股暖流，孕育着无穷的力量。

这一天的操演可不简单，每个人都突破自己的指标，最快的达到1分29秒，我也曾达到1分36秒。

就这样，全班同志在军士长的领导下，历经几次苦战，在穿防毒衣这个项目创造出1分28秒的纪录。其他项目也操演得很好，在全支队化学比赛中获得第一名，迎来鲜艳夺目的第三号光荣花。

刊于少年儿童出版社1958年7月出版的散文集《海上练武》

回眸 1958 年

1958年，是难以忘怀的一年，值得纪念的一年。

年初，东海舰队训练团精减人员，把我们几个小教员都分配到舰艇部队。2月25日，我到某登陆舰部队，成为315舰的一名舰员——名副其实的水兵。

这一年，全国开展"大跃进"（对于"大跃进"，中央已有定论，本文不讲"大跃进"的事，而是回顾自己的学习和工作），工作、生产节奏大大加快，物资运输相当紧张。我服役的是大型登陆舰，拥有容积可观的坦克舱，军队支援地方，便担当起帮助上海市运输物资的任务，临时编为"和平50号"，执行南来北往的海上运输任务。航线不固定，主要是跑北方，把上海的日用百货运往青岛、大连等地，然后装载面粉、化肥等货物运回上海。

我原在训练团船艺兵科任教，当初调令上注明"不得改行"，以便需要时召回，到舰上自然是干帆缆这一行。军舰坚持训练、运输两不误，任务繁重。战友们风华正茂，干劲十足。我身兼三职，军舰停泊时干帆缆工作，航行时兼任操舵兵，装卸物资时帮助地方当理货员。编制在帆缆班，本职工作主要是船艺，包括起落锚、开关坦克舱大门、收放吊桥、驾驶小艇，以及舰体维修和损害管制等，这些任务分别在不同时间进行。航行时，我参加操舵班值班，去驾驶室上岗。例如，舰桥上层指挥台舰长或值更官下达口令："左五度！"我马上用手将电舵把手向左移动五度，并回复口令"五度左"。然后"把定"，稳住罗盘上所指的航向。操舵要求精神高度集中，因为风浪的影响，军舰随时都有可能向左右偏离航向，操舵兵必须即时纠正，确保正确的航向。我舰航速较慢，从上海去北方一些港口要连续航行几天几夜。参加操舵值班不分昼夜，工作时间长，我精神抖擞，聚精会神，不管风吹浪打战舰摇晃，目不转睛地盯着罗盘，每次都圆满完成任务，没有出过纰漏。当军舰为地方运输装卸物资时，我除了去码头仓库任理货员参加点货统计，有时还要在坦克舱当管理员。在装卸时，每当一个搬运工搬进（出）一袋物资时，交给我一根竹签，将他放行。因为人多、速度快，我必须把收到的竹签敲打整合，凑足五根时插入木匣子的小孔里。每个木匣子共二十个小孔，装满表示搬运一百袋。我注意手脑并用，毫不懈怠。

至于军训任务，班里的防化训练任务较重，特别是戴防毒面具穿防毒衣操演难度较大。我因长疖子掉下训练进度，就利用午休时间苦练，急起直追，同全班战友一道荣获支队防化操演比赛第一名，年终被评为"五好战士"。

这一年，我利用业余时间自学了高中文学课本和东北师大的《文章选讲》等教材。每晚熄灯后，挤出一定时间，凭借微弱的夜间照明灯，阅读《青春之歌》《林海雪原》《百炼成钢》《我们播种爱情》等小说。另外，见缝插针，练习写作，也取得一定收获。一是在《人民海军》报刊出多篇新闻，二是撰写了不少诗歌，被东海舰队和海军的诗集选用多篇，《萌芽》杂志和《解放军文艺》先后发表了《蜂房》。还有，少年儿童出版社的《海上练兵》收辑了我的散文《第三号光荣花》。我在这年写成初稿的小说《海上理发员》，1959年也在《萌芽》杂志发表。

1980年10月

海上办报

看了这个标题,读者可能会提出一连串的问题:在海上到哪里去采访消息?海上有印刷厂吗?办了报怎么发行?

1959年初,我在315舰从班里调任文书工作。顾名思义,文书的职责是:在舰首长领导下负责文案工作,处理文件收发,书写训练计划和有关文字资料等。除战斗部署外,平时训练没有特定的战位,主要负责舰首长指令的通达和宣传鼓动等工作。因此,在连续几十天的长周期海上训练中,我就办起了《训练快报》。

参照在学校办假期通讯的经验,我计划办一份像《新民晚报》版面一样大的八开一版小报,正好可以在油印机上印刷。采写稿件以我为主,同战友投稿相结合;由我负责编辑、排版和蜡纸刻写并油印,然后分发至各部门和班组。政委批准后,我就干了起来。

军舰在海上训练,需要直面风浪引起的军舰摇摆,既要登高跑战位,也要下机舱摸情况,上上下下,前前后后,常常走路都要晃晃悠悠,更不用说采访抓信息了。为对付风浪发淫威,我有时干脆坐在甲板上,采访记录战友们的训练片断和细节。有时候摸到某个线索,就同对方约定时间再细谈;有时候遇到技术性较强的环节,就请对方利用训练间隙写成文字。与此同时,我约定几位能动笔的战友,请他们及时抓住题材写成稿件。如此想方设法,几天下来,小报"稿荒"矛盾逐步得到缓解。

编写稿件,只要肯辛苦,加把劲,还好办。要印刷,可没那么容易。军舰上没有打印机,所有稿件都靠手工操作,用铁笔和蜡纸,一笔一画地在钢板上刻写而成,而且不能有差错,因为一经刻写就不能修改。每当军舰摇晃厉害时,即使身体趴在台子上,刻写蜡纸也是很难的。这就要求自己锻炼定力和毅力,没有侥幸,也没有捷径可走。有一次,我正在刻写蜡纸,突然军舰大幅度晃动了一下,铁笔硬生生地在蜡纸上戳出一个洞,再怎么弥补也无济于事,眼看已刻写四分之一的版面前功尽弃,只得推倒重来。

经过十多天的苦练以后,我刻写蜡纸的质量和速度逐步提高。在此基础上,进行套红印刷的尝试。原来,报头"训练快报"四字是在文印社用木头刻成的,每次用红印泥打印即可,而版面全部印的蓝黑油墨。我准备给一些重点稿件的标题和美化用的小花套红,每次用两张蜡纸,一张刻套红的,一张刻蓝黑的。印刷也分两次,在第一次印好待油墨干后再印第二次。这样一来,工作量增加不少,对质量的要求也随之提高。由于胸有成竹,加上操作慎之又慎,结果一炮打响。舰首长和战友们看到套红快报,普遍叫好。

随着采写稿件良性发展,刻印快报的技术也日臻成熟,我又对自己肩上的担子添加负荷,决定《训练快报》由隔日报改为日报,工作量提高一倍。政委担心地问我:"文书忙得过来吗?若有困难告诉我,找人帮你一把。"我信心十足地回答道:"请政委放心,我忙得过来,可不能影响战友们的训练时间!"试行第一天,日报成功出版,仅仅在发送时间上比以前略晚了一点。

晚饭后,战友们拿着《训练快报》争先阅读,有说有笑。有的战友指着报上的"练练、谈谈、比比、看看"专栏说:"我最喜欢看这里的文章!"也有的战友偏爱"大实话"专栏,说它讲的话虽然不多,句句实在,言之有理,讲到了点子上……

1959 年 10 月

退房

我一直忙于工作，加上军队干部找配偶要求严格，因此我的婚事，一直拖到30岁以后才排上议事日程。

两个多月前，我同未婚妻商量计划在"五一"劳动节结婚。我刚开始考虑婚前准备工作，突然，上级派我去一个棉纺厂军宣队当秘书。

我们部队的驻地在上海，对住房十分紧张的大城市来说，准备婚房是结婚筹备工作的重中之重。我老家在异地，未婚妻家在上海，但她一家八口挤在不到20平方米的房子里，显然是腾不出房子的。部队驻地住房也很有限。眼看"五一"节的婚期难保，军宣队长是我们的支队长，他闻讯后让后勤部门临时腾出一间房子给我作临时婚房。燃眉之急总算解决，但住房问题还是悬而未决。

在多方关照下，我们如期举行了婚礼。不久，妻子怀孕，可想到现在的住房是临时的，心中不免感到惆怅。

妻子反复陈述困难，请求工作单位帮助解决住房问题。考虑到我们是大龄青年结婚，她又是现役军人家属，有关部门优先考虑，同年10月给我们分配了一间住房，面积14.7平方米。尽管住房离妻子工作单位较远，但可以拥有自己的家，令我们十分高兴。

拿到房票以后，我俩请假去看房子。开门一看，是一个套间：门口一间，十来个平方米；里面一间，十四五平方米。

"咦，怎么是两间？"我不解地对妻子说，"房票上明明写着一间，14.7平方米，肯定是搞错了！"

"对，是他们搞错了！"妻子也这么认为。

怎么办？两人就商量起来。上级有关部门在这么短的时间帮助解决住房问题，我们满怀感激的心情。上海住房如此紧张，目前我们有一间房子就可以过日子，这个20多平方米的套间可以住更多的人。

"这房子我们不能住，退回去！"我和妻子异口同声地说出这句话。于是，我们决定马上去退房。

谁知到了房管所，工作人员坚持说没有错，反复对我们说："不会错的，你们放心住进去吧！"就这样把我们打发走了。

妻子去单位上班，讲了上述情况，好几个人都劝她住进去算了，也有人说："现在许多人想多要几个平方米都不给呢，明明分配个套间给你为啥不要？真傻！"

不管别人怎么议论，我俩坚持初衷不变，妻子又去房管所跑了一次，对方坚持不办退房。

我想，房管所只负责管理，分配住房是他们上级的职责范围。便对妻子说："你就找他们去退房吧！"

妻子尽管已怀有几个月的身孕，还是去分配住房的部门跑了一趟。结果查明，的确是搞错了。那个套间，大间是14.7平方米，小间是10.3平方米，共25平方米。工作人员深受感动地对妻子说："谢谢！谢谢！你们的风格真高，不少人都嫌房子小，像你们这样主动退大房要小房的情况还真没有发生过。"

1967年12月

写春联

每当春节前夕,贴春联、挂彩灯是故乡农家的大事,对我们读书的孩子来说,写春联也就成了一项任务。

在故乡,春节前家家户户都要大扫除,贴春联往往集中在除夕这天。解放前读书人少,写春联的担子理所当然地落在几个毛笔字写得像个样子的读书人身上,我也名列其中。除夕是写春联的高峰,这天忙得不亦乐乎。

自从投笔从戎以后,我再也没写过春联。这次回乡过春节,正赶上除夕写春联,不少乡亲听说我回来,纷纷拿着红纸找我写春联。多年没碰这事,对春联的内容感到相当生疏。我赶紧静下心思索起来。记得过去的春联,基本上都是祝福的内容。横批和斗方,好像有"吉星高照""大吉大利"等。而对联写得较多的是:"三阳从地起,五福自天来";"竹报平安日,花开富贵时";"一帆风顺年年好,万事如意步步高"……经过一番回忆,老式春联的内容记起了一些。如今是新时代,总不能一成不变吧,现在写些什么呢?

正在这时候,弟弟带着几个孩子前来帮忙,有磨墨的,有裁红纸的。有几位乡亲已把红纸递过来。我对书写内容吃不准,对乡亲们说:"多年没写春联,现在写些什么内容呢?让我写坏了可不好办。"大叔大伯们回答道:"你从小就给大家写春联,如今在外头见过大世面,肯定写得比过去好。""没事没事,只要写上吉利的话就行。"我让弟弟出主意,他回答说:"祝福、吉祥之类的内容差不多,新内容主要是结合现在的形势,用一些当下通用的文字。"我听后心里比较踏实，便一面思考，一面操作起来。

　　第一个要代写春联的是一位叔叔，要求写一副客堂对联、一个大门横批、一个大门斗方，还有灶君佛龛。接过弟弟裁好的红纸，我思考片刻，挥笔先写大门横批"人和家顺"、斗方"吉祥如意"；然后，书写客堂对联："百世岁月当代好，千古江山今朝新。"灶君的内容怎么写呢？我转头问弟弟。他回答"还是老样子"，于是我写上还记得的对联："上天呈好事，下界保平安。"第二个是一位爷爷，要求写一个横批、一个斗方、一副对联和一个猪圈神位。我依次书写："迎春接福""人兴财旺""国泰民安逢盛世，风调雨顺颂华年"。随后，不知猪圈怎么写，又询问弟弟，他还是说"老样子"。我笑着说，老样子是"日日长千斤，夜夜重万两"，太夸张了，长得太快猪圈太小摆不下可怎么办。在场的人笑着说："这也是。"于是，我提出个方案，改成"日日长肥膘，夜夜增重量"。爷爷听后点点头，我就往下书写。接着，一位大伯也要求写横批、斗方和对联，我便写"新春大吉""五福临门"和"开门迎春春满院，抬头见喜喜事多"。大伯一听可乐了："写得好！明年我儿子正好要结婚，说不定还要生贵子呢，明年喜事多，谢谢你的祝福！"说得我乐滋滋的，便顺水推舟再祝福他一次："大伯福气好，祝你明年早日抱上宝贝孙子！""谢谢！谢谢……"他拿着写好的春联，边走边谢个不停。

　　……

　　写春联要让主人满意，贴春联要让主人放心。这是代写春联不可偏颇的两个环节。在旧社会乡亲们识字的少，有一年曾经发生过把春联贴错地方的事，所以我小时候写完春联以后，还去查看一下各家的张贴情况，这才放心。现在读书的人多，不大可能再发生类似问题。另外，乡亲们要求代写春联，一般每家只带来一张红纸，而有的要写的内容多，纸张不够用。我就要弟弟放一些备用红纸，凡是不够的,便给其补上,这样就避免了尴尬局面。

这次写春联,一开始我有些生疏,速度比较慢,后来又比较忙,把汗也急出来了,但是总的还算顺利,现场说说笑笑,洋溢着一片节日的欢乐气氛,大家都十分开心。

1975 年 2 月

复旦"充电"

我是复旦大学马克思主义理论专业自学考试首届毕业生,两年多的进修,获益匪浅,充实大脑智库,升华自我价值,留下了美好记忆。

上世纪八十年代初,我从部队退役到地方工作,负责一家报纸的复刊,挑起总编的担子,深感自己文化底蕴较浅,渴望得到"充电"。1983年初传来复旦大学举办自学考试的消息,对我来说可谓喜降"甘霖"。从此,我便跨进复旦大学系统性进修的门槛,如鱼得水,奋发学习。其间,我要求自己着重理解,刻苦钻研,在理论联系实际上下功夫。由于自学有所感受,1984年4月28日,我在《书讯报》发表了学习心得《读原著入手 从理解起步》。当时虽已步入中年,记忆力有所减退,但凭借一股子韧劲,勤学苦练,每次考试"弹不虚发",每门课都一次通过,在1985年成为复旦大学首届自学考试毕业生。

办报必须学习,学习为了办报。我运用哲学原理,把握并解决主要矛盾,抓住"内因是事物变化的根据"这个关键,指导办报,处理业务。面对报纸没有"出生证"的尴尬处境,和同仁们一道,从提高采编水平入手,奋力拼搏,报纸版面焕然一新。1985年,报纸获得上海市内部刊物登记证。那时候报刊经常整顿,这既是挑战,也是机遇,我们力求"整顿一次,提高一步"。"打铁必须自身硬",大家虚心好学,不断进取,我们的报纸在全国建筑报刊和上海市好新闻评比中屡屡获奖。一些报刊在整顿中被淘汰,我们的报纸每次都顺利通过。几经磨难和考核，通过几代工作人员的接力拼搏，我们把握住报纸的命运，终于在1988年获得国内统一刊号，向全国公开发行。在提高报纸质量的同时，我们与时俱进，抓住机遇，开展一系列争取报纸定位的努力。我们的《建筑时报》原来只是面向上海建筑业的行业报，后来发展成为由中国建筑业协会主管的全国建筑业产业报。

至于我本人，复旦进修后，为在职学习开拓思路，积累了经验。随后，又选修了上海市人事局和上海师大联合举办的"科技英语"，以及中央党校函授学院经济管理专业的大学本科课程。鉴于知识的汲取和沉淀，无论是写稿审稿，或是指导采编，思路拓宽，胸有成竹。实践出真知，实践是检验真理的唯一标准。对新闻工作而言，人们的社会实践是新闻采访取之不尽用之不竭的源泉。重视实践，就必须深入基层，深入第一线。作为报社领导，尽管工作较忙，我坚持挤出时间深入工地一线采写新闻。像东方明珠广播电视塔混凝土浇筑到400多米，金茂大厦结构施工至80多层时，我都曾经乘坐施工电梯登高采访建设者，后来在大陆和台湾多家杂志发表的新闻特写《鬼斧神工　明珠璀璨》和《敢与天公试比高》，正是实地采访这两座标志性建筑的真实写照。诸如南浦大桥、杨浦大桥、上海体育场、上海大剧院、上海国际会议中心和上海浦东国际机场等重大建筑，我都一一发表了长篇报道。《上海滩》杂志在庆祝新中国成立50周年的系列报道中，刊发了我撰写的四篇关于重点建筑的长篇文章。在黄浦江大桥建设热潮中，我参与编辑了上海文艺出版社出版的《新世纪的彩虹》一书。我国台湾地区，也有《空间》《建筑》和《艺坛》三家杂志先后发表我的有关作品。1998年，台湾《建筑》杂志总编特地来沪造访，邀我帮助组织上海建设专辑，并约我撰写专稿《上海变高了，变美了》。

从事文字工作，我基本坚持读书不停、笔耕不止，公开发表文章150多万字，出版了30万字的报告文学集《蓝图放歌》和城市雕塑摄影诗歌集《都市点睛》。前者分凝固乐章、鲁班神韵、劲旅新歌、雅乐回声四部分，主要是讴歌城镇建设欣欣向荣的新时代，讴歌建筑业叱咤风云的新人物，忠实记录共和国众多建设者的光辉业绩和他们不平凡的足迹；后者选辑本人拍摄的100多张优秀城市雕塑的照片，分为"市井珠玑""灵犀点通""龙腾虎跃""感悟人生"和"叱咤风云"五部分，欣赏艺术，抒发感叹，吟咏了若干诗篇。

知识浩瀚，学无止境，抚今忆昔，感慨万千。今后，我将继续发扬在复旦大学进修的"充电"精神，活到老，学到老，在学习中不断丰富人生，在学习中悠然漫步晚年。

2013年3月

家庭晚会

每年看完春晚节目,全家大小都会发出这样那样的感慨。昨晚看了春晚,今天儿子突然提出一个令人惊喜的主张:

"中央电视台每年举行春晚,我们是否也举行一次家庭晚会?"

"好!"女儿立即大声作出响应,"我赞成举行家庭晚会!"

妻子微笑着看看我,似问非问地说:"能行吗?"我想,女儿和儿子都在上中学,妻子平时也喜欢哼个歌,虽然家中没有乐器,开个晚会不成问题,就回答道:"我看可以。"

"好!好!"儿子高兴得跳了起来,"我来编排节目单!"

晚会时间定在晚上七时,于是大家就紧张地开始晚会准备工作:妻子和女儿独自练唱歌去了,儿子认真地排起节目单,我站在大柜旁看《唐诗》……

晚会会场定在大房间。儿子找来塑料绳,在房间半空拉起来,挂上许多彩色小纸条,我走近一看:噢,是灯谜!原来儿子早就悄悄地在做筹备工作了。

晚饭后,儿子就来到"会场",一会看看节目单,一会摸摸灯谜小纸条,一会又低头看看手表,显然他已急不可待。

晚上七点正,全家演员兼观众欢聚一堂,儿子走到前面,学着电视台主持人的腔调,以洪亮的声音郑重宣布:"405室家庭晚会开始!"全体人员马上鼓起掌来,"噼噼啪啪",气氛热烈,我看每个人脸上都泛着欢欣的微笑。

掌声一停,儿子举起节目单宣告:"第一个节目——古诗朗诵。

第一个表演者'爸爸',朗诵《望庐山瀑布》。"

我应声走向前去,恭恭敬敬地向大家鞠了一躬,大声朗诵起来:"望庐山瀑布,唐,李白——日照香炉生紫烟,遥看瀑布挂前川,飞流直下三千尺,疑是银河落九天。"他们立刻报以热烈的掌声。

"第二个表演者'妈妈',朗诵《静夜思》。"随着儿子的报幕声,妻子快步向前,举起一本《唐诗》,琅琅上口:"静夜思,唐,李白——床前明月光,疑是地上霜。举头望明月,低头思故乡。"

"好!"儿子高兴地称赞着,全场爆出更响亮的掌声。紧接着,女儿朗诵了北朝民歌《敕勒川》,儿子朗诵了唐代孟郊的《游子吟》。

第二个节目是"歌唱表演"。事先我向儿子打过招呼,我缺少音乐细胞,无论如何不能把我排在前面。现在把他妈排在第一个,表演内容是《红梅赞》,妻子酷爱这首歌,有时候一边干活一边哼着它。果然,不同凡响。一声"红岩上红梅开,千里冰霜脚下踩",激越奔放,如行云流水。待到唱至"三九严寒何所惧,一片丹心向阳开",我和女儿情不自禁地鼓起掌来。作为主持人的儿子马上用两个手掌做了向下压的姿势,示意我们暂停,等唱完歌再鼓掌。妻子的表演很成功,我们三人都表示要向她学习。

第二个歌唱表演者是我,也唱《红梅赞》。我确实不行,唱到第二句时就走调了,妻子只得轻声伴着我一道唱到结束,使我不再出洋相。第三个是儿子唱《人生车站》,他还没变声,童声清脆甜润,欢快悦耳。

歌唱节目的压轴戏是女儿,唱的歌是《小城故事》。她放开甜美的嗓音唱道:"小城故事多,充满喜和乐,若是你到小城来,收获特别多……"情真意切,婉转悠扬,表演圆满,掌声不断,获得大家交口称赞。

接着，晚会又表演了"舞蹈"和"中外文章朗诵"等节目。儿子在上海外国语大学附中就读，选读法语，节目开始，他捧起一本法语书，书声琅琅，抑扬顿挫，表演得心应手，淋漓尽致，真像个小老外在当场演说，看得我们目瞪口呆。

最后一个节目是猜灯谜，让大家对会场布置的灯谜进行竞猜，猜出者摘下灯谜小纸条，到主持人那里领奖券、兑奖品。我边走边看，灯谜种类很多，有"打一物"的，有"打一字"的……我估计儿子搜集这些灯谜，一定动了不少脑筋。我读完灯谜"种花要除草，一人来一刀"，心里揣摩着"这准是个'化'字"。就摘下小纸条。接着，又看到一张小纸条上写着："存心不让出大门，你说烦人不烦人？"仔细一想，伸出右手食指在左手心画个"门"字，不出门嘛，又在"门"字中间画个"心"字，这不是"闷"字吗？可不正应了后面一句话。还有一张小纸条上左边画着一条鱼，右边画着一只包，写着"打一字"，我没有猜。

随后我向小房间走去，看到桌子上摆着许多奖券以及糖果、贺年片等奖品，心里想为这个晚会，儿子身兼数职，可辛苦他了！

不一会，妻子来到跟前，让我看一张灯谜，上面写着："两根小竹签，悄悄聊着天，请等十多日，送你新衣衫。（打一手工劳动）"她轻声问我："你能猜出这是什么吗？"她咬了咬我耳朵："儿子早就告诉我说这是专门为妈妈准备的，妈妈一定第一个猜中。"我说："答案——'打毛衣'，这不是你经常干的活吗？"

顿时，我俩都露出会心的微笑，多么可爱的孩子啊，他们都渐渐成长了……

1987 年 2 月

难啃的硬骨头

去新加坡旅游，听说他们的报纸采用电脑一体化操作，很是羡慕，随后听说国内许多大报也实行了电脑照排等现代技术，不免心里痒痒的。

不久，我们报社几个领导经过研究，决定编排印刷上台阶，配置电脑人手一台，电脑房实行一体化照排。这样一来，采编人员写稿、编稿，总编审稿，都运用电脑操作，实施流水作业。先决条件是人人必须学会操作电脑，第一关是要学会打字。组织电脑操作培训吗？因为报纸必须正常出版，脱产培训是不现实的，于是采取边干边学的办法。

把汉字输入电脑，用键盘打字，一般人都不成问题，只要懂得汉语拼音，就能较快学会在电脑上写文章。我年纪大，没有学过汉语拼音，如果先学拼音再学打字，那更复杂了。于是，我就选择五笔字型打字法。人们都说这种打字法是块硬骨头，最难掌握。没办法，对我来说，"逼上梁山"，硬骨头难啃也得啃。

报纸日常工作照常运行，在此前提下，我采用急用先学的策略。先抄写《五笔字型键盘字根总图》，对25个字根的30来句口诀先行弄懂，然后逐句背诵起来。既不同于英文单词，也不同于微积分公式，这口诀怪僻，生涩，长短不一，难记难背。例如，在字根第一区，对应G、F、D、S、A五个字母的口诀是："王旁青头戈五一，土士二干十寸雨，大犬三羊古石厂……"每一句念起来都相当拗口，也很难找出它们之间的内在联系。上午我好不容易背了下来，就停下去搞编务工作，谁知一到下午背口诀就接不上茬了。后来随着学习的深入，渐渐懂得口诀之间还是有着内在联系的。汉字笔画基本分横、竖、撇、捺、折五种，五笔字型就是按这五种笔画分区设计的，上面列举的口诀都属于"横"这种笔画。

"拳不离手，曲不离口。"我考虑没有捷径可走，唯一的办法只有多背。为攻克五笔字型口诀关，我每天一早起床就背，白天背，晚上背，上下班来回在公交车上也背，有一次还因背口诀乘过了车站。花了三天时间，总算背出三十来句口诀，我就着手在电脑键盘上慢慢练习汉字输入。

一些常用汉字，只要按书写笔画顺序，对照字根口诀敲键盘，就能在显示屏上跳出你需要的汉字。而有些汉字会出现几个字根编码相同的情况，这就要求采用末笔字型交叉识别法。这方法并不简单，先要以该字的末笔代号当十位，字型代号当个位，组成"末笔字型识别代码"，然后在键盘上找对位置敲入。按五笔字型输入法，键盘分为5个区25个位，这个识别码同样要求"对号入座"。总之，只有环环相扣，没有失误，方能在显示屏上跳出你所需要的汉字。这种输入法，粗看并不太难，要想掌握它还真有点复杂。我的办法是一边打字，一边辨别，打一篇文章，自我小结一次，逐步克服薄弱环节。

口诀背熟，文章也打了，然而在打字过程中还是常常会遇到拦路虎，有时为了一个字要花上几十秒甚至更多的时间，这样可不行。后来，我想出一个作为补充的笨办法，自己搞一个"难打汉字编码表"，把工作中遇到的难打汉字汇集一起，以应急需。例如下列汉字：拽 rjx、凹 mmgd、鼎 hnd、嗤 kbhj、邕 qobx、拜 rdfh、羌 udnb、亶 ydjj、善 uduk、葳 adgt……在工作中发挥了拾遗补缺的作用。

一开始，我把自己在稿纸上写的文章用电脑键盘打上去，显示在电脑上。接着，慢慢地直接在键盘上写文章。十多天下来，我同一版的版面编辑两人，较早地掌握了用电脑写文章的技能，紧接着，所有采编人员都实现"无纸化"写稿编稿，报社也就此实行电脑联网。整个工作流程是：先是记者在电脑上写稿，发送给版面编辑；然后，版面编辑修改稿件编好版面，传送给总编审稿；准备出版的一期报纸所有内容定稿后，传送到电脑房，按照各版责任编辑画好的版面纸样排版；最后，电脑房打出清样后，由各版编辑和我们总编签字后送交印刷厂付印。如此通过电脑流水作业，工作效率得到明显提高。

下定决心，勤学苦练，终于把难啃的硬骨头啃下。现在，不论在报社还是在家，都离不开电脑，自己写作、上班办报更加方便，在实践中，我逐步体会到科技就是生产力。

1993 年 12 月

久违了，通宵达旦

草草吃完晚饭，花一个多小时，赶到金陵东路396号上海群力草药店门诊部。才19点，我以为早着呢，不料门前已排上长长的队伍，大概有20多米的距离。不管它，先排队，提前10多个小时等候，明天早上总不至于挂不上号吧。我走到队伍末尾，停下脚步。

看病难，首先是排队挂号难，沪上凡是三级以上的医院，要挂专家门诊号，非得半夜三更去排队不可。群力草药店门诊部虽然够不上三级，但它擅长用中草药治疗各种癌症和疑难杂症，不乏成功的案例，有的在大医院医治无效的重症病人在这里却出现了起死回生的奇迹。因此，群力草药店声誉日隆，病人纷至沓来，门诊部应接不暇，每天限额就诊人数，只有在前一天晚上排队等候的人，才能确保看上病。

我的岳母年逾80，患有几十年的冠心病，已把她折磨得够苦，几年前又查出癌症，曾经作过手术治疗，最近旧病复发，再次被推上手术台，医生打开后说已无法再行手术，便不了了之。老人家的身体真有无法承受之重。妻子到处求医问药，打听到群力草药店的信息，争着要来排队为母亲门诊挂号，可她身体欠佳，再说女性在外通宵排队存在诸多不便，于是，我义不容辞地前来这里排队。

在队列里站立一会，后面陆陆续续又排上多人。闲着无事，我就跟前后排队的人聊起天来。他们当中，有自己看病的，也有代亲属挂号的；有初诊的，也有复诊的。有些人对群力草药店的情况说得头头是道：药店一楼营业大厅设有中草药柜，二楼是中医门诊部，现有医生十多名，每天门诊好几百病人。他们在控制病情发展、减轻病人痛苦、延长患者生命、提高病人生活质量等方面的典型事例很多。茅忠谨医生是门诊部的一号专家，医术高明，治好不少被大医院回绝的癌症病人，请他看病的号最难挂。不过，别的医生治病也各有高招。

大伙正聊得兴致勃勃，突然出现一个年轻人，呼喊着："谁要挂茅医生的号？我保证给你挂10号以内的。"旁边的人悄悄告诉说，这就是挂号"黄牛"。只听见有人应声问道："代理挂号要给多少钱？""100元一个。"由于没有人应接，"黄牛"就沿着队伍走过去了。唉，这种顽症不根除，解决看病难从何谈起？

站的时间久了，腰部感到酸酸的。我一看手表，才23点，离天亮还早着呢。年过花甲，不服老不行啊。想当年在部队服役时，不知干过多少个通宵达旦，第二天还是照常工作。到地方工作20年来，基本上没有干什么通宵，而且现在身体也承受不起。然而，想到自己辛苦点，能让岳母看上病，让妻子睡个安稳觉，还是值得的。想到这里，心情舒畅，腰也似乎不怎么酸了。解手回来，我掏出家里带来的报纸铺在地上，坐一会，站一会，慢慢打发着时间。

拂晓以前，睡意渐渐袭上身来，上下眼皮直打架，还连连打起哈欠，我告诫自己，可不能打瞌睡误事，伸一伸懒腰，振作起精神。为驱散睡意，跟排在我前面和后面的人打个招呼，到马路上去兜两个圈子，又踱了回来。好不容易才坚持到天亮，精神为之一振。待到6点50分，队伍前头出现骚动的声音，不知发生了什么情况。有人说，门诊部规定7点钟排队编号，7点30分挂号，8点开始看病。门诊部的工作人员就要开始为挂号者编号，现在可不能走开，否则排了通宵的队作废。经过10多分钟，轮到我了，工作人员在我手上用钢笔写上"68"两字，啊，我是68号。本来，我沿着队伍去点过人数，我是第 58 个，现在莫名其妙地被往后推了 10 个号。旁边的人说，这有什么奇怪，"黄牛"和插队的人不搞名堂，他们哪来的外快？我恍然大悟地摇摇头，无可奈何地不了了之。

编完号，队伍就解散。我在门口等了一会，远远看到妻子和内弟搀扶着老岳母慢慢向门诊部走来，赶紧奔向前去……挂好号，脑袋里通宵紧绷的弦顿时松弛下来，这时感到身体还真有些困乏。

2002 年 5 月

50年聚一回

上小学时，看到"光阴如箭，日月如梭"等词语，简直无法理解。在人生道路上走过一个甲子岁以后，深切感悟到时间不留情，流逝得实在太快。转瞬间，从浙江浦江师范毕业已经50年，热心的老同学发起"50年聚一回"的同学会，提前五个月发出通知，我天天翘首以待，这一天终于来到了。

我们五一届的同学来自金华地区各县，毕业后分配到本县工作，我被评为优秀生，名列第一，省教育厅规定享受普师生同等待遇，因此被分配到金华市工作。由于有人参干、参军，所以同学们分居全国各地。2004年10月16日，112位老同学（开学时共有200余人）从四面八方聚集到了浦江县的旅游胜地仙华山。下榻的宾馆热闹非凡，彼此握手、拥抱，兴奋之情溢于言表，眉开眼笑，喜不自禁。

在走廊里，首先碰到的是浦江老乡戴祖葵同学，尽管阔别半世纪，见面时稍微迟疑一下就记起来了，乡音未改，面容可认，两只手紧紧地握在一起，开心得像见到久别重逢的亲人一样，嘘寒问暖，说个不停。不一会，作为召集人之一的张世田同学跑过来了，他拉着我的手说："你从上海远道而来，辛苦了！"他是在校时少数喜欢投稿的同学之一，是我的好朋友，他问长道短，那个亲热劲，感人至深。没多久，永康的几位同学过来了。当年我的同桌田秋芳同学走上前来，先是热烈地拥抱我，然后凝神看了看我说："金义铠，你长高了！"我不好意思地回答道："别笑我，毕业那年已经17岁，还能再长高?"于是,彼此聊起50年来的人生历程……一个又一个地问候,一个又一个地叙谈,分别的时间太久了,有多少个同学要会面,有多少心里话要畅谈,此时真想像孙悟空那样有个分身法,以解燃眉之急。

当晚,与会者举行全体会议,100多位老师和同学欢聚一堂,气氛热烈,一个个畅所欲言。一开始,发言者谈得最多的,一是回顾几十年来艰苦拼搏奋力创业的人生历程,二是表达对政府关怀和老师教诲的感恩之情。不少同学感激涕零地畅谈肺腑之言。有的说,我们这些穷孩子能够有今天,全靠共产党和人民政府的培养。我们不会忘记,在家还吃不饱肚子,进入浦江师范,人人享受人民助学金,不但让我们读书长知识,还免费供应伙食让我们长身体。有的说,是浦江师范为我们开启走向社会的明媚前程,是各位恩师给我们传授开拓创业的科学知识。不论走到哪里,不论活到几时,我们永远不会忘记母校的栽培、恩师的教诲!教导主任章森炎老师高兴地赞叹说,当年,我们浦师的校风真好!同学们大都来自农村,淳厚朴实,非常懂事,对党和政府的关怀,对老师的教导,感激在心。牢记自己将来要当人民教师,学习的自觉性、积极性很高,可以说在别校少见。当时的浦师,学风之好,不但全县闻名,全地区群众也是赞许的。

翌日,同学们游览仙华山的名胜景观。除了拍集体照,几位老师不顾年届耄耋,兴致勃勃地和各班、各县的同学分别摄影留念。张世田、许金翔和我三人,也拍摄了以仙华山高峰为背景的纪念照。

正在散步交谈之际,忽然不远处传来阵阵歌声:"同志,亲爱的兄弟!同志,亲爱的姐妹!今天我们在一起学习,明天参加实际斗争中去——"啊,当年母校的毕业歌!这歌声,虽然没有50年前那样清脆、高昂,却是分外淳厚、分外深情。动人的歌声,撩起我对毕业当年深深的回忆，不由得也亮开破嗓子跟了上去："这是，伟大的世纪，人民的世纪……"

第二天晚上，同学们自由结合分别聊天和座谈。紧密联系大家都已退休进入老年的实际情况，如何保健养老、安度晚年成为中心话题。章森炎老师强调"乐"是健康的关键因素。他说，"助人为乐"是一种美德，做了好事，能使大脑皮层和全身的神经系统得到良性的按摩，从而轻松愉快。他把"助人为乐""知足常乐""自得其乐"称为"三乐汤"，认为坚持天天喝"三乐汤"，就能确保健康。好几位同学谈到要突出"清心寡欲"，人老了切忌跟别人去攀比拿多少退休金，更不能盼这求那地物欲熏心，只有真正做到心平气和，随遇而安，才能健康无忧地安度晚年。

庄子说，时间如"白驹过隙"。"50年聚一回"的三天时间，一晃就过去了，我们依依不舍地一个个道别，约定三年以后再相会。

2004年10月

慈祥的目光

1983年8月22日下午,我正在报社忙着给编辑们审稿,突然接到弟弟的电报,一种不祥的预感油然而生。打开电报,"母病危,速回"五个字把我惊呆,母亲已是风烛残年,怎经得起重病的折磨。我再次端详起电报,泪水不由自主地模糊了视线。

母亲同父亲一起,操劳一生,含辛茹苦,将我们八个兄弟姐妹拉扯大,如今已届耄耋之年,没有过上几天好日子,这次能否逃过重病一劫呢?我心里忐忑不安,躁动着一种难言的内疚和伤感,恨不得马上插翅飞回母亲身边。无奈,当天已没有在家乡车站停靠的火车班次,我只得在翌日一早匆匆踏上返乡之旅。

列车急躁地呼啸着、奔跑着,我的心紧张地跳跃着、焦灼着,人坐在车厢里,却怎么也平静不下来。母亲那慈祥而温暖的目光又萦回在我的脑际,一幕幕栩栩如生的画面在我眼前展开:

——那是我牙牙学语不久的一个晚上,卧病在床,浑身不舒服,不想吃东西,不时地说着胡话。忽然,母亲手捧着一小碗白亮的大米粥来到我面前,碗里有几片青菜,还有一块香喷喷的鸡肉,这可馋得我喉咙痒痒的。说实在的,当时家里穷得叮当响,除了过年和秋收时节,平时根本吃不上大米饭,更不用说吃鸡肉了。此时见到这样的美食,甭说有多开心,当时我根本没有去想母亲是从什么地方觅得这样的宝贝。在母亲一调匙一调匙地细心喂饲下,我竟然很快把那碗粥吃光。母亲眯着她那慈祥的眼睛,露出无比宽慰的笑容。随后,我的身体就慢慢康复。到我懂事后才弄清楚,那碗大米粥和鸡肉是母亲向人家借来的。几十年来,母亲那次给我喂饭的镜头,一直深深地铭刻在我的脑海里。待到自己升格为父亲以后,才渐渐地感悟到"可怜天下父母心"的真正内涵。

——在我们成员众多的大家庭中,母亲是每天起得最早的人,早晨一睁眼,烧水、做早餐,为我准备上学充当午餐的红薯,忙得不可开交。她天天很早叫我起床晨读,用她那慈祥的目光凝视着我,反复叮嘱说"早上头脑清醒,读书记得牢"。正是在母亲言传身教的熏陶下,我养成天天早起复习功课的良好习惯,得益匪浅,读书成绩一直名列前茅。

——每天早上,母亲忙完早餐,便忙着喂鸡喂猪。每当打开鸡窝时,母亲总要用手挨个检查母鸡的屁股,如果发现哪只母鸡有生蛋的征兆,就把它留在家里,避免把蛋生到野外去。一年到头,坚持不懈。凭借母亲经营的这个"鸡屁股银行",不仅解决了一大家人油盐酱醋的开销,还为我和弟弟提供了文具经费。每当喂猪时,母亲总是把一个长长的木槽安放在地上,倒入两桶煮好的饲料,用手使劲地将饲料捏细捏匀,然后一声吆喝,唤来20来只猪苗,待到它们争先恐后地奔向木槽两边,"唧唧唧"地贪吃起美食时,母亲总是眯着那慈祥的目光,露出欣慰的微笑。我们兄弟姐妹谁都知道,正是母亲起早摸黑,养母猪,喂小猪,每年为全家挣得几个月粗茶淡饭的钱。家里再穷,母亲总是想方设法,即使借债也要让我们吃上菜饭,喝上稀粥。而她自己,累活苦活一年从头干到底,吃的却是最差的,要是哪一顿饭锅里已舀光,吃不饱的总是母亲。每年春节,母亲总要千方百计让我们兄弟姐妹都穿上一件新衣服,而她自己却还是穿旧衣衫。母亲心里想的是如何让亲人不受冻挨饿,唯独没有想到她自己。

——我参军提干后,每年能休假探亲,这可把母亲乐坏了。每次回家问她需要买点什么,她都说"不需要"。我看到她的衣服已打上补丁,非要给她买布做衣服不可。问她买什么布,她只要阴丹士林蓝布做上衣,直贡呢黑布做裤子。后来,我每次都带这两种布回家,再请裁缝做成服装。一次,打听到有人送我母亲吃过几个荔枝,她觉得味道很好,此后荔枝也成为每次探亲的必带物品。我回家后,她一边做着我喜欢吃的饭菜,一边滔滔不绝地拉起家常,天天念叨着要我在家多住些日子。母亲练就一手种菜的好手艺,一大家人一年四季吃的菜,都是她带领哥哥们栽种的。母亲每次到菜地里去采摘蔬菜时,都让我跟着一起去,一面收获着豇豆、茄子等,一面关照着该如何除草施肥。每次休假,当我告诉母亲准备什么时候离家归队时,她总是舍不得我走,投过来她那慈祥的目光,眼泪汪汪地要求我再住几天。在她的眼里,我们兄弟姐妹永远是她的心头肉。

——我曾经陪母亲来过一次上海,想让她看看外面的世界,可惜她年幼时被缠了小脚,走路不方便,还有她不让我多花钱,逛不了几个地方。值得纪念的是,陪她去照相馆拍了一张标准像,她高兴极了。在我家,她常常逗着我那个出生不久的儿子,兴奋得念念有词:"四个儿子,十个孙子,金家发了!"看她那慈祥的双眸,闪耀着幸福的光芒。

……

科威特的著名女作家穆尼尔·纳索夫说得好:"母亲对于孩子是第一所学校。"从我懂事的时候起,就看到母亲天天勤劳、节俭,吃苦在先、享受在后,她成为引导我走向人生的优秀启蒙老师;从我懂事的时候起,母亲就不时地叮嘱我,做人要善良、厚道,宁可自己吃亏,也要善待他人,成为我迈向社会的第一所学校。可是,母亲现在凶吉难卜,真是不堪回首。

乘火车,坐汽车,步行,我风风火火赶到家里,飞快地奔到母亲床边，她却已溘然去世。母亲于上午 10 时 45 分心脏停止跳动，我下午才赶到，未能同她见上最后一面，我痛楚地哽咽着呼喊道："妈，我来晚了！""男儿有泪不轻弹，只因未到伤心处。"我的泪水，禁不住夺眶而出。母亲安详地平躺着，两只眼睛虽然已经闭上，但仿佛依然散发着那慈祥而温暖的目光。我用手轻轻抚摸着母亲前额，那长年累月劳动刻下的稠密皱纹；含着热泪细细端详着母亲，那被岁月刷白的丝丝银发，情不自禁地呜咽起来。接着，我把母亲那张着的嘴巴轻轻地作了安抚，让其安然合拢。几十年来，一直在外地工作，没有对母亲尽多少孝心，想不到这次回家竟然是同母亲诀别，内心感到深深的愧疚与自责。

母亲吴新碧，走完 86 年人生历程，去向另一个世界，她辛勤操劳的一生，彰显出中国农村妇女善良、厚道、贤惠的优良秉性，平凡而伟大！母亲是我最亲的人，是我的第一牵挂。天下纵有千种情万般爱，最崇高最感人的还数母亲的关爱！我强忍着悲痛，在母亲的墓碑上认真写下献给她的挽联：

手勤身俭堪楷模　高风亮节勉儿孙

"问君能有几多愁？恰似一江春水向东流。"母亲走后，我伤心得不能自持，迷惘失神，有时痴痴发呆。不由得联想起李清照写的"寻寻觅觅，冷冷清清，凄凄惨惨戚戚"等词句，原来感到过于夸张，无法理解，而现在自己正是这种心境。唉，从此再也见不到母亲可爱的身影、慈祥的目光，我的心情怎能平静下来？

1983 年 8 月

四次搬家

结婚40多年,随着国家经济的发展,城市建设的飞跃,我的居住条件逐步改善,先后搬了四次家,芝麻开花节节高,日子过得越来越舒心。

1967年"五一"劳动节结婚,我是借了部队营房的一间房子,十三四个平方米。室内放一个大衣柜、一张双人床,借了营房一张台子和一条长凳,就这么简陋地过日子。

这年10月,妻子工作单位照顾军属兼大龄结婚无房户,分配了一间坐落在上海宜川二村的住房,房票上写的是14.7平方米,打开房子一看是一个约20平方米的套间,我们决定退房,妻子几次去房管部门把大房子退回去,要了十多平方米的小房子。那是一门四户型住宅,四家合用一个厨房、两个水斗和两个小厕所,烧饭用煤球炉。有了自己的房子,我们进行第一次搬家,还是结婚时的那几件家具,后来添置一张小台子、两把椅子和一个小碗柜,十多平方米的房子也不感到拥挤,有了房子心满意足,两人日子过得乐呵呵的。

光阴荏苒,不久我俩添了一个女孩和一个男孩,渐渐觉得房子太小,没有回旋余地,可是有关部门没有房子可以供给我们。

1975年,我所在的部队在控江二村盖起住宅楼,我的申请得到批准,分配给我一个20平方米的套间,系一门两户型住宅,煤气独用,一个厕所公用。于是我进行第二次搬家。住进新房,增加一张吃饭小桌子,一张分上下铺的小床,一台半导体收音机,被褥、衣服也增加了,随后又添置一个五斗柜。新住宅离我们俩工作单位也比原来的近,全家大小都很高兴。

　　由于改革开放的推进,经济日益繁荣,民生问题逐步得到改善。我到上海市工作以后,1987年夏天,工作单位在曲阳新村给我分配了新住宅,三室一厅,独门独户,有阳台,面积近90平方米。这就有了第三次搬家。这次不仅有电视机、电唱机、洗衣机和冰箱,还选购了一套时尚新家具,其中有两只单人沙发,两个孩子分别坐在上面,开心得久久不肯离开。面对渐渐成长的儿女,如今有三个居室,可以男女分居,各得其所,人人拥有舒心自在的小天地,都高兴得眉开眼笑。随后,单位根据我的级别,又在附近增配一套一室一厅的住宅,就把它留作女儿的结婚用房。

　　步入新世纪,随着生活的改善,女儿在长宁区华山绿地附近购置一套两室两厅的高层住宅。考虑到一是设法同女儿住得近一点,相互有所照应;二是想住得更舒适一点,离市中心更近一点,我们准备进一步改善居住条件,妻子东西奔走选择新房源。2007年,正当我俩结婚40周年之际,在华山绿地附近的番禺路买下一套大厦住宅。这是一个楼面中朝向最好面积最大的单元:三室两厅两卫,除厕所外全部朝南,房间和大厅都有阳台,建筑面积160平方米。新房装修时,家具按房定制,配置皮沙发。这时,女儿已成家,儿子定居国外。我用一室作居室,一室留作儿女回来用的临时房,另设一个书房,内放一张电脑台、一个沙发,陈列一排大书柜。干了一辈子文字工作,现在有了专用工作室,可以独自安静地上网、弹琴、看书、写文章,我知足了。妻子对十个多平方米的大厨房啧啧称赞,我设计方便实用的橱柜式样,她考虑美观雅致的彩色装潢。装饰竣工后,妻子兴奋地感叹道:"这是我的办公室——40年来最满意的厨房!"

　　2008年1月8日,我进行40年来的第四次搬家。女儿细细一看，直呼："搞大了，搞大了！这房子真漂亮！"儿子看了新居照片，激动地打来电话："我真想立刻到新房住上几天！"

俗语说："锅子里满了，碗里自然会有。"可不是嘛，我家四次搬家，只是观察新中国发展的一个小窗口，如果没有改革开放，没有国家的繁荣兴旺，哪有我家幸福的今天？

2008 年 2 月

清明扫墓

几天前就作出决定,清明节去江苏常州,为安葬在故乡的岳父岳母扫墓。四月四日清明节,一大早,女儿开着车,陪着我、妻子和内弟从上海出发。

我国传统的清明节,始于周代,至今已有2500多年的历史。清明祭扫先人墓地,老百姓历来十分看重。如不祭扫,会被认为是"断后"。因此,每当清明时节,无论多穷困多繁忙,人们都要去墓地祭扫祖先,以尽感恩缅怀之意。现在国家已明文规定清明为节日,清明祭扫故人已蔚然成风。我们的车子飞速前行,只见一路上扫墓车辆像接龙一样,络绎不绝。

到达常州,妻子的二弟等亲人已等候许久,便径直引导我们前去墓地。"清明时节雨纷纷,路上行人欲断魂。"老天爷善解人意,这时候忽然淅淅沥沥地下起小雨,让扫墓思亲的人脸上增添了淡淡的忧伤。

我们带着许多祭品,冒着纷纷细雨,怀着深深哀思,进入墓园。只见规模很大,一排排坟墓安置有序,柏树苍翠,芳草萋萋,安静肃穆,凉风飕飕。已经有不少人在这里祭扫,三五成群,或打扫墓穴,或顶礼膜拜。我们一到岳父岳母的墓地,前前后后仔细观察了一遍,人人动手把杂草、枯枝、败叶打扫清除干净。然后,将猪肉、豆腐、百叶、青菜等祭品一一摆好。接着挨个作揖、跪拜、焚烧黄纸。面对岳父岳母的坟墓,我不由得想起他们的艰苦一生。两人年轻时,就从常州农村奔赴上海打工,起早摸黑,含辛茹苦,拉扯大七个子女，真不容易！岳父享年80岁，岳母享年91岁，他们劳动一生，生活简朴，能有如此高寿，按老百姓的说法，这是一生行善功德圆满的结果。我一直十分钦佩他们。妻子站在墓前，恭恭敬敬地向父母诉说当下的家庭概况，表述对父母大人的深切感恩和怀念之情，说到最后，泣涕涟涟，久久不愿离开……

在祭扫结束回归途中，很自然地想起把我哺养成人而长眠在老家地下的父母。他俩餐风饮露辛勤耕作一辈子，一直过的是缺衣少食的苦日子，却把我们众多兄弟姐妹培养成人。他们的深情，他们的恩泽，无时无刻不牵动着我的心。自1954年从师范学校毕业分配到金华工作以后，我一直在外地，清明和冬至两个节日，没有机会回乡给父母扫墓。因此，每当我有事回乡时，就奔到父母墓地去祭扫，遥祝他们在天堂安息！唯有如此，我的心灵才略感安宁。

返沪后，我给远在澳大利亚的儿子发去短信，告诉他扫墓的情况。问他："曾记否？早年在举行家庭晚会时，你曾朗诵过唐代诗人孟郊的《游子吟》——'慈母手中线，游子身上衣。临行密密缝，意恐迟迟归。谁言寸草心，报得三春晖。'"我想，他虽然成为海外游子，也一定会牢牢记住我国清明节的优良传统，念念不忘对祖国和亲人的眷恋。

2009年4月

"小公主"七斤半

女儿原来不想要小孩，错过了女性最佳生育年龄。后来，女儿思想急转弯，想体验一下做母亲的滋味，期望拥有宝宝的乐趣和幸福，下决心要养个孩子。

女儿尽管已过育儿最佳年龄，可喜的还是很快怀上了孩子。为确保万无一失，她未雨绸缪，提前几个月请假休息待产，搬来我家居住，以获得我们特别是她妈妈的帮助。作为父母，我们当然举双手欢迎。

女儿挺着个大肚子，慢慢地踱来踱去，成天乐呵呵的。盼呀，盼呀，翘首以待宝宝的诞生，身体正常，胃口很好，吃得多，睡得香，乐得她妈眉开眼笑地预言道："看你这个身体啊，一定能养个胖宝宝！"说得女儿心里乐开花。

上海老百姓喜欢讨个好口彩。有人说："今年是牛年，明年是虎年，要养男孩最好是过了年，得个小老虎；要养女孩，还是年前养，过年再养就变成雌老虎了。"我听后仰天大笑，可不赞成这种说法。还是要讲科学，讲理性，不管男孩女孩，都是可爱的宝宝；不论牛年生，虎年生，只要健康、平安就好。

眼看不久就要过春节，我也搞不清女儿的预产期在什么时候，正想问个明白，只见女婿开车送女儿到妇婴保育院住院待产去了。我想到很快就要传来喜讯，不由得高兴起来。

2010年1月22日，天气晴朗，一早，我同妻子就来到女儿正在待产的妇婴保育院。女儿已进产房，女婿、我和妻子都坐在附近等候消息。手表刚过 11 点，医生让女婿进去。我估计，女儿已养好小孩了。不一会，女婿笑容满面地过来报告喜讯："10 时 53 分，她生下一个可爱的女孩，白白胖胖，体重 3755 克，相当于七斤半，身高 50 厘米。一切顺利，母女平安。"

我高兴地连连赞叹："很好！很好！"妻子笑得合不拢嘴："外孙女七斤半，比女儿出生时重了一斤多，是个胖宝宝。"

女婿乐不可支，忙着给他父母打电话，给亲朋好友发短信，报告喜讯。他所在单位的领导迅速发来祝贺短信："祝福皇后、小公主！下面你可要当好皇帝哟！"

我也连忙给在海外的儿子发去喜讯："你姐他们想养个女宝宝，今天果然生下一个白白胖胖的小公主，体重七斤半，如愿以偿，母女健康。"

没过几天，女儿和小公主顺利出院。我和妻子早已把带有卫生间的卧室腾了出来，专给女儿坐月子，女婿则请来一位专职月嫂，全家洋溢着一片欢天喜地的气氛。

女婿深思熟虑，给"小公主"起名时，带有父亲的姓和母亲的名的成分，寓意小公主的诞生，让父母无比喜悦。可不是嘛，现在一对夫妻只养一个小孩，真正把宝宝视为掌上明珠，"小公主"一诞生，不止亲生父母高兴，所有亲朋好友皆大欢喜。

2010 年 1 月

她，总为他人着想

为他人着想——这是第一次见面时她留给我的深刻印象。那是1966年4月3日晚上，初次见面分别时，我提出往她家的方向走，送她一程。她却说我的距离远，应该向我部队驻地的方向走。"为他人着想，多体贴人的姑娘！"我曾经同几位姑娘相亲，分别时都是我送对方，而她与众不同，这一闪光举动，让我怦然心动。

在恋爱过程中，我对她没读完中学感到不解。原来她是为家庭着想。她出身于普通工人家庭，有七个兄弟姐妹，家庭经济负担重。作为长女，她决定为父母分担家庭责任，毅然提出辍学参加工作。她是上海名牌中学——市第三女子中学班主席，班主任当然不同意，反复劝她继续学习，她坚持不改初衷。

她温文尔雅，勤奋好学，外表美，心灵更美，我俩相处默契，认识一年后喜结良缘。她叫钱和玉，有人戏谑说："你们门当户对，金钱挂帅。"我默默寻思："金"和"钱"联姻，"钱"和"玉"结合，以后要听的笑话可多了。当初给她起名的人意在用"和田玉"溢美，想不到"钱"同"和玉"连接，变成"钱"加"玉"，不免俗套。考虑到她出生于荷花盛开的七月，我建议她改名为"钱荷玉"，她欣然接受，就办了相关手续。

因为没有房子，结婚时借住在部队营房里。不久，有关部门给我们分配住房，房票上写着14.7平方米。去看房时，却是一个约20平方米的套间，可能是搞错了。两人商量，上海住房紧张，我们有一间房子就能过日子。妻子说："20平方米的套间可以住更多的人。"

她通情达理，从心眼里为他人着想。于是，当即决定把房子退回去。她几次去房管所要求退房，工作人员坚持说没错，要我们住进去。最终，妻子执着地办妥了退房手续。

妻子不满18岁就参加工作，进单位两年便加入中国共产党。先后干过车工、打字员、干事、科员和副主任科员。她爱岗敬业，干一行，爱一行，兢兢业业，埋头苦干，在平凡的工作岗位上默默奉献。同事们说，她总是为工作着想，为他人着想，热心急人所难，不顾自己辛苦。她在上海建工局当机要打字员时，用的是手工打字机，她把工作摆在第一位，从不计较本人的苦和累，有时遇到紧急文稿，甚至36小时连轴转，令人难以想象。有时任务忙，为方便彻夜加班，便带着女儿住在办公室。无论干什么工作，她总是认真负责、追求完美。比如她负责全局党员信息管理工作时，四处奔波，周密部署，狠抓落实，最终以优异的成绩代表建工局在全市范围介绍了经验。又如全国第三次人口普查时，她被派去担任普查小组指导员，领导全体工作人员以零差错的优异成绩完成了任务。

在家中，她也总是为家人着想，为孩子着想。我在舰艇部队工作，经常出海，即使在港也只有节假日才回家，家务由她一人承担。有小孩以后，她既要工作，又要带孩子，忙得团团转，任劳任怨，悉心付出。问她有什么困难，她总是说没事，要我放心在部队工作。我常常为没能尽到丈夫的责任，深感内疚。在家中，妻子一直坚持吃苦在前享受在后，孩子们都称她是家里的活雷锋。两个孩子小时候体质弱，常患支气管炎。为增强抵抗力，除了注射球蛋白，妻子专门为女儿献了血，在她的带动下，我也为儿子输了血。在那动乱年代，国家经济状况不好，副食品短缺。每逢节假日，趁全家人都在，妻子总是想方设法让大家吃得好一点，一早就开始忙碌，克服困难，变换花样，做出各色水饺和春卷等。她见缝插针，争分夺秒，为每个家人打毛衣、绒线帽子。她心热手巧,温暖了每一个亲人。上世纪八十年代,流行棉袄"滑雪衫",她请裁缝师傅裁剪了式样,自己在晚上用缝纫机做"滑雪衫",两个孩子和我每人一件,唯独没有自己的,再三劝她做一件都没成功。她说:"你们穿得精神穿得暖和了,我就开心了。"不少女性总盼男人为她多买点服饰,而妻子每次都要我催着她去买衣服。社会上开始流行羽绒服时,我陪她去商店选购,虽然两人都看上那件高雅大方的浅绿色羽绒大衣,而她却不想买,嫌衣服档次太高,经过反复劝说才把它买回来。

她热爱生活,有时候一边干活,一边也哼几句歌,实在太忙,抽不出时间舒心地歌唱,只有在婚礼上和家庭晚会上,我听她纵情地唱过《红梅赞》。她也喜欢拍照留影,可惜我们谈朋友时没有相机为她摄影。记得我在干校劳动时,离家时间较长,她特地拍了一张儿女的合影寄来,捎来对我的牵挂和眷恋,给了我一个惊喜。我激动地回信说:"你辛苦了!合影很精彩,女儿笑眯眯的,儿子很有精神。"她读信后乐开怀,一遍又一遍地给孩子们念叨这几句话。尽管工作很忙,为适应形势发展的需要,她想方设法补习高中课程,参加电视大学的学习,刻苦钻研,最终以优异的成绩毕业。她也想看看外面的世界,直至退休前夕和退休以后,才如愿以偿。她和同事们一道去北京游览过名胜古迹,我陪她去海南领略过海滨风光,两人在庐山一道登过五老峰,去桂林乘竹筏畅游过漓江……几年前我买了相机,在上海和外地为她拍了不少照片。后来,专门为她编印了影集《荷秀玉纯》,她喜出望外。妻子退休以后,每天早上去公园跳集体舞,坚持了几年,过得比较开心。

由于家中经济条件较差,妻子年轻时体质较弱。参加工作后,忘我劳动,特别是有两个孩子以后,她的负担进一步加重,沉重的压力,终于把她累垮了,正当第二个孩子断奶时,她因大出血被送医院抢救。医生采取抢救性手术，给她切除了较多的肠子。那次病使她大伤元气，体质明显下降，自叹留下"半条命"，缺乏自信。两个孩子都还小，让工作繁重而身体虚弱的妻子独挑家庭重担，确实勉为其难。我考虑不能再让她弱肩单挑，萌发了退役到地方工作的念头。几经等待，要求转业没能实现，后来要求复员离开了部队。

早在我退役以前，妻子由于长期劳累，常常闹头痛，一直瞒着我，未能得到对症治疗，后来查出高血压，已累及心脏，被戴上冠心病的帽子。她的身体长期处于亚健康状态，进入老年期后，除冠心病外，又先后查出腔隙性脑梗和骨质疏松等疾病。随着疾病增加，服用药物繁多，难免产生副作用。2012年我患上顽固的隐球菌肺炎，治疗过程中又突发肺栓塞，搞得相当紧张，先后辗转于多个医院，折腾得疲于应付。妻子一心为我康复着想，东奔西走忙个不停，结果把本来就有多种疾病的她再次压垮。她经常咳嗽久治不愈，2013年3月查出肿瘤指标过高。2012年9月体检时，并没有发现大的健康问题，半年以后竟然出现大逆转。后来虽然进行过手术治疗，除了用西药，同时坚持服中药，还增加提高免疫力的药品，但因肌体损害严重，不见疗效。我心急火燎，恳请医生无论如何想办法救救她。医生坦承目前的医疗条件实在无能为力。

我天天待在医院陪着她，后来在澳洲的儿子也前来陪伴。妻子明白自己的身体已经回天乏术，看到我们白天黑夜为她忙碌，又在替我们考虑。一天，她找主治医师提出要求说："我的身体反正没有希望，你给我药用得重一点，让我早点走吧，否则亲人们都要被我拖垮了。"真是慈悲为怀的菩萨心肠，面临生死关头，还是为亲人着想。在聊天中，她说出了一句让我心碎的话语："当我走的时候你们不要哭。"在即将进入弥留之际，又突然提出办理遗体捐献，因申报太晚最终没办成。2013年11月7日凌晨3时37分，妻子在上海建工医院撒手人寰，享年 74 岁。顿时，我潸然泪下，再也控制不住剜心般的痛楚。

在告别仪式上，我和儿子怀着深沉的悲切为她题写了挽联：

鞠躬尽瘁春蚕丝尽无怨尤
先人后己淡泊名利苦亦甘

妻子走后，我简直像失魂落魄一样，正是"物是人非事事休，欲语泪先流"的心境。晚上做梦，也在到处寻找妻子，可是怎么也找不到，真是"上穷碧落下黄泉，两处茫茫皆不见"。春去春会再来，荷花谢了明年会再开，我心爱的荷玉啊，你这一走却永远不再回来，我怎能忍心？怎能释怀？倒不如陪你一道走，免得你在黄泉路上徘徊……一天，正当我深沉哀痛之际，忽然想起莎士比亚的一句话："对于已成之局，徒然悲伤，非但无益，而且有损。"心情稍稍平静下来。是的，我不能一蹶不振地继续消沉下去，这不是一个男人应有的态度，也不是妻子所希望的。我得坚强起来，先办妥她的善后事宜，然后冷静思考，如何做一个真正的男子汉，用坚实的步伐走完自己的人生历程……

2013 年 11 月

静水

涟漪

母校二三事

上世纪五十年代初,我在师范学校学习过一篇课文《任弼时同志二三事》,文中记述了任弼时同志几个生动的生活故事,从几个侧面反映老一辈无产阶级革命家的高贵品质,让我感叹不已。后来,我学习这篇课文的写作方法,写了篇记叙文,但写的不是人,文章标题叫《母校二三事》。文稿虽已丢失,但所记我的母校——仙华乡第一中心小学的三件小事,至今历历在目。

第一件事写五年级时的一次远足(即旅游),目的地是十多里以外的景点仙华山。我们正行进在半路上,紧跟校旗的乐队,是十来位吹笛子的同学,他们吹奏着"嗦啦嗦哆啦哆,嗦哆啦嗦咪来咪——"等乐曲,悠扬婉转,悦耳动听,我感到很开心。远足要玩一天,人人都带了干粮,我跟平日一样,仍然带两块红薯,倒也很知足。走着走着,忽然从不远处传来"哒哒哒嘀——嘀嘀嘀哒——"的小号声,高吭清脆,令人震撼。紧接着,又传来了"嘭!嘭!嘭——""嘭!嘭!嘭——"的铜鼓敲击声,洪亮浑厚,荡人心脾。我远眺声音传来的方向,原来那边也行进着一支小学生远足的队伍。啊,人家有铜鼓、小号,我们只能吹笛子,学校穷,没办法。相形见绌,无奈地发出了自卑的叹息声。

其次是,上小学六年级时,一天,班主任老师告诉大家说,政府关怀学生,明天要请大家喝牛奶。同学们高兴得手舞足蹈,牛奶,我们看都没有看到过,明天就能吃到它?真是天上掉下了馅饼!翌日,同学们早早来到了学校,渴望着尽快尝到据说十分美味的牛奶。上午上完课后,班主任在讲台上摆好六碗牛奶,据说是政府给学校送来了奶粉，老师用开水泡成为牛奶。班主任宣布："每小组一碗牛奶，每人喝一口。大家品尝了牛奶的美味，要感谢政府的关怀，用功读书。"我们小组开始喝牛奶了，第一个同学喝了第一口，他说"味道很好"。第二个轮到我，我端起碗，看到牛奶白花花的，慢慢地喝了一口，感到是淡淡的奶味，有点香，又有点甜，总之味道不错。我意犹未尽，但又不能再喝，只得放下碗。心里嘀咕着：只喝一口，刚尝到味道就结束了，这种关怀分量也太少了！但转念一想，这有什么办法？我们国家穷，怎么可能让小学生们天天喝上牛奶呢？待到每个同学喝完一口牛奶，六只碗都已底朝天，一场政府关怀也就宣告结束，真是让人啼笑皆非。

还有一件，是小学毕业的故事。那是1949年1月，我毕业考试得了第一名，校工把条幅般又长又宽的黄榜送到我老家大院，挂在公用的厅堂里。班主任让我带一大篮花生瓜子到学校参加毕业典礼。父亲说现在不考状元了，考个小学毕业第一名也是好的，这在我们村里还是第一回呢。可是，上学的学费和文具费，都是靠卖掉母鸡生下的鸡蛋解决的，哪来的钱买花生瓜子呀？母亲只得赶紧为我去借钱。第二天，大哥跟我一道把花生瓜子送到了学校。在毕业典礼上，学校领导和班主任分别讲了话，要我们认真准备功课，争取考上中学，使自己成长为国家的有用之才。随后，我就和同学们一起吃花生瓜子，欢快聊天，依依告别。因为没有钱，不拍毕业合影，各自领取了没有本人照片的毕业证书回家了。

三个小故事，一股寒酸气，一言以蔽之，就是穷！学生穷，学校穷，根本原因是国家穷。在旧中国，政府腐败，列强欺凌，经济落后，民不聊生。如此困境，如此氛围，怎样奋起？怎样成长？在我这个穷孩子的思绪里，一连串问号，一脑子茫然。

1956年4月

村里请来城隍爷

故事发生在解放前夕我们的村子里。

"水山院子请城隍爷了!"破天荒的消息不胫而走,人们议论纷纷,不少人已陆续涌向水山院子,想看个明白,究竟有没有这回事;同时,也想搞个明白,究竟为什么请城隍爷。

我村是浙江中部的一个小农村,在解放前还不足一百家农户。村子自北向南,呈长蛇阵布设,由旧屋、新屋和水山三个大院子组成。村里地少人多,多数为贫苦农家,家境殷实的人家寥寥无几。村民淳朴,大多数人都厚道、善良,只有少数人例外。突然听到村里请来城隍爷,人们都感到十分惊奇。因为,在许多人的观念里,城隍爷是守护城池之神,又是冥界的地方官,主管监察民间善恶而赐予其祸福的,如果没有重大事情是不会去惊动城隍爷的。

城隍是中国宗教文化中普遍崇祀的重要神祇之一,在县以上城镇普遍建有城隍庙,许多男女老少见到城隍,都肃然起敬,顶礼膜拜。老百姓要朝拜城隍爷,通常都是去县城城隍庙。把城隍爷请到村里,在这个建立了几百年的小村庄还是第一回,自然惊动全村,村民们争先恐后前去瞻仰。城隍爷的坐轿停放在院子中间,泥塑彩绘的城隍爷端坐在轿子里,身着威武的官袍,两手扶膝,两眼炯炯有神,庄严肃穆,气宇轩昂。身前的香案上供着两支高高的红蜡烛,燃点着旺旺的火苗,许多根长香不时爆着火星,烟雾缭绕。有人走向前去,下跪叩拜,多数人站在附近观看,叽叽喳喳,议论不休。

这究竟是怎么一回事?人们经过多方打听,终于弄清了来龙去脉,原来城隍爷是年轻人严m雇人从县城请来的。起因是壮年人严c与严m有矛盾,财大气粗的严c,对穷人严m怀恨在心,前天放话说,严m对他谋财害命,自己被行刺受伤,准备去县里告状,让其吃官司坐牢。严m摸清了底细,是严c故意在自己的大腿上用小刀划了个小伤口,嫁祸于人,诬陷严m行凶。严m心想,白天不做亏心事,夜间不怕鬼敲门。不过,要想洗清冤案,等着打官司,肯定是要吃亏的,因为对方手中有钱,可以买通衙门。经过同朋友商量,想出了应对计策,决定把县城的城隍爷请到院子里,约严c一道跪在城隍爷面前发誓,认定是谁弄伤了严c的腿,如果自己说谎,愿受城隍爷从严惩罚。严m本人问心无愧,自然光明磊落,在任何地方都可以大胆发誓表明清白。而严c无中生有,做贼心虚,生性又胆小如鼠,愚蠢迷信,肯定不敢出来发誓。如果真的这样,他就彻底输了。严m请来城隍爷,在水山院子里点烛烧香恭敬了三天,天天去叫严c到城隍爷面前发誓,他不敢露面。严m邀请甲长和严姓长辈过目作证,然后把城隍爷送回到县城,总算把这起冤案给洗清了。而那个严c,则如惊弓之鸟,怕一出门成为过街老鼠,窝在家里很久很久都不敢外出。可不是嘛,如若是一个正直的人,怎么会干出这种伤天害理的勾当呢?

迷信本不可信,然而,在"八字衙门朝南开,有理无钱莫进来"的旧社会,一个机智的村民,在百无聊赖的情况下,倒是利用对方对神灵的敬畏,否定诬陷,维护了自己的名誉。

1951年11月

清晨骂街

暑假的一天清晨,我在家睡得香香的,正做着儿时的美梦,突然被响亮的叫骂声唤醒了。

"天收的——贼骨头,为什么偷我种的菜?"——我睡眼惺忪地坐了起来,渐渐听清了那是老太的叫骂声。噢,叫骂者是我的母亲。"你自己没有手啊,为什么自己不种菜……"母亲越喊越气愤,喉咙也沙哑了。

显然,昨晚菜园里的菜被偷了。我一骨碌起了床,同姐姐、嫂嫂一道去劝母亲,把她扶回到家里。原来,母亲一早去菜园,发现园边掉了棵青菜,猜想情况不妙,仔细查看后发现少了十多棵大青菜、五六棵黄芽菜,便气愤地跑到村前的大路上骂起偷菜贼来。

我家清贫,人口多,解放后生活有了改善,但仍然没有脱贫,粮食不足,经常以菜饭和杂粮为主食,对蔬菜的需求量很大,就安排了三块菜园。母亲主管菜园,种的蔬菜品种众多,家常菜应有尽有。至今,我依然历历在目:绿叶菜有塔菜、白菜、青菜、菠菜、韭菜、芥菜、苋菜、黄芽菜等,瓜豆类有黄瓜、丝瓜、刀豆、扁豆、豇豆、茄子、萝卜等,可谓琳琅满目、丰富多彩。菜园是母亲的心头肉,窃贼的黑手伸向菜园母亲怎能不气愤。

种菜、养猪、纺纱织布,是母亲干家务的三大强项,村里的乡亲们有口皆碑。母亲带领哥哥们,应时播种,精耕细作,起早摸黑,不辞辛劳。她对菜园念念不忘,每天都要去转几趟,看看蔬菜的长势,什么菜该除草了,什么菜该收摘了……一年365天不间断,对菜园关照得可周到了。看到豇豆开始长藤蔓了，就吩咐哥哥们及时支起了竹竿架子；看到什么菜该施肥了，就带着哥哥们一道动手。离家最近的菜园，每年沿着篱笆四周种了南瓜。在南瓜生长过程中，母亲观察得更勤快，哪根藤上开始结小瓜了，就用南瓜叶子遮住它，以防偷瓜的人看到。由于管理细致周到，各种蔬菜都长得很好，鲜嫩碧绿，苍翠欲滴，丰硕菜园，煞是可爱。

"糠菜半年粮"，道出了穷人的无奈，也揭示了农村生活的真相。像我家这样的穷苦农民，视菜如宝的心情就不难理解了。可是，偏偏就有少数无赖的贼眼盯上我家借以充饥度日的菜园。

村里有个懒汉，游手好闲，自己不种庄稼，常常偷鸡摸狗动歪脑筋。他有一个遭到众人唾弃的外号"尿壶"，家喻户晓，小孩们也都这样叫他，日长夜久，听到这个不光彩的外号他也麻木了。他还同个别手脚不干净的人交流偷菜伎俩，说什么在时间上要间隔出手，在菜地上要分散下手，以便搅乱视线，浑水摸鱼。事后才知道，这次我家菜园被盗，正是他作的案。据说前一天，几个村民和他同行去赶集，路过我家菜园时，都夸我母亲蔬菜种得好，一个人脱口说了一句："看到蔬菜长得好，'尿壶'你可不能来偷啊！"果不其然，当天晚上"尿壶"就作案了。案发后当人们追究时，他却大言不惭地说："我本来不想当晚去偷的，某某的话说得太难听，太羞辱人了，当时就暗暗决定：你这样说，今晚非偷不可！"这真是窃贼的强盗逻辑！

回顾人类进化史，类人猿正是因为学会并坚持了劳动才发生质的飞跃，进化成了人。而像"尿壶"之类的懒汉，老是想着不劳而获，任意侵占别人的劳动成果，真是社会渣滓，不齿于人！

1954年8月

哭在除夕

除夕，在我老家，是乡亲们十分看重的温馨幸福的日子。从早上开始，家家户户喜贴春联，村村院院张灯结彩。一进入大年夜，在喜气洋洋的氛围中，院子里的每户人家都端着供品汇聚到公共厅堂里，举行集体谢年，祭拜苍天，祭拜祖宗，燃放鞭炮。然后，各自回家吃年夜饭……在大年夜，孩子们比大人更开心，因为除了吃好的玩好的，还能得到一份压岁钱。可是，我却在那个大年夜痛哭了一场，母亲还怪我招来了全年的不吉利。

按照我家乡过春节的习俗，从除夕之夜至元宵节，要求大人小孩敬仰神灵，谨言慎行。传说，谁要是随意说话冒犯了神灵或规矩，在新的一年就会招来不吉利，以至患病、失财等天灾人祸。大人们考虑到小孩子口无遮拦，就沿袭了年夜饭后给小孩擦嘴巴的奇特规矩，以便让孩子们做到不胡说八道。客观地说，小孩子天真活泼，想说就说，采取这种手段是不可能让他们谨小慎微不乱说话的。

有一年除夕，我三四岁的年纪，对许多事情似懂非懂，正处于童年朦胧期，可不知道为什么竟然产生了一种与年龄不相称的逆反心理。正当年夜饭吃完时，我发现母亲右手抓着一张黄黄的糙纸，朝着比我大两岁的姐姐的嘴巴擦了一下，姐姐服服帖帖地一动也没动，等母亲说一声"好了"才走开。接着，母亲迈了两步来到我面前，右手又举起那张黄黄的糙纸，正向我嘴边伸过来，我可不愿意，转身就逃，跑到门外去了。我想，这下母亲擦不到我的嘴巴了，她不会追到门外来，院子里有邻居呢，应该太平无事。我这里玩那里耍，感到累了就回家去睡觉。

由于吃得开心玩得痛快，上床后睡得很香，正在做着同小花猫闹着玩的美梦，突然猫的后脚狠狠踢了一下我的嘴巴，我被惊醒。睁眼一看，母亲拿着黄糙纸的手正从我嘴边移开。哎呀，还是被母亲擦了嘴巴！于是，便呜呜地哭了起来。我原以为睡觉了，母亲总不会再来擦嘴巴。没有想到，我已经在做梦了，母亲还是不肯放过我……我想不通，越哭越厉害，一直到母亲第二次前来床边劝我，才慢慢停了下来。那时候我年幼无知，以为可以随意违背父母的意愿，谁知这是不可能的。

说来也怪，那年夏天我患了皮肤病。脚不方便走路的母亲费劲地背着我到几里路外的中医师那里去看病。她一边走，一边唠叨着："大年夜不听话，不愿擦嘴巴，我悄悄地擦了一下，你还拼命哭！大年夜是不能哭的，你一哭就哭出病来了。"我伏在母亲背上，听着这些话就是不服气。突然，想到了办法，马上嘟嘟囔囔地对母亲说："姐姐擦了嘴巴，大年夜没有哭，她也得了伤风。"母亲没有吭声。过了一会，母亲又耐心地对我说："小孩子乖一点，没有坏处的。"

我家乡算得上是传统农村，民风淳朴，人们诚实善良，男耕女织，勤劳节俭。然而，乡亲们不同程度地沿袭着迷信落后的思想观念，在旧社会发生类似"哭在除夕"的故事，也就不足为奇了。

1952年2月

寡妇的悲哀

我的老家是浙中金华地区的一个小村子，只有一百几十户人家，村风厚道淳朴，村民善良勤劳，大多数都是规规矩矩的耕读人家。然而，封建思想道德的残余仍然根深蒂固，不时搅扰着乡村的安宁，多年前发生了沸沸扬扬的寡妇的悲哀故事。

严家媳妇婚后产下一子，不幸丈夫早逝，守寡多年，本人安分，平日雇人料理农田，倒也太平无事。

俗话说："寡妇门前是非多，鳏夫房顶炊烟少。"几年以后，人们发现严家寡妇肚子渐渐鼓起来了，不几天，全村上下议论纷纷：有的说，"没有改嫁，肚子怎么会大起来？是不是年轻的寡妇熬不住了"；也有的武断说，"严家寡妇肯定偷男人了"……可是，几乎听不到关于软弱的严家媳妇是否遭到什么人欺侮的言论，由于男尊女卑思想作祟，从一开始就酝酿着寡妇的悲哀。

严家寡妇十月怀胎，在众人唾骂声中产下一个男婴。这一震撼弹可把小乡村闹翻了天。不少人纷纷提出要严查严家寡妇的出轨事项，有的人则把"扫帚星""狐狸精"等等恶名都加到了严家寡妇头上，把她骂得像狗血喷头。正在严家寡妇处于水深火热之中的时候，有两个壮年男人跳将出来，自告奋勇地抢"儿子"来了。

原来，并不是严家寡妇不甘寂寞去勾引男人，而是两个壮年男人趁严家寡妇傍晚在农田干活之机，先后强奸了她，她无力抵抗，也无什么人作后盾，有苦难言，只能把眼泪往肚子里咽。

这两个男人，一个外号叫"杉树大刀"，大龄"光棍"，家贫如洗。说话口气很大,没有分量,人们以杉木高大但材质脆弱来形容他,给他取名"杉树大刀"。另一个叫"搓衣板丈夫",家境一般,因妻子胸部扁平被贬损为"搓衣板"而得外号。这两个男人一开始,只是为了发泄生理上的欲望,看到寡妇软弱可欺而不择手段,多次在田间作案。两人压根儿不曾想到要从寡妇那里捡个便宜儿子。然而"无心栽柳柳成荫",寡妇倒是产下了儿子。两人都膝下无子,以为这是老天有眼赐我宝贝儿子来了,既然天赐良机,我为什么不出手?两人分别找到了寡妇,一口咬定说"这个儿子是我的",一场争抢儿子的闹剧就这样开场了。那时候,还没听说通过检验DNA确定父子血缘关系的事,解决问题就变得复杂了。两个男人为争抢儿子,根本不顾强奸寡妇脸面丑恶的问题,彼此不知吵闹了多少回。然而,这种事怎么能吵出个结果呢?

  严家寡妇反复寻思,自己家境并不宽裕,原有的儿子也未成人,无力挑起家庭重担,要把这个私生子拉扯大谈何容易?自己得设法把这孩子送出去,一是可以求个生活安宁,二是便于解决孩子的养育难题。她对两个男人作了比较,"杉树大刀"家境贫寒,哪能养活我的儿子?"搓衣板"丈夫家境稍好,夫妻婚后多年无后,得了这个孩子,肯定会视为掌上明珠,认真抚育他成人。于是,她就传出话去,说儿子是"搓衣板"丈夫的种,应该归他。这样一来,一场清官难断的争子纠纷算是画上了句号。

  谁知故事离奇,结局也是凶吉难卜。"搓衣板"夫妇俩把私生子养了一段时间,因病久治不愈,这个孩子还是夭折了。

  这起事件,在我老家小乡村里算得上是一大丑闻了。此外,也有个别游手好闲、偷鸡摸狗分子,桃色事件之类的花边新闻,同其他有人群的地方一样,也不可能绝迹。然而,瑕不掩瑜,我老家的好村风还是一直占主导地位。村里的不少姑娘不愿外嫁,宁可找个合适的小伙子一生一世留在村子里;外村的一些姑娘慕名而来,想方设法嫁到我们村子落户一辈子。

2008 年 3 月

欢度中秋

农历八月十五日,一轮皎洁的明月高悬中天,如银的月光倾泻大地,引人遐思,令人神往,真是一个迷人的夜晚。我同几个学生来到公园欢度中秋之夜,大家赏明月、吃月饼、讲故事,嘻嘻哈哈,十分热闹。

孩子们虽然在念小学,对中秋的传说却懂得不少。讲故事一开始,发言争先恐后,有讲嫦娥奔月的,有讲玉兔捣药的,也有讲吴刚伐桂的。他们差不多每个人都讲过一次以后,就要我讲中秋故事。流传甚广的都让孩子们讲了,我倒是没有什么好说的。面对气爽风柔、月明星朗的温馨氛围,不由得扣开心中的记忆,即席为大家朗诵起苏轼的中秋词:"明月几时有?把酒问青天。不知天上宫阙,今夕是何年。我欲乘风归去,又恐琼楼玉宇,高处不胜寒……"他们不解其意,要我解释。听完之后,还是要我讲故事。

我一边推辞,一边思考:讲点什么好呢?咳嗽一声,清了清嗓子,就慢慢地开腔。故事说的是,从前,有一个员外,邀请三个女婿同女儿一道来家欢度中秋节。一面喝酒、吃月饼,一面出题目要女婿们即席作诗。他说:"今晚喜度中秋,请女婿们一面吃东西,一面动脑子。我出一个题目'中秋',每人吟诗一首,作四句七言诗,第一句后三字定为'圆又圆',第二句后三字须是'剩一半',第三句后三字要接'乱糟糟',第四句后三字应是'静悄悄'。"

不一会,大女婿第一个站起来,他是一位秀才、教师爷,文质彬彬地说:"我先来,抛砖引玉:中秋月亮圆又圆,乌云飘盖剩一半，旁边星星乱糟糟，一到子夜静悄悄。"他朗诵完毕，大家噼噼啪啪鼓起掌来。"好，第一炮打响。"员外鼓励道，"看谁来打第二炮？"

员外的话音未落，当县太爷的二女婿站了起来，手舞足蹈地道："下面我来献丑：中秋月饼圆又圆，吃了几口剩一半，饼上芝麻乱糟糟，吃进肚里静悄悄。"又是一阵掌声。员外听完两人的朗诵，十分满意，感到当老师和任县太爷的都有文化，作的诗内容和结构都不错，不知当农民的小女婿怎么样，能不能作出四句诗来。

正当员外发愁时，小女婿站起身来，不慌不忙地说："我读书少，可能不行，现在胡诌上几句，请岳父和各位指正——中秋筵席圆又圆，吃到现在剩一半，骨头鱼刺乱糟糟，家宴一散静悄悄。"

"好！"全场爆出热烈掌声。员外喜出望外，兴奋地夸奖道："三位女婿都富有才华，诗文工整，紧扣中心，各具特色，词语通畅。老夫十分高兴，个个有奖。奖品按诗作内容颁发：大女婿讲月亮，奖嫦娥奔月丹青一帧；二女婿说月饼，奖桂花鸭蛋月饼一盒；小女婿谈筵席，奖名牌肥猪后腿一只。"

故事结束，大家继续赏月、吃月饼，孩子们又唱起歌说起笑话来……好久好久，我们彼此话别离开公园。我慢慢迈步向前，四周宁静，照映在地上的月色，宛若轻纱，又如薄雾，朦朦胧胧，令人陶醉。

1955 年 10 月

孙膑和阿里巴巴

少先队中队决定,队日活动要举行一次故事会。中队委员和小队长一起开会讨论活动的有关事宜。

有人提出"干脆开个大型故事会,让大家自告奋勇即席发言";有人认为"光讲故事太单调,最好是既有讲故事的,又有发表感想的";也有建议只讲中国故事,不讲外国故事;持不同意见者强调文化没有国界,不能搞清规戒律……经过讨论达成共识,队日活动必须高于家庭乘凉故事会,让大家有所收获,决定选择讲几个比较有意义的中外故事,并发表心得体会。那么选择什么故事呢?会议又热烈起来,小朋友们七嘴八舌地提出许多故事名称。作为少先队中队辅导员,我提出两条选择故事的要求:第一,故事生动有趣,富有教育意义;第二,不要太简单,大多数人都熟悉的不选;也不要太复杂,故事精彩但内容很多也不宜选用。后来,意见趋向集中,作出最后决定:像《渔夫和金鱼》之类比较简单,《基督山伯爵》一类过于复杂,都予以淘汰。确定选用两个故事,一个是出自《史记》的《孙膑赛马》,另一个是源于《一千零一夜》的《阿里巴巴和四十大盗》。确定两名口齿伶俐且富有表演能力的队员担任主讲,即日起认真进行准备。至于发表心得体会,会上让大家自由发言,中队、小队干部要带头,从现在起就可以思考起来。

星期六下午上完课后,队日活动拉开帷幕,中队长宣布"故事会开始"。第一位男队员讲《孙膑赛马》,一开始就铿锵有力地滔滔不绝:

战国时，魏国将军庞涓担心孙膑的贤能高于自己，嫉妒孙膑，就用刑罚将他的膝盖割掉，并在脸上刺字，想把他藏起来。齐国使者到大梁来，孙膑设法秘密拜见，用言辞打动使者。齐国使者就悄悄把他载回齐国，齐国将军田忌赏识并礼待孙膑。田忌经常与齐国诸公子赛马，设重金赌注。孙膑发现他们的马脚力都差不多，可分为上、中、下三等。比赛即将开始，孙膑对田忌说："用您的下等马对付他们的上等马，拿您的上等马对付他们的中等马，拿您的中等马对付他们的下等马。"田忌言听计从，三场比赛结束，一负两胜，最终赢得齐王的千金赌注。于是田忌把孙膑推荐给齐威王。威王向他请教兵法后，就把他当作老师。

听完故事，一位队员很快站起来，激动地赞扬了孙膑："孙膑真行，让我佩服！他帮助田忌获得赛马的胜利，主要是运用自己的长处，对付别人的短处，以强胜弱。其中的关键是，如何组织排列，才能突出己方的长处，这就要认真开动脑筋，而且要快，要急中生智。"

另一位队员说："我认为孙膑这个人很有志气，尽管被庞涓陷害，还是想方设法找出路施展自己的才能，用言语打动齐国使者，如果没有这样的胆量，逃不出魏国，就不可能有赛马的故事，更不可能在后来施展他高超的军事才华。"

也有队员指出，"庞涓这个人很坏，自己本领不如孙膑，不但嫉妒，还用刑罚加害孙膑。像庞涓这种小人，不配当将军。"

话音刚落，一位队员补充道："我很同意你的说法，庞涓是小人，他的肚量好像小鸡子的肠子。但田忌不愧为胸怀坦荡的大将，他看重孙膑这样的有用之才，就推荐给齐威王。我很佩服田忌这样的大将！"

接着，讲第二个故事《阿里巴巴和四十大盗》。一位扎羊角辫的

漂亮女队员,恭恭敬敬地举起右手向大家致了队礼,然后娓娓道来:

故事发生在中世纪的阿拉伯帝国。出身穷苦的樵夫阿里巴巴,一天上山砍柴,无意中发现四十大盗的藏宝洞,并记下开洞和关洞的咒语,他进洞得到了金币。他的哥哥戈西母知道后,便去藏宝洞大肆收集财富,竟然忘记开门咒语,终被强盗所杀并肢解尸体。接着,那伙强盗采取了一系列报复行动。先派一个强盗侦查,在阿里巴巴家门口画了记号。女仆马尔基娜一发现,便在邻居家门口都画上相同记号,结果强盗失败而回。随后再派第二个强盗,画了不同的记号,又被马尔基娜破解。强盗首领就把这两个人杀了。第三次,他亲自侦查后,假装是驮了37袋货物的商人,借宿阿里巴巴家妄图夜里行凶。马尔基娜识破其阴谋,用滚烫的油把37个强盗烫死在皮瓮里。强盗首领只得逃走。不久,强盗首领孤身乔装成丝绸商人,怀揣匕首到阿里巴巴家做客。马尔基娜发觉后,假装献舞,把匕首藏在鼓下面,机智勇敢地杀死了强盗首领。阿里巴巴不忘恩人马尔基娜,让自己的侄子娶了她,他把洞中的财宝分给穷人,让大家都过上好日子。

听了这个故事,反响热烈,几个人同时举手要谈体会。一位中队委员首先发言:"听罢故事,我感受最深的是,当遇到重大事情的紧急关头,不要惊慌失措,要冷静思考,机智灵活,只有这样,才能化险为夷。我最喜欢聪明机智的女仆马尔基娜,她就是这种遇事镇静的人物,在故事中发挥了决定性作用。是她,先后两次发现家门被做上记号,就把每户邻居的家门做上同样的记号,从而破坏了大盗报复计划;第三次,当大盗头子伪装带领同伙闯进家来,准备夜间暗杀阿里巴巴时,还是她,识破并粉碎了他们的罪恶计划;最后一次,大盗头子乔装丝绸商人,怀揣匕首妄图行凶前,也是她巧用献舞之计,勇敢地杀死了他。马尔基娜真了不起,我佩服得五体投地!"

一位女队员抢着说:"阿里巴巴是个善良的人,他不贪心,而是想着大家,最后把洞中的财宝分给穷人,他同戈西母真有天壤之别。我们要学习阿里巴巴,鄙视戈西母那样的人,痛恨四十大盗那样的坏家伙。"

又一位队员接着发言:"我不喜欢戈西母这个人,他又嫉妒又贪婪,为了发大财,迫不及待进洞去,看到满洞财宝,利令智昏,竟然忘记开门咒语,陷入上天无路、入地无门的绝望境地。戈西母是一个因贪财而死的反面典型。我们不要贪财,不然就不会有好结果的。"

紧接着一位队员说:"我也很喜欢马尔基娜这个人物,她虽然是女仆,却是故事中的重要人物。她聪明、机智、疾恶如仇,还有女孩子那种特有的细心。比如,她看到门上出现记号,立刻想到可能有坏人搞阴谋,于是在邻居的家门都做上同样记号,使得强盗无法辨别,阴谋破产。强盗头子两次乔装来到阿里巴巴家中,正是因为马尔基娜细心观察,一次又一次识破其阴谋,粉碎其罪恶计划,并最终全歼四十大盗。"

讨论结束,中队长请我讲话。我首先肯定两位讲故事的队员讲得生动活泼,绘声绘色,很有说书的味道,向他们表示感谢。接着指出,大家谈心得体会,争先恐后,畅所欲言,突出重点,言之有理。两个故事的意义,基本上都讲到了。正如大家所说的,故事值得借鉴的东西不少,一事当前,首先要头脑冷静,仔细分析当事各方的情况,知己知彼,然后扬长避短,机智决策。俗话说"眉头一皱,计上心来",不认真思考,是不可能急中生智的。处事要机智、灵活、勇敢、果断,缺一不可。故事告诉我们,一个人为人处世,要加强思想修养,养成高尚的道德品质,管好自己。要有宽广的胸怀，不要嫉妒别人。要懂得感恩，"滴水之恩当涌泉相报"。第二个故事是围绕储有巨大财富的藏宝洞展开的。如何对待财富？每个人都很敏感。人们都可以向往和追求美好的生活，通过自己的劳动等正确途径获得财富。四十大盗藏在洞中的财宝是抢劫所获，为不义之财。阿里巴巴是一个正直、善良、知恩图报的人，他并不把财宝占为己有，而是分给穷人，让大家都过好日子。人们追求欲望必须适度，不能过分，更不能贪得无厌。俗话说："人为财死，鸟为食亡。"戈西母贪财致死的事例十分典型。四十大盗是贪财抢劫的反面人物，最后落得被全歼的命运这是必然结果。至于故事《孙膑赛马》中孙膑为田忌提供的赛马方案，是一个排列组合问题，你们将来在高中数学中会专门学习，在比赛规则允许的情况下可以这样灵活运用。关键是要掌握情报，知己知彼，然后机动灵活，巧妙组合。

1955 年 9 月

这个司仪不好当

我虽然没有谈过恋爱,却当过多次婚礼司仪。旧式婚礼,新娘新郎完全听你指挥,司仪好当;新式婚礼,不仅新娘新郎不好对付,观众闹场厉害更难招架,这个司仪不好当!

第一次当婚礼主持人,是在我们部队的一个会议室里,新郎是一位政治干事,新娘是上海姑娘。

一开始,我有点紧张,宣布婚礼开始以后,进入角色就显得轻松自如。参照惯例,第二项议程是"新郎新娘介绍恋爱经过"。新郎比较爽快,像背书似的,语句流畅地叙述某年某月某日,由谁介绍认识新娘,经过一年多的交往,双方认为合适,就申请结婚。到此,就大声说:"介绍完毕!"刹车了。

在座的宾客可不同意,七嘴八舌地喧闹起来:

"不行,不行,只讲时间跨度,没有讲恋爱经过。"

"这怎么行?重来!"

我做了一个要大家安静下来的手势,面对新郎说:"按照大家的意见,关键是要谈恋爱经过,叙说两人怎样由不认识到相恋相爱的过程。"

有人插嘴道:"主持人说得对,新郎新娘要谈怎么相爱起来的。"

新郎搔了搔头说:"两人认识以后,就一道逛马路,聊天,我觉得她比较实在、不错,两人关系就密切了起来。"

听到这里,又有人插话:

"怎么密切的,要谈具体一点啊!"

"什么时候牵手的?"

新郎承认说:"时间长了,牵手是有的。"

又有人问:"没有别的亲热举动吗?"

"对,新郎要讲具体一点,不能蒙混过关!"

新郎被逼得没有办法,吞吞吐吐地说:"有是有的……不能说的……"

"怎么不能说的?"

新郎无可奈何地说:"像电影里那样的,你们知道的,你们谈过恋爱,知道的……"

"不行,不行。"来宾不满意。

此时,我考虑适可而止,就圆场说:"按照新郎的意思,只可意会,不可言传。这就到此为止。进入下一项议程——新郎新娘表演文娱节目!"

有人提议说:"刚才是新郎介绍恋爱经过,新娘还没开口,表演节目新娘先开始!"新娘低下头,不吭声。

我说道:"新娘新郎谁先表演都可以。"这时,大家高喊:"快,开始表演!"

新郎看了一眼新娘,站起来对着我说:"主持人,你知道的,我不会表演节目,这项议程就免了吧。"

"不行!""不行!"喊声此起彼落。

我引导说:"那么就唱个歌吧!"

新郎又推辞说:"我不会唱。"

"队列歌曲总会唱吧?"我启发他说。

新郎咳一声,清一清嗓子道:"那我就唱个《我是一个兵》。"

"我是一个兵,来自老百姓,"新郎五音不全地慢慢唱着,的确很刺耳,像鸭子叫似的。让人想不到的,唱到"革命战争考验了我,立场更坚定——"卡壳，停住了。我只得"嘿嘿，枪杆握得紧，眼睛看得清"地引导他继续唱下去。

新郎唱完，没有收获到掌声，只有宾客的呼喊声："新郎表演了，欢迎新娘表演！"

新娘急得脸红脖子粗的，不吱声。

我接着喊："新娘来一个！"

这时，新郎的丈母娘走到我跟前求情："同志，请你包涵，我女儿不会表演，原谅原谅她吧！"噢，丈母娘在婚礼中求情，第一次碰到，看她这么大年纪，就网开一面放过新娘吧！

正当我考虑如何既放新娘一马又争取来宾认可时，有人喊了起来：

"不能开后门，新娘到现在还没开口呢！"

我灵机一动，给新娘一个可行的台阶：

"这样吧，新娘要么唱一首歌，要么来一段朗诵！二选一吧！"

此时，新郎侧过头去在新娘耳旁嘀咕了几句。不一会，新娘羞怯地站起身来道：

"我真的不会唱歌，就朗诵几句吧！"

全场寂静，新娘抑扬顿挫地朗诵起来：

"毛主席诗词《为女民兵题照》：飒爽英姿五尺枪，曙光初照演兵场。中华儿女多奇志，不爱红装爱武装。"最后她说一声"完毕"，就坐下了。

"噼啪噼啪！"紧接着几个姑娘带头拍起手来。

就这样，一个节目接着一个节目，一项议程挨着一项议程，婚礼费劲而缓慢地推进着。我时刻捏着一把汗，深感自己办法不多，这个司仪不好当。

回顾当婚礼司仪的往事，最难忘的是一次在海军招待所举行的婚礼。新郎是我的一位战友，新娘是浙江金华地区的一位农村姑娘。

宾客都已到齐，我向新郎打招呼后，就上场致词：

"首先，热烈欢迎各位尊敬的客人、各位亲爱的战友前来参加今天的婚礼！"

接着，我大声宣布："某某某和某某某的结婚典礼现在开始！"

在全场热烈的掌声爆发过后，我宣布："第一项议程，欢迎新郎、新娘就位！"

话音刚落，新郎大步流星跨向前来，坐下了。

可是，新娘迟迟不见上来，我就又欢迎一次，还是不见新娘动静。我仔细端详，新娘低着头，呆呆地站在一旁。有人说："新娘害羞呢。"这可怎么办？是否让新郎去劝说劝说？我正犹豫着，在复旦大学和华东师大读书的两位新郎新娘的老乡主动走向前去，轻声劝说着。谁知不一会儿，新娘不但没有就位，竟然呜咽起来了。

面对婚礼形势的突变，真是"黑夜赶路摸不着北了"，不知如何是好。我慢慢走近新郎，轻轻地说："等等吧，先请大家吃糖果、花生吧！"他点点头。我马上尴尬地告知全场宾客。

做梦也没有想到，一场本应皆大欢喜的婚礼，被一个从没见过大世面的胆小新娘给搅了，也给我这个司仪画上一个不合格的标记。唉，这个司仪真不好当！

1964 年 3 月

夭折的初恋

"忙啊忙啊，总不能不找对象不成家吧？"每次休假回老家，爸妈和哥嫂们都这样疼爱地责怪我。如今我已二十七八岁，弟弟也有媳妇和孩子，可我还是单身，他们怎么不发急呢？

眼看又要休假探亲，怎么回复父母和兄嫂的关照呢？正在为难之际，退伍回老家义乌任教师的一位战友来信，热情地邀请我去他家聊天聚旧。我俩是金华地区的老乡，在部队是无所不谈的挚友，加上他的盛情难却，我就乘休假之机登门拜访。

他未婚妻前去部队举行婚礼时，我是司仪，现在他已有两个孩子，自然关心我的婚恋问题。他已经为我物色一个姑娘，是他的同事，普师毕业，我同姑娘就在学校见了面。

姑娘眉清目秀，垂着两条长长的辫子，亭亭玉立，脸上泛着红晕。她也是初出茅庐，第一次同异性谈朋友，难免感到羞涩和拘谨。双方经过自我介绍，倒是轻松自如了。

"我在部队工作，有着很大的不确定性。"我直截了当地向她声明这一点，"什么时候上级认为我不适合在部队继续工作，随时都有可能退役回到家乡来。"

"这有什么关系，如果回到家乡来，我们就一道教书呗！"姑娘爽朗地回答。

姑娘这句话打动了我：她直爽开朗，可以谈谈。于是，我们双方的话语慢慢多了起来，不知不觉地似乎逐渐热烈起来，朦朦胧胧仿佛有相见恨晚的感觉。

让我意料不到的是，在交谈将结束时，姑娘竟然跨出大胆的一步：

"如果你方便的话，请你明天去我家，让我爸妈见见你。"

我又惊又喜，既然她已认可，前去见见她父母又何妨？我一口答应。

顿时，姑娘喜形于色，脸上又泛起红晕，笑眯眯地告诉我去她家的路线、乘什么公共汽车、在什么地方下车等，最后她跟我约定在车站迎接我的时间。

经姑娘的父母认可以后，我俩的初恋就正式拉开帷幕。

随着两地书信的思想交流，彼此产生了好感。三个多月后，我向部队干部部门递交要求确立恋爱对象的申请报告。在那个年代，军队干部找配偶，必须经过政审批准：第一步，通过政审合格确定恋爱对象；第二步，再经政审批准结婚。因此，军队干部的恋爱结婚，实际上不止是男女双方的私事。

"天有不测风云，人有旦夕祸福。"一天，干部部门突然找我谈话：

"经过两次发函调查，发现你的恋爱对象有海外关系，她三岁的时候有一叔叔从大陆去台湾。有这种关系，肯定不能做配偶。从今天起，你必须停止同她的恋爱关系，望你好自为之。"

犹如晴天霹雳，霎时我的脑子一片空白，不知说什么好。我低着头，闷闷不乐地离开了。

面对这一沉重打击，我真的想不开。说她三岁时叔父去了台湾，那是牙牙学语的婴儿，她懂得什么呀？想起同我年龄相仿的同学和战友，大都已经娶妻育子，而自己连个女朋友也谈不成，不由得自卑起来。

我几次想提笔给姑娘写信，宣告中止初恋，可都下不了手。"不能耽误姑娘的青春岁月!"几经思想斗争,我终于硬着头皮,提笔告诉她实情,说明按照军队规定,不能继续我们的交往,请她谅解。写到这里,我悲伤的泪水,不由自主地沾湿了信笺,只得匆匆搁笔。

开局很顺利,结局很狼狈,我的初恋就这样夭折了。

棒打鸳鸯散,山穷水复疑无路,待到"猴年马月",才能见到柳暗花明又一村啊?

1965 年 1 月

相亲的烦恼

年轻人相亲，按理说这是充满神秘和欣喜的事，其实不然，也有烦恼和尴尬。

有一次，一位护士长帮我物色了一个护士，约好时间地点，让我同她去见面，目的很明确，期望第一次有个良好的开端，能够谈起恋爱来。

按照约定时间，我赶到虹口公园见到了她。相亲，自然先要看长相，彼此观察对方颜值如何。她给我的第一印象：长相端正，举止大方，不过略显老气，眼角泛着细细的鱼尾纹。

我们一边散步，一边交谈，感觉她谈话时有点保留，摸不透她的心思。这一举动，引起我的不爽，也引起对她真实年龄的兴趣。

根据介绍，她24岁，似乎与实际情况有点差异。那么，她能否给我一个实事求是的态度呢？我想不能直接问，用查户口般的方式太唐突，也不礼貌。

还是从我做起，自述何时上学、何时工作，然后暂停，谈点读书期间的趣事。果然，她也跟着谈及自己的有关经历，只是不够连贯。闲谈一会以后，我又主动叙述几岁入伍、几岁入党的经历。她也紧跟着自我介绍，只是脱口而出，可能露了马脚，立即改正一次。我没有明显反应，照样仔细聆听着。走近公园门口时，我已识别清楚：她瞒报了真实年龄。既然谈朋友，聊天不坦诚怎么行？

分别时，她问我下次什么时候见面，我托词说："下周我要随军舰出海去，以后再说吧。"

姑娘的不诚实导致相亲戛然而止，我丝毫不感到遗憾，只是面对介绍人，我略显尴尬。

相亲的次数不少，还真遇上几个有点故事内容的呢！

这是同一位小学教师见面的故事。不知何故，姑娘那天姗姗来迟，她没有致歉，我也没有不悦。

交谈一开始，她就谈及海军的内容："你们海军，小兵的帽子有两根小辫子对吧？"这句话让我有点"感冒"，马上回敬她一句："那是水兵帽的飘带，便于在海上辨别风向和固定军帽，它不是小辫子。"我没有跟她一般见识，马上把话题引开了。

因为见面时间较晚，散步不久，手表已指向11点30分，我提议一道吃饭去。走到一家饭店门口，姑娘突然冒出一句："你带粮票没有？"

不带粮票怎么吃饭？我想她在提醒我"吃饭你埋单"，真是"小儿科"的问题。

就座以后，我请她点菜。她双眼一扫菜单，很快点出四菜一汤：清炒猪肝，蘑菇豆腐，白斩鸡块，醋熘大黄鱼，肉丝菠菜粉丝汤。

"点得不错，"我称赞道，"比我们舰艇部队的海灶还丰富！"

"你们海灶吃什么？"她问道。

"我们海灶吃三菜一汤，六人一桌。"我如实回答。

没等多久，第一个菜上来了——白斩鸡块。

"颜色不错，香气扑鼻，看来味道不会差！"姑娘未等我说话，就举起筷子动手了。她边吃边说："味道不错，你快吃呀！"

"好的，接近12点，有点饿吧？"我边说边提起筷子。

紧接着，上饭了，清炒猪肝等几个菜也陆续上来。夹着这个菜，又瞄着那个菜，姑娘忙得不可开交，不知哪个菜是她的最爱。

"色香味俱佳，真不错！"姑娘边吃边赞叹。

"看来，老师还是个美食家！"我夸奖她一句。

"哪里，哪里。"显然，她感到不好意思。

我们吃得正香，最后一只菜——醋熘大黄鱼上桌，一只长长的瓷盘，装着一条金灿灿的大黄鱼，姑娘瞪大眼睛叫道："啊，这么漂亮的大黄鱼！"她高兴得馋涎欲滴。她的话音未落，筷子已经触到大黄鱼那丰腴的躯体上。她开心得赞叹不已："太棒了，我从来没吃过这样美味的大黄鱼！"

"好吃就多吃点！"我在一旁鼓励着。

将近下午一点半，这顿饭总算结束。大黄鱼个儿大，剩下一大半。姑娘说"这么好的美食得带回去好好品尝"，她交代服务员打包。

准备回家，我送姑娘去公交车站，她提着装有黄鱼的食品袋向前走，眼看一辆公交车驶近车站，姑娘突然"哎呀"一声呼叫起来，我凝神一看，只见食品袋里的黄鱼汁滴漏到了她的鞋子上。这时，公交车已戛然停下。我催促她"快上车"，同时递给她一方手帕说"上车去擦一擦"。她顾不上回话，急匆匆地跨上汽车。

事后，介绍人问我相亲结果如何，我原原本本叙述了见面经过，两人同时发出苦涩的微笑……

唉，相亲如此继续下去，何时才能碰到心仪的目标？真是成长的烦恼，倒不如少年时代开心。

1966 年 3 月

难忘的接见

毛泽东主席是中国人民的伟大领袖，是世界伟人。毛主席深受中国人民的爱戴，毛主席在中国现代史上的重要地位举世公认。

我是一个贫农的儿子，幼年时代，家境贫寒，缺衣少食，以毛泽东同志为首的中国共产党领导我们穷人翻身得解放这段历史，至今历历在目，自然对毛主席怀有深厚而特殊的感情，感激他，崇敬他，真心实意地继承着他和老一代革命家开创的事业。自从家乡解放的那一天起，我就萌发想见一见毛主席他老人家的愿望。说起来真幸运，1968年，我的愿望终于实现了。见到毛主席的情景我一生难以忘怀，一辈子催我奋进。

那是1968年8月11日下午，我在北京参加解放军海军第二次四好连队代表大会，突然获得特大喜讯：毛主席要接见全体代表！

我所在的东海舰队代表团驻地，顿时大家兴奋得沸腾起来：有的哼起毛主席语录歌，有的高歌《敬爱的毛主席》；每个人都忙着换上崭新的军装，胸前佩戴起一排排闪闪发光的毛泽东像章；男同志把胡子刮了又刮，女同志一遍又一遍地梳理秀发；驻地唯一的全身镜前，人们前拥后挤地整饰仪表，谁都想以最端庄威武的英姿去见毛主席。

晚饭后，我们的车队浩浩荡荡驶向人民大会堂。接受接见的人们一队队鱼贯而入，我们东海舰队代表团就座在大会堂二楼东侧。在等待毛主席接见的分分秒秒里，我不时地翘首张望着正前方的舞台，脑海里情不自禁地忽闪过一幕幕难以忘怀的往事：

——在上小学的岁月里,我天天早上背着书包和两块红薯去学校,中午躲在角落里啃着千篇一律的红薯午餐;

——考上中学,高兴了一阵子,马上又陷入深深的苦恼之中,因为交不起学费,眼睁睁地看着人家升学,自己却跨不进校门;

——白天盼,黑夜盼,我时时刻刻盼着上中学,盼到人民政府免费招收贫下中农子弟读师范的好消息,我这个穷孩子,终于突破本家祖祖辈辈无人知书识字当老师的纪录;

……

千言万语汇成一句话:是共产党毛主席领导成立新中国,改变了我的命运,改变了亿万劳动人民的命运。随着思绪的翻腾,一股暖流涌上心头,一种激动的感恩之情油然而生。

我们在人民大会堂静候半个多小时,突然,舞台上灯光闪亮,一看手表:5时24分。

——毛主席来了!全场立即响起暴风雨般的掌声,尽情欢呼"毛主席万岁!毛主席万岁!"我同战友们个个踮起脚,全神贯注地看着稳步走向舞台前沿的毛主席。毛主席身材魁伟,精神焕发,步履稳健,从舞台的一端走向另一端,向全场两万多名解放军官兵频频挥手,随后和台上陪同接见的军队领导作了简单交谈。在一阵阵"我们有多少知心的话儿要对你讲,我们有多少热情的歌儿要对你唱"的歌声中,毛主席再次向全场挥手致意,慢慢迈向后台。

在返回驻地的途中,一路歌声,一路欢笑,我们成了世界上最幸福的人。一下车,人人都为向亲人和战友报告喜讯而忙碌起来。我把贴有大红喜字的两只特制信封拿出来,龙飞凤舞地一挥而就,这是我挥毫弄墨以来写得最快的一封信。

时隔八年以后,1976年9月,我正以政治指挥员的身份同军事指挥员一道带着舰艇编队在南海参加军事演习,9日下午4时,中央人民广播电台突然传来毛主席逝世的噩耗，我无比悲痛，心情沉重地布置着加强战备和军舰下半旗等各项悼念活动，伤心的泪水情不自禁地夺眶而出……

　　1977年春天，我有幸参加解放军军政大学学习，当时天安门广场南侧正在兴建毛主席纪念堂，学校领导十分理解学员们的心情，让我们参加一天建设纪念堂的劳动。我一早起床，干了一天体力劳动，手上磨出水泡，晚上还是感慨万千地难以入睡。

　　邓小平同志高屋建瓴地说："没有毛主席，至少我们中国人民还要在黑暗中摸索更长的时间。"的确如此。如果没有毛主席和共产党的领导，我这个穷孩子，说不定这辈子也成不了新闻工作者。

　　　　　　　　原载1993年12月27日《建筑时报》，有删节

两个"信阳"

1971年1月下旬,我受东海舰队宣传部的派遣,前去北京,住在海军第一招待所撰写新闻稿件,新闻科长朱良仪要我在中央新闻单位发表文章后再回上海。这样一来,我只能在京过春节。

节后,我写的新闻先后发表,正准备买火车票返沪时,舰队有关部门来电,要我绕个弯回上海,去河南信阳市带一名适龄青年到舰队参军。要带的青年,是我的战友、舰队政治部宣传部新闻干事杨玉朴的儿子。当天我买了火车票,第二天风风火火赶到信阳市。

在北京通话时,有关人员告诉我说,舰队已发函信阳人武部,要其办理适龄青年杨宏申参军的有关手续,交付前去人员带往舰队入伍。因此,一到信阳市,我直奔人武部联系办理此事。谁知对方查阅了近期的来往公函后说:"没有收到东海舰队的公函。要么,你明天再来看看。"我想,也许公函还在传送途中,就找个旅馆住下。

次日一早,信阳市人武部还没上班,我已等在门口,整整等候一上午,还是不见音信,只得离开。中饭后,我又去人武部等候,直至下班仍然失望而归。

第三天,我又去人武部"守株待兔",还是杳无音信。我心里不免烦躁起来,就打电话给舰队有关人员,查询公函是否确认发出,对方回复说一星期之前就已发出。显然,公函已经不在传递途中,那么公函在哪儿呢?是否投递错了?

信阳,我初来乍到,只知道这地方是司马光、郑成功等历史名人的故乡,是孔子周游列国的终点,别的一无所知。这次有关部门托我来信阳办事,是信任我。再说,杨玉朴是我在新闻界的朋友,带他的儿子去舰队参军,是举手之劳,理应办好,可别把事情办糟了。我寻思,来信阳已经三天,再不能瞎等,必须独辟蹊径想办法。于是,就找旅馆人员了解起当地的行政区划、历史沿革等情况。果不其然,有人说这里有两个"信阳"。噢,两个"信阳"?我脑子急转弯:这里是信阳市,还有个信阳县,说不定东海舰队的公函错投到了信阳县人武部?

翌日,信阳市人武部一上班,我就心急火燎地上前说明我的分析判断,请他们打电话询问一下信阳县人武部,有没有收到东海舰队的有关公函。

"踏破铁鞋无觅处,得来全不费功夫。"信阳县人武部作了肯定的答复。短短三分钟,折腾七八十个小时的难题迎刃而解,有关带适龄青年杨宏申参军的公函果然水落石出。信阳市人武部一拿到公函,当即办妥了有关手续。

尽管我第一次来信阳,任务在身,不敢懈怠,街道市容一律不闻不问。过程遭挫折,结果见圆满。办好手续的次日早晨,我带着体魄强壮的河南小伙子杨宏申,登上列车,满怀信心地向上海进发……

1971年2月

"橘子皮噜苏!"

妻子因病手术治疗刚出院,家中无人,暂时住在我们海军码头的干部宿舍休养,这样便于我一面坚持工作,一面抽空照顾她的日常生活。

儿子才一岁,断奶不久,妻子的妹妹主动带到她家去抚养,为我解决了一大难题。女儿四岁,平时在海军幼儿园,每周一送去,周末接回来。今天是星期天,正碰上某舰出海训练在浙江海门补给副食品时带回不少橘子,我买了一些,三个人吃得正欢。

"这橘子真甜,真好吃!"女儿边吃边问,"爸爸,这种橘子叫什么名字啊?"

"傻孩子,橘子就是名字呀!"妻子在一旁回答道。

"橘子是这种水果的总称,它还分具体的品种。"我解释道,"这种橘子是黄岩蜜橘的优良品种,叫'本地早',成熟早,皮很薄,果特甜。"

女儿一听,高兴地夸奖道:"我说嘛,味道好得我的眉毛都快要掉下来了!"

"怎么味道好得眉毛会掉下来?"我不解地问道。

"上海人是有这种说法的,说什么食物味道鲜,鲜得眉毛也快掉下来。"妻子不慌不忙地解释道。

"是的,是的,我们幼儿园老师也是这样说的。"女儿急着插嘴说,"就在昨天中饭吃红烧肉的时候,大家都说味道美,老师就说味道鲜得眉毛都快掉下来!"

"噢，是这么回事。"这倒使我想起一个故事。母女俩的对话，打开我的话匣子，即兴讲起一个故事——

有一天，一位爸爸在农田放水时看到一只螃蟹，就顺手抓了回来。爷爷一看螃蟹很大，大约有三两重，开心地说："这么好的美食，怎么烹调呢？我家五口人，可只有一只螃蟹呀！"

爷爷话音刚落，爸爸、妈妈抢着说出自己的主张：一个说红烧，一个说清蒸。接着，奶奶慢条斯理地说道："红烧、清蒸，一只螃蟹，五个人怎么吃？"她顿了一顿，斩钉截铁地说："烧汤，这是最佳方案！"

"我赞成烧汤，这样每个人都能喝上一碗美美的螃蟹汤！"孙子高兴地喊起来。

最终，爷爷一锤定音："烧螃蟹汤！"

妈妈放上一大锅水，放进螃蟹，高兴地用大火烧起汤来。一会儿，看到锅盖还没合上，就重新盖一次。

十多分钟后，螃蟹汤烧好，妈妈满脸笑容地一口气盛上五大碗，摆到桌上让大家品尝。

孙子抢着第一个喝螃蟹汤，他用嘴轻轻地吮一小口汤，就兴高采烈地夸奖起来："嗯，真香，螃蟹汤味道真美！"

紧接着，奶奶也跟着先尝鲜："味道不错，只是感觉淡了一点。"

爷爷和妈妈还没有动手，"哎唷！"一声，爸爸突然惊叫起来。他低头一看，那只螃蟹正爬在他的脚边，刚才正是螃蟹的大钳子钳了他的脚趾。

"我说呢，味道这么淡，原来螃蟹从锅子里逃出来了。"奶奶说出她的先见之明。

孙子听后不以为然，他另有高见："现在汤的味道已经好鲜，如果螃蟹不是怕热从锅子里逃出来，这碗螃蟹汤可要鲜得我的眉毛都要掉下来！"

顿时，我们三个人不约而同地大笑起来。

妻子听后评论道："故事讲得不错，还活学活用鲜得眉毛要掉来的俗语，只是有点噜苏。"

我随口回敬道："你讲话才噜苏呢！"

妻子不服气，搬起"救兵"来，问身旁的女儿道："你说，是爸爸噜苏还是我噜苏？"

女儿眨巴眨巴那双小眼睛，看看我，又看看妻子，随后转头端详起桌上摆着的"本地早"，最终定格在刚剥开的橘子皮上，她抬起头来，响起那清脆的童声：

"橘子皮噜苏！"

"哈哈！哈哈——"我和妻子乐得捧腹大笑，连眼泪也笑出来了。没有想到小家伙如此机灵，一句话就"化干戈为玉帛"。

1972 年 11 月

"焦饭我来吃!"

儿子小时候智力开发起步较晚,有时会闹出让我们忍俊不禁的笑话来。儿子两岁半进海军幼儿园,第一天,当妻子送他上接送车离开时,儿子依依不舍地拉着她的袖子说:"妈妈,你有空来看看我。"妻子莞尔一笑:"好孩子,我有空就去看你。"

第一个周末接回家,儿子娇声娇气地对妻子说:"一个小朋友穿衣服,一个小朋友去小便——这是普通话吗?"妻子高兴得眯着眼睛给他校正发音。

五月底的一个周末,儿子被接回家中后,他以十分认真的姿态告诉我妻子说:"老师说,过儿童节要穿花裙子。"妻子问:"是女孩子要穿花裙子吧?"儿子回答:"老师说都要穿花裙子。"妻子忍不住笑出声来,只得给他简单解释男女有别的常识。

随着时间的推移,儿子的身体和智力发育与时俱进,获得可喜的进展。不久,我家搬进部队分配的新住宅,周末我接了儿子背着他回家,他一下地,从外面一间,走到里面一间,惊喜地道:"两间啊?这么大!"我告诉他:"这房子是部队分配给我们的。"他先看放着双人床的大房间,再看放着上下铺小床的小房间,自言自语地说:"爸爸妈妈住大房间,我和姐姐住小房间。"我高兴地称赞道:"对,涛涛说得很对!"

上小学以后,儿子的智力发展不错,学习用功,成绩很好。我在舰艇部队服役,除了星期天,平时不回家,妻子每天下班回家也较晚,按时吃晚饭便成了问题。为此,两个孩子从上小学开始,就让他们学会用煤气灶烧饭，谁先放学回家谁烧饭。两人倒也自觉、认真，除了偶尔有火星溅到袖子，没出别的问题，令人满意。儿子曾经写过一篇题为《烧饭》的日记，文中写道："今天又轮到我烧饭，心里十分高兴。我不慌不忙地来到厨房，先舀一碗半米倒入锅中，放水淘洗几次，然后装上适量的水，放在煤气灶上，开出大火小火，开始烧饭了……眼看锅子冒出热气，里面的水沸腾得快要溢出来，我赶紧揭开锅盖搁在一边。一会儿，锅里的水少了，我便把锅盖盖上，把煤气的火苗调整到最小，让它慢慢地烧。再等片刻，我再去厨房，开锅一看，哈哈，饭烧好了。晚餐开始，我开心地吃着饭，心里乐滋滋的，觉得比爸妈烧的饭都要香都要好吃，因为这是我自己劳动的果实啊！"儿子对于自己的劳动颇有几分自豪感。

有一次，儿子忙着做作业，对煤气灶的火苗控制不及时，把锅底的一部分米饭烧焦了。他急得脸红脖子粗，感到很惭愧。好不容易等到他妈妈回家，就难为情地喃喃说道："妈妈，对不起！今天不小心把饭烧焦了，焦饭我来吃。"妻子查看了一下饭锅，微笑着对儿子说："你勇于承担责任的精神很好，焦饭嘛就不用吃了。"儿子较真地回答："我烧的饭，我负责，焦饭我来吃。"妻子耐心地跟他再次讲述如何把握煤气火候的细节，并把挖出的焦饭扔进垃圾桶。

从此以后，儿子再也没有失手过，每次烧的大米饭晶莹白亮，还带有点香味呢！

1980 年 6 月

两代人上戏台

女儿上幼儿园大班，儿子三岁，都没有去过我老家，利用春节放假的机会，我和妻子带着他们开始返乡探亲之旅。

老家在浙江省浦江县，一早出发，乘火车、转汽车，直到傍晚才到站。汽车站离家有10里地，好在我弟弟早已等候在那里，他拉来一辆手推独轮车，让女儿和儿子分坐小车两边，我们一行人就往老家前进。两个孩子十分高兴，嘻嘻哈哈地嚷着："真好玩，跟电影里的车子一个样。""这车子好舒服，还吱嘎吱嘎响着呢！"

我们一到家，哥哥、嫂嫂、侄儿、侄女等十多个亲人都聚集在一起欢迎我们。其中最高兴的是我母亲，面对我的女儿和儿子"奶奶好""奶奶好"的问候声，笑得合不拢嘴。

回家的第二天，大家都忙着准备过年。村边的池塘正在排水捕鱼，我带着孩子在一旁看热闹。水排干后，池塘里的鱼活蹦乱跳，鱼很多，也很大，有的几乎同小孩的身高一般长，可让孩子们开了眼界。他们第一次看到这样生动的画面，喜出望外，两人争先恐后地向我提出了许多"为什么"："这条大鱼叫什么名字？""鱼长这么大，是吃什么东西的呀？"孩子们天真无邪，什么都想问个明白。我耐心地一一回答着，直到他们满意为止。

隆冬时节，家乡奇冷。女儿烤着老家装有明火的手炉御寒，人们送来小鱼小虾，让她放在手炉里烤着吃，可把她乐坏了。她一边美美地吃着，一边开心地嚷着："手炉烤的小鱼小虾真香，真美，真好吃！"一直生活在城市里的孩子，乍来农村，简直像进入一个新世界,对于各种生活习俗无不感到新鲜有趣,喜不自禁。

年初二上午,我们一家人前去我的舅舅家拜年。孩子们一边走一边问:"什么叫拜年呀?""为什么要拜年?"我和妻子一一作了解释。每逢新年,家家户户走亲戚相互拜年,道贺祝福,增进感情,是我们中华民族的传统文化,是相互表达美好祝愿的一种方式。为了表示尊重,一般都要晚辈首先向长辈拜年,然后长辈向晚辈回拜。

舅舅家养着羊,引起我儿子的浓厚兴趣。他睁大明亮的眸子观察着,娇声稚气地发着议论:"哈哈,羊的身上背着枪,羊的屁股会放豆子。"哦,原来儿子既误解羊脖子套绳索的木枷,也看不懂羊的大便,我笑着给他作了解释。在意识比较朦胧的孩提时代,其实这些算不上笑话。人们认识事物一般都是从感性认识开始的,孩子刚刚步入社会,一切从零开始,不足为怪。

春节,是家乡最隆重、最热闹的一个传统节日,内容丰富多彩,热闹喜庆,祈福攘灾,年味浓郁。这次过春节,盛况空前,乡亲们在村口搭起一个大戏台,准备演几场皆大欢喜的大戏。那天晚上,人们吃完晚饭,就三三两两地端着凳子、椅子在戏台前面摆好座位。当我和妻子赶去时,场上已经人头攒动,好在女儿和儿子早就同侄儿侄女们为我俩准备好了座位。

我俩正聊着天,一个笑吟吟的声音在耳边响起:"这是谁家的孩子啊,怎么没有见过?"我俩不约而同地朝台上看去,"哎呀,这不是我们的女儿嘛,她上台去干啥呀?"

还没等我们的脑子转过弯来,女儿那清脆稚嫩的童音已经在台上爆发出来:"爷爷奶奶、叔叔阿姨、哥哥姐姐、弟弟妹妹们,大家新年好!"她略微停顿了一下,接着说:"在大戏演出之前,我给大家表演几个小节目。"台下马上响起了噼里啪啦的掌声。

"哎呀呀,这孩子胆子真大,事先没有跟我们商量一下,要是在台上出洋相可怎么办？"妻子担心地责怪起来。我轻描淡写地回应道："没事，别紧张。"

我的话音未落，女儿已经在台上纵声歌唱："小小竹排江中游，巍巍青山两岸走，雄鹰展翅飞，哪怕风雨骤……"

《闪闪的红星》一唱完，台下发出热烈的掌声，有人喊道："唱得好！再来一个！"

妻子终于松了口气："唱得倒还可以。"还没等我回话，女儿已经开始引吭高歌第二首：

"洪湖水呀浪呀嘛浪打浪啊，洪湖岸边是呀嘛是家乡啊……"

循着歌声，我抬头看着女儿落落大方地扭动着身体，时而挥舞一下手势，时而甩一下小辫子，天真活泼地演绎着她那甜润的歌喉，兴奋得小脸蛋像红彤彤的苹果。霎时，一股幸福的暖流在我心间流淌。我自豪地转身问妻子道："女儿唱得怎么样啊？"

"嗯，唱得不错！"妻子兴奋地回答说。

"可不是嘛，她妈妈不也常常在单位集会时指挥大家唱歌的吗？有其母必有其女嘛！呵呵！"我趁机连带着点赞一下妻子。

"别烦，怎么把我也给扯上。"妻子不好意思地打断我的话语。

我正担心女儿可别兴奋得刹不住车，可喜的是她有一点自制能力，唱完两首歌后，不管台下喊"再来一个"也不唱了。接着，她跳了两支舞蹈，自动结束表演。

最后，女儿学着演出主持人的腔调，大声说道："下面，请大家观看革命样板戏《智取威虎山》！"两手向右边一指，在一阵更加热烈的掌声中，她从容不迫地缓缓走下戏台。

这时，我走过去看望同侄女们坐在最前面的母亲，她开心地拉着我的手说："孙女唱得好听，你们教育得好。"兴奋得我一时不知说什么好。

不一会，正戏开始，表演的并不是请来的正式剧团，演员全是村里的乡亲，戏称"自力更生，自产自销"。

更让我惊喜的是，"打虎上山"的主角杨子荣登台一亮相，竟然是我的亲弟弟！妻子忘情地语无伦次地在我身旁嚷着："杨子荣，弟弟……不比剧团里演得差。"妙哉，太令人振奋了！没想到，一个初中毕业的标准农民，演起戏来，举手投足像模像样，唱功正规字正腔圆。我欣赏着，快乐着，按捺不住的兴奋，心里像灌了蜜那般舒坦。

世道巨变，可不是嘛，村子在变，乡亲们在变，弟弟在变，孩子们也在变，一切都在变，渐渐地在向好的、可喜的方向发展……

1975 年 2 月

茫然的夜晚

来到"五七干校"以后，白天基本上天天干农活，夜晚无事可干，不免令人茫无头绪，怅然若失。

干校孤零零地坐落在安徽巢湖边，校外没有可逛的地方，校内没有电视机，没有阅览室，也没有体育设施，除了一周放一次电影外，什么玩艺儿也没有。在文化生活丰富多彩的部队和大城市生活惯了的我们，来到这里，就像进入荒漠孤岛，无不感到单调、枯燥。这样乏味的日子，待个三五天尚能勉强对付，长此以往可真不知所措。

稍能安慰的是，有人未雨绸缪，出发时带来扑克和军棋，还能玩一阵子，可是每晚下军棋、打牌，玩那些"拱猪""斗地主"什么的，也感到腻烦。

在百无聊赖之际，有人别出心裁地干起新活计。一天晚上，在我们房间的一个角落里，突然发出"吱格、吱格"的响声。我走近一看，原来是老徐用砂纸在摩擦一条小竹片。竹片像学生用的塑料尺子，三四十厘米长。他手里拿着一条，身边还摆着好多条。

"这是干什么呀？"我抓起一条小竹片，大惑不解地问道。

"做晒衣架。"老徐说出他的原委，"我们把衣服挂在绳子上，风一吹就掉到地上，自己做几个十字形晒衣架，问题就迎刃而解。"

我颇有感触地赞道："这个办法好！"一举两得，既便于晾晒衣服，又缓解夜晚枯燥。为避免引起麻烦，我没有把自己的感慨都表述出来。

老徐这一举动，立即引起班里的强烈反响，有三四个人闻风而动也做起了晒衣架。从此，每当晚饭后，一回到班里，我们就嘻嘻哈哈干起手工活。倒不是我们买不起小晒衣架，而是这样一来晚上有事干，心里就充实。

"我们在干校，也要学南泥湾，自己动手，丰衣足食嘛！"一边聊天，一边干活，我们自娱自乐，别有一番风趣。

做这种晒衣架，简单易行。第一步，是准备两条40厘米长的小竹片，每条竹片以等距离打五个小孔；第二步，用一个乙字形铁丝弯钩，穿过两条竹片中间的小孔组合成一体，上面的竹片可以围绕弯钩旋转移动，打开两条竹片呈十字形；第三步，在两条竹片剩下的每个小孔中，用粗线绑上小的木头夹子。到此，十字形晒衣架宣告完成，就可以挂到竹竿上、木杆上、绳子上或者其他地方晾晒衣服了。

我也一本正经地动起手来，先找来一段竹子，剖开以后，仿照老徐的十字形晒衣架，做成十二条竹片毛坯。然后买来砂纸、粗线和小木头夹子，按照晒衣架制作流程，认真细致地干开了。每天晚上，马不停蹄，汗流浃背，工作不止。连续操作一个多星期，终于做成六个十字形晒衣架。尽管这只不过是一个简单的小制作，但却是自己一手完成的，我一遍又一遍地端详着晒衣架，不由得迸发出难以掩饰的欣慰之情。

在随后的漫漫夜晚中，我们又开展自制咸鸭蛋、水田夜捕鳝鱼等活动，较好地丰富了夜生活，人人都收获了意想不到的愉悦。

1976 年 5 月

水田夜捕

年初,我们舰艇部队的一部分团以上干部和机关干部来到"东海舰队五七干校"锻炼。

干校设在安徽省巢县的巢湖边,我们部队来的干部被编为七班,住在湖边的一间小茅房里。我们的主要任务是劳动锻炼,也学习一些政治形势之类的内容。由于原来过着正规的军旅生活,很少参加体力劳动,在干校每天下农田劳动,不免感到疲惫,夜间大都是休息。

我班的陈大队长,40多岁,他的腰原来就患有病痛,干不了繁重的农活,组织上安排他养鸭子,每天提着一根长竹竿,"噢,噢——"地指挥着百十只鸭子,在河边地头觅食。

这里土地贫瘠,鸭子即使成天被驱赶在野外觅食,也很难填饱肚子。怎么办呢?经过向当地农民调查研究,找到一个办法,可以为鸭群觅得美食,使它们快速长肥,那就是捕捉鳝鱼。说话容易,要做起来很难,到哪里去寻找鳝鱼啊?

再经深入调研,办法还是有的——制作捕鱼工具,派人下水田夜捕。于是,老陈和我们几个感兴趣的人马上行动,购买和搜寻材料,制作起捕鳝工具来。

这工具我们管叫它"捕鳝枪",由两部分组成:一根一米多长的小竹竿或小木棒,再加上一个插鱼头。制作插鱼头稍复杂一点,先加工一块一寸见方的小木块,再准备九根一两寸长的金属针,把针屁股烧红，用钳子把它插入木块中，针尖朝外，均匀排成三行，每行三根，三三得九根。然后把这个插有九根针的插鱼头装入小竹竿或小木棒的一端，牢牢固定。到此，捕鳝枪就制作完毕。为确保捕鳝成功，用木棒和竹竿各做了一根捕鳝枪。

白天准备工作就绪，当天晚上，老陈、小罗和我组成一个捕鳝小组，提着工具，雄心勃勃地出发。来到田野，我们选择一块水稻长得不是很高的水田，拉开战斗序幕。天很黑，伸手不见五指。我们慢慢走上几步，在水田中停了下来。老陈抓起手电筒，朝着水田表面仔细照射着，三人同时瞪大眼睛向水中搜索着。"这里一条！"我一发现目标立即报告，老陈马上用手电筒照定鳝鱼。果然，鳝鱼具有趋光性，见到灯光一动也不动。这时，小罗举起捕鳝枪用力地向鳝鱼戳了下去，只见鳝鱼拼命挣扎，溅起几许水花，但为时已晚，它已经成为我们的第一份战利品，我满意地提起铅桶，让小罗把鳝鱼放了进去。

第一条鳝鱼刚入桶，老陈紧接着叫嚷起来："又一条！"小罗赶忙转过身去，举起捕鳝枪再次戳了下去，第二条稳稳收入囊中。紧接着，"这里一条！""那里也一条"的呼叫声此起彼落，忙得小罗不亦乐乎。

随着经验的不断积累，我们搜索目标的速度越来越快，小罗捕捉的手法也逐渐熟练起来，捉到的鳝鱼越来越多，铅桶沉甸甸的，我倒是有点承受不住了。当晚，我们恋战一个半小时，收获颇丰，个个眉开眼笑。初战告捷，归营途中，大家不由自主地哼起了《打靶归来》：

"日落西山红霞飞，战士打靶把营归把营归……"

当晚，老陈兴高采烈地为鸭子们举办了一次美美的"鳝鱼宴"。

我们几个人轮番出征,每天晚上坚持"战斗",乐此不疲,鸭子们吃着鳝鱼美餐,眼见它们不断成长增肥,老陈天天开心得笑容可掬。学期将要结束时,连队里宰杀了肥大的鸭子,让全体战友高高兴兴地饱尝了美味的烤鸭大餐。

1976 年 7 月

读者的心声

沐浴着明媚的春光,笔者来到名人辈出、精英荟萃的"天府之国"——成都市。临近繁华市区的人民南路新华书店,门口一块天蓝色的光荣匾上,"文明书店"四个苍劲大字光彩夺目,令人肃然起敬。

书店里,读者熙熙攘攘,买书的轻声细语,卖书的和颜悦色,个个彬彬有礼,举止文明,那块光荣匾真是恰到好处,挂对了地方。

激动的心情,打乱我原定的采访计划,我径直来到文学专柜,寻找起上海出版的"五角丛书"来。找了好几个书架,不见踪影,我不得不焦急地求助于营业员:"请问第四辑'五角丛书'有吗?""卖完了。"营业员微笑着回答。"一、二、三辑的也行。""'五角丛书'畅销,全卖完了。"这时,我才注意到这位热情和蔼的中年女营业员胸前佩戴着"774"号牌。

当我出示记者证并说明来意后,她滔滔不绝地盛赞起"五角丛书"来:"你们上海出版的'五角丛书'相当好卖,第一是内容新颖,符合时代潮流,剔除了陈旧观念;第二是知识面广,文、哲、史、地都有,待人处世也讲,老中青读者都适合;第三是文章短小,装帧美观,价钱也俏,谁都买得起……"在谈到该书的供销情况时,她兴奋地说:"供不应求,多多益善。"原来,成都的读者对"五角丛书"反应热烈,书店几次增订,都未能满足需求。

当我移步工具书专柜时,正遇上接踵而至的一位解放军战士和两个小青年,他们不约而同地问营业员:"《辞海》到了没有?"看到营业员摇头,只得扫兴离去。当我跟踪采访其中的一位青年时,他不无遗憾地说:"《辞海》质量高,可惜买不到,我预订已有一年,至今还看不到眉目。"后来,105号营业员告诉我,来这里买《辞海》的天天都有,多则十余人,少则五六人。她说,上海出版的《辞海》,知识含量大,综合性强,读者把它看成小百科全书。特别是缩印本,携带方便,更受欢迎。上海出版的许多工具书在成都呼声都很高,如《简明不列颠百科全书》《唐诗鉴赏词典》《中国古代名句辞典》都一抢而光。还有《中国名胜词典》《新英汉词典》等书,读者反应也不错。

走近书店二楼的家庭生活用书专柜,只见两位姑娘指指点点地在议论着一本16开本的图书,紧接着人手一册,都买下了。我凝神一看,那是《上海棒针编结花样500种》。提起这本书,两位营业员侃侃而谈,说它价廉物美,不仅姑娘们喜欢它,中老年妇女也愿买。店里已进货四次,每次都数以千计,一直畅销不衰。在成都人的眼里,上海的服装款式最新,外观最美,色彩最好。人们不但要买上海服装,还想自己缝制上海服装,所以都想买这方面的书。上海科学技术出版社、上海文化出版社的家庭生活用书普遍受欢迎,像《上海钩针花样大全》等书都早已脱销。此外,《裁剪与缝纫》《愿你的服装更美》《照相机构造与修理》这些书也是热门货。她们还告诉笔者,随着群众生活水平的日益提高,人们对家用电器、饮料制作、家庭房间装潢和布置、花卉盆景栽培等书籍的需求,也与日俱增。

告别书店门市部,笔者又先后走访书店进货组以及成都市新华书店业务科。几位负责人和工作人员的看法基本一致,认为上海出版的图书质量相当高,大都经得起读者的鉴定和时间的检验,销路看好。其中,文学著作方面,中外名著销售稳定;社会科学方面,读者对哲学、政治经济学类书籍的兴趣较浓;关于企业管理,以及一些新兴的学科，读者也比较关心。

"好书再版要快！"这是成都书店的工作人员，也是广大读者的强烈呼声。一位业务科长感慨地说："思想内容好、社会影响大的热门书，再版时间一定要短。"

"书价要定得准确。"这是成都读者的又一要求。业务科工作人员恳切地希望笔者转告上海的出版社，书店和出版社的首要职责是向广大读者提供更多更好的精神食粮，促进社会主义精神文明建设，而不是单纯地做买卖赚大钱。书价定得准确、合理，买书的人多，受教育的面就拓宽。从另一角度看问题，薄利多销，出书的和卖书的利润也自然上去了。

注：此文是应《书讯报》总编的要求，进行专题采访写作而成的，发表于1987年6月22日《书讯报》。

蓉城夜访

在离开蓉城——成都的前夕,正当华灯初上,笔者怀着对杜甫草堂、三苏祠的眷恋,带着对孕育郭沫若、巴金等一代文豪的天府之国的赞叹,跨进四川省文联公寓,叩响作家周克芹的家门。

不巧,作家外出散步,我为自己充当不速之客而惴惴不安。一直等到21时41分,周克芹才回来,听笔者说明来意后,他像款待老朋友似的热情沏茶,接受采访。

作家身体单薄,但精神抖擞。笔者从几家制片厂竞拍影片的《许茂和他的女儿们》打开话题,作家不以为然地说:"我长在农村,当过20年农民,熟悉农民,喜爱农民,怎能不写他们?"可不是,周克芹自1958年于成都农业学校毕业以后,就回乡务农,扎根在农村整整20年,直至1978年才被正式列入国家干部编制。在农村的20个春秋里,他与农民同呼吸、共命运,结下深厚的感情。1977年,他出版第一个短篇小说集;1980年,他发表长篇小说《许茂和他的女儿们》;1983年,《周克芹短篇小说集》问世;1986年,又出版第四本书《二丫和落魄秀才》。书中的主人公,大多数是农民。如今,他身居闹市,心向农村,仍然时时惦记着农民兄弟。尽管事务缠身,但他每个月都要到农村去住上十来天,借以填补他不在农村期间脑海中所留下的空白。正因为他熟悉农村、热爱农民,才能在他的作品中深刻追踪当代中国农村的社会变革,对伟大的农村改革作出史诗般的描绘和概括。为此,周克芹的长篇小说《许茂和他的女儿们》在1982年荣获首届茅盾文学奖。

当谈及目前的创作活动时,作家说:"目前正在写一部长篇,当然也是写农村。遗憾的是,前年动笔的,耽搁太久了,现在正写第二稿。"原来,周克芹担任着四川省作家协会党组成员等职务,由于社会活动频繁,行政事务冗忙,常常不得不推迟原定的创作进程。

"长篇从正面反映农村的改革。"一谈起农村的改革,作家抑制不住满腔的激情,话匣子像奔腾的江水,滔滔不绝。他盛赞农村的第一次改革势如破竹,成绩辉煌,振兴农村经济,推动广大农村发生翻天覆地的变化,而且促进城市的经济改革。当下,他也为怎样推进农村改革的深入而思索,他以深沉的语调说:"农村的第二步改革很重要。"

接着,作家分析了农村土地承包几年以后出现的新矛盾,列举当前农村因缺乏资金、文化和科学技术等造成的种种困难。他还揭示某些"物质上的富裕带来精神上的贫困"的现象。不少农民增产多收后,不是致力于扩大再生产,而是在造房上搞攀比,在婚丧大事上讲排场。"好像被金钱鞭子驱赶着跑似的。"而我们的一些舆论宣传工具,一度鼓励"能挣会花"高消费,忽视对艰苦奋斗精神的宣传,这也在一定程度上影响了农村改革的深入。

正是在农村经济改革进一步深入的大背景下,作家以他那如椽之笔,运用其敏锐的笔触,展示着又一幅当代农村精美而细腻的壮丽画卷。

新作反映的是四川平原的农村故事。故事沿着两条线索展开:一是五十年代初自然灾害时期,农村进行着共同贫困的穷过渡;二是实行土地承包五六年以后的1983年、1984年两年间,农村经济改革向着纵深发展。两者之间有着二三十年的时间跨度,采用时空跳跃、交错发展的表现手法。作家说,采用这种创作手法,驾驭起来要难些,但是他"希望每一篇作品都不重复自己过去的东西"。

笔者企求先闻为快，很想了解新作的故事梗概。作家委婉而含蓄地说：主要是写人，其中有农民，有干部，有企业家，也有新闻记者。着重写两个家庭的故事，写了办酒厂的农民企业家。至于具体的故事，作家不希望在新作问世以前公之于众。

"新作何时定稿？"作家回答："我已同上海一家杂志社签订合同，秋天交稿。"到那时，中国文坛将喜获又一朵璀璨的新花，同蓉城盛开的芙蓉争奇斗艳；到那时，四川平原的农民在再获庄稼丰收的同时，将品尝到又一份芳香醇厚的精神大餐。

告别作家时，时针已指向23时6分，在朦胧的街道上，我仿佛看到一位高大的农民企业家在快步向前，便自觉地加快了步伐。

注：应《书讯报》总编"给本报采访个把四川作家"之约，采写了上述文章，发表于1987年11月12日《书讯报》。

两老初尝肯德"鸡"

岳父母均已年过八旬,过惯了简朴的生活,从来不上馆子。每当路过中山公园旁的肯德基餐厅,看到里面顾客盈门,其中不乏老人和小孩,不免撩起心头的几分好奇:肯德"鸡"到底是个什么味道?心里产生过跃跃欲试的念头,但又舍不得花那笔钱。

一天,同岳父母分居的一个儿子在上班前送来未上学的小孙子,留下20元钱,要岳母陪孙子去吃一份肯德"鸡"。于是,祖孙俩来到生意兴隆的肯德基餐厅,只见每个窗口都排着队,岳母就排到一队的末尾。顾客们挨个付钱、领食品,节奏挺快。眼看要轮到自己,岳母那握着20元钱的手下意识地缩了回来。花20元钱吃一份肯德"鸡",她实在有些舍不得。等候在一旁的孙子看到这一情景就发急了,大声催促说:"奶奶,快买呀!"岳母顿时意识到自己的犹豫怠慢了孙子,马上又排到了一个队的末尾。可是,当第二次挨到她付钱时,她又迟疑不决地退了下来。这一回,小孙子可忍不住了:"奶奶把钱给我,我自己买。"

小孙子买回一份肯德基套餐,抓起琵琶腿、土豆条,啃得津津有味……坐在一旁的岳母看得心里痒痒的,不由自主地发问道:"肯德'鸡'味道怎么样?""味道好极了!"小孙子接着说,"奶奶,你为什么不买肯德'鸡'吃?"岳母不免尴尬地轻声回答:"肯德'鸡',奶奶啃不起。"

真的啃不起肯德"鸡"吗?这未免言过其实,岳父母每月可领退休工资,几十年来养成朴素节俭的习惯,舍不得花20元钱吃一顿倒是真实心态。

几天后，妻子回了一趟娘家，她跟我谈起了这件事，我们两人都为对两老关心不够而深感内疚，当即决定星期天陪他们去吃一回肯德"鸡"。好不容易盼到星期天，我和妻子陪着岳父母走进肯德基餐厅，两老显得十分高兴。其实，我和妻子也是第一次上肯德基餐厅。为陪伴两老潇洒走一回，我买好四份肯德基套餐后，又外加牛奶等食品。岳母端详着食品，喜出望外："买这么多呀？吃不完的。"她一边啃着鸡翅膀，一边评价道："这肯德鸡真嫩、真香！"一会儿又称赞起土豆泥来，"这东西味道好，从来没有吃到过。"妻子答腔道："这是土豆做的，叫土豆泥。"岳母笑了起来："我还以为是什么新东西呢。"岳父不多言语，却喜形于色，吃得也很香，岳母吃后余下的他全包了。

说实在的，吃这顿肯德基套餐，四个人也没有花多少钱，然而，两位老人由此而表现的欣慰、平衡而满足的心态，却是千金难买的。吃完套餐，岳父满脸红光，兴冲冲地走向中山公园散步去了，我和妻子把岳母送回家后也踏上归途，两人心里都感到很舒坦。

1994 年 8 月

天花板又漏水了

这是多年前发生的真实故事：

"天花板又漏水了，搞得厕所里一塌糊涂！"一天，妻子匆匆跑来告诉我。"老问题老不改！"我生气地抱怨道，"昨天漏，今天漏，搞得人心惶惶、鸡犬不宁。"我住宅顶上的人家厕所漏水，屡漏不修，殃及我家，实在烦人。

早在一年前就发现厕所顶上漏水，雪白的天花板上水迹斑斑，出现黄褐色的一大片，有的板条还隆起了泡泡。漏下的水，有的滴在浴缸里，有的滴在地砖上，一片狼藉，很难清洁干净。一开始，他们只是应付，在口头上表态"我们修理"，似乎很真诚，实际上并没采取切实可行的办法认真修理，解决漏水问题。

我和妻子上楼去交涉多次，请他们下楼来看一看，抓紧修理。后来，对方好不容易下楼来看过一次，几天后告诉我们已经作了修理，可是仍不见效果，水照漏不误。楼顶的主人用手一摊："修也修了，修不好我有什么办法？"岂有此理，一次修不好就罢休？这样，漏水问题一直悬而未决。

这种让人碰软钉子的"蘑菇战术"真是令人头痛。天天让人搔头过日子，要挨到什么时候啊？一天，我只得把楼顶家的老家长请下来，让他看看我家厕所天花板漏水的情况，同他商讨解决办法，谁知他竟提出一个匪夷所思的主张："看来，得把你家厕所天花板漏水的地方拆开进行修理。"真是荒诞不经，我反问道："漏水的源头在哪里？我家厕所天花板是漏水的末端，考虑和解决问题可不能本末倒置呀!"他自知理亏,哑口无言,灰溜溜地走了。按理,他应该从自家漏水的地方找原因请人修理才是。可不,还是赖着不动,也许他认为水反正漏在我家,他那里毫发无损,自然不用着急。

　　这种令我烦心的日子过了一年多,直到我第四次搬家,才算"自然解决"。人们说"无独有偶""祸不单行"。搬家后,新居刚享用了几年,一天,突然发现主卧室卫生间天花板上也滴水了。怎么漏水跟着人走,我搬家搬到哪就漏到哪啊?人们说多层住宅发生过二楼漏水的通病,我这两次住的都是高层大楼,也都不是二楼,为什么都会碰上上面楼层厕所漏水呢?新居的漏水也断断续续逾一年之久,直至上面住宅进行全面装修,才获得解决。

　　住宅建筑渗漏问题,追根溯源是建筑施工存在质量问题。首先是施工企业工程质量没有完全过关,至少在用水设施上存在质量漏洞。其次,有关工程质量监管部门监督不严,致使质量不完全合格的建筑工程蒙混过关。我在办报时曾经采访过一家浙江的建筑企业,一位项目经理叙说了在工程竣工时,放水漫灌厕所、厨房等用水部位,检验并确保杜绝渗漏问题,这种施工精神和态度值得提倡。除了确保工程质量,从源头上解决住宅渗漏问题以外,作为住宅主人,发现了渗漏,理应正确对待、认真解决,而不能熟视无睹,置之不理,让邻居遭罪。

2008 年 4 月

"外公，我知道"

小外孙女天真活泼，两颊鲜艳得像苹果，逗人喜爱。她在上幼儿园，一天比一天懂事了，在我俩相处的时间里，总爱说"外公，我知道"，几乎成为她的口头禅。

她从牙牙学语，到慢慢掌握语言的词汇和句子，开始学习分辨亲人之间的关系。原来，她不懂妈妈为什么对外婆也叫"妈妈"。后来，当妈妈和外婆都在场的情况下，她娇声娇气地指着妈妈说："我的妈妈是妈妈。"转过身去，她指着外婆说："妈妈的妈妈是外婆。"接着哈哈哈地大笑起来，似乎揭开了一个秘密，显得十分开心。我想，这也许是孩子正处于直接行动思维阶段，思维离不开对象。

过了一些日子，她喜欢上玩"串珠子"，我就引导她一面摆弄着珠子，一面"一个，两个，三个……"学着数数。我想，直接行动思维离不开对象，也离不开操纵或摆弄实物的动作。一边做动作，一边学数数，这个办法在培养女儿和儿子的思维能力中已经得到检验，是切实可行的。

随着孩子年龄的与日俱增，思维能力的逐步提高，好奇心日益萌发，求知欲不断上升，成天提问"这个是什么""那个为什么"。当懂得一些普通的生活常识以后，外孙女就喜欢表现她的认知能力了，我要提起什么事情时，她常常抢在前面说"外公，我知道"。当她初步学会 10 以内的加减法以后，我有意识地出了一道很多父母用过的，从形象思维向抽象思维跨越的题目："树上停着三只鸟，小明用弹弓弹下一只，树上还有几只鸟？"外孙女很快喊道："外公，我知道，还有两只。"我慢条斯理地问道："树上真的还有两只鸟吗？"外孙女不假思索地说："三只鸟，弹下一只，就是还有两只。"我先引导她"再仔细想想"，外孙女皱起眉头，没有再吱声，我继续问道："当小明的弹子向树上弹去时，树上的三只鸟听到声音没有？没有碰到弹子的鸟还停在树上吗？"这时外孙女终于明白了，那双会说话的眼睛闪出光彩，大声回答说："没有被弹到的两只鸟害怕了，逃走了，树上一只鸟也没有了。哈哈，外公，我知道，你在教我动脑子。""说得对，干什么事都得动动脑子。"我马上鼓励了她。

　　幼儿都具有模仿性思维的特点，像许多父母和长辈那样，我也让外孙女玩绕口令式的拓展思维游戏。我先开了个头："一只青蛙四条腿，扑通一声跳下水！"接着问道："两只青蛙怎么念啊？"外孙女跃跃欲试："我来试试——两只青蛙……一只四条腿，又一只四条腿，噢，有了——两只青蛙八条腿，扑通扑通跳下水！""说得好，很正确！"我高兴地点赞了她。没等我再继续说下去，外孙女已经在勾手指头作心算，一霎间，她自告奋勇地说："我来说三只青蛙——三只青蛙十二条腿，扑通扑通扑通跳下水！""说得好，说得对！"我在鼓励她以后，就停止这个游戏，因为后面再玩下去就超出她的思维能力，必须保护孩子的积极性。

　　孩子的茁壮成长，是对父母和长辈的最好奖赏。在含饴弄孙的日子里，我阅读着外孙女走向人生的点点滴滴，欣赏着孩子智力发展的道道轨迹，愉悦地享受着祖孙互动的乐趣和幸福。其间，撷取外孙女的一些话语，汇成了以下顺口溜：

"外公，我知道"
——外孙女的悄悄话

　　外公，我知道——

吃东西要细细嚼，
大口吞咽消化不了。
我知道——
农民伯伯很辛苦，
爱惜粮食要记牢。
外公，我知道——
碰到困难要勇敢，
不要赖皮不哭闹。
我知道——
小朋友互相要团结，
出了问题不争吵。
外公，我知道——
你最最疼爱我，
轻轻说话微微笑。
我知道——
你有一个小秘密，
你是我妈妈的爸爸。
外公，我知道——
不能只串珠子躲猫猫，
还要锻炼身体跑跑道。
外公，我可不知道——
你小时候玩什么？
好伙伴究竟有多少？

2014 年 9 月

忆故友

我同吴逸兴都来自浙江,又是同年入伍的战友,由于志趣相投、真诚相处,很快便成为挚友。

"有缘千里来相会。"我们两人情况相仿,都是师范学校毕业后在小学任教,1956年应征入伍来到海军东海舰队训练团。在队列训练和专业训练数月以后,我同吴逸兴等七名新兵被选拔到教员培训小组。从此,吴逸兴和我同学习同生活,朝夕相处。

我们学习的主要是船艺专业,包括军舰航泊的帆缆作业、军舰损害管制、军舰维护保养、小艇和舢板的驾驶等航海水手之类的使命和内容,理论知识不怎么复杂,而实际操作要求果断的魄力和强壮的体能。比如划舢板,海军用的都是八至十人座的大舢板,桨也又长又大,力气小是划不动的。吴逸兴个子高,臂粗力大,在这方面给我以具体帮助。而我在理论知识方面领会较快,就常常同他切磋心得。两人互帮互学,相得益彰。在业余时间,他爱看小说,我喜欢文学,自然有不少共同话题。

在训练团的第一年,我们主要是学习专业和下舰艇部队实习。第二年,尽管仍穿着水兵服,却履行着小教员的职责,像老教员那样,直接给刚入伍的新兵上课。好在我们当过教师,授课很快走上正轨,老教员们看了普遍满意。

进入1958年,训练团也实行改革,我们小教员都被下放到舰艇部队。幸运的是,我同吴逸兴分配到同一个部队,他上312舰,我去315舰。除了出海训练或执行任务时无法见面,停泊军港时我们仍可相聚，两人都感到欣慰。君子之交淡如水，我俩真诚相处，友情甚笃。我常常找机会去看吴逸兴，几次都看到他在读中国章回小说大家、鸳鸯蝴蝶派代表作家张恨水的作品，一开始是《啼笑因缘》，后来又有《金粉世家》《纸醉金迷》和《北雁南飞》等作品。一次，我跟他开玩笑："老是看'因缘'小说，是不是准备找对象了？""哈哈哈哈！"他一笑了之。果不其然，在几个月以后的一次相聚时，他笑眯眯地递给我一张他女友寄来的信笺，我高兴地嚷起来："噢，发展神速，已经飞鸿传书了！"逸兴回答说："'八'字还没画上一撇呢。"然而，在他的眉宇间，分明显露出按捺不住的喜悦。

跨入1959年，我当了文书，吴逸兴当上班长。因为出海多，这一年见面机会少，相互之间不免牵挂难耐。他告诉我，第一个女友吹了。随着服役时间的推移，义务兵中开始有人提干，吴逸兴考虑回乡执教，我的思想犹豫不决。1960年初，我被借到部队政治部工作。逸兴准备复员，新的女友已谈好，很快要来部队结婚。我戏谑他说："老兄恋爱、结婚统统大跃进啊！"他一本正经地说，举行婚礼时要为他当主持人。尽管我自己还没谈过恋爱，当婚礼司仪也不那么简单，但作为挚友，还是义不容辞地接受了这一委托。

吴逸兴结婚不久，复员回乡当教师，而我被提为干部，两人走上新岗位后工作都很忙，不能面晤，就通过书信联系。几年以后，吴逸兴有了两个孩子，而我仍未考虑找对象。1964年夏天，我休假回乡探亲，吴逸兴邀我去他家相聚，为我介绍了对象，可惜后来没有谈成。

"文革"开始后，我同吴逸兴的联系受到冲击而中断。待到拨乱反正以后，再设法寻找吴逸兴，几次都没有成功。最后，通过公安部门了解，却传来噩耗："吴逸兴校长早已因病去世。"顿时，我热泪盈眶，悲痛得说不出话来。吃晚饭时，感到味同嚼蜡。就寝后，脑袋里一直翻腾着我和吴逸兴相处的往事，辗转反侧，难以入睡。我干脆坐起来，提笔写了《致故友吴逸兴》：

> 同穿水兵服，
> 驻守吴淞口，
> 志趣相投灵犀通，
> 心诚谊深成挚友。
> 困难一起扛，
> 快乐共享受，
> 我有苦衷对君诉，
> 君有喜讯向我透。
> 战舰返军港，
> 咱俩乐聚首，
> 君行婚礼我主持，
> 我的初恋君运筹。
> 君执教鞭后，
> 两地传书稠，
> "文革"浩劫桥梁断，
> 迢迢牵挂愁无谋。
> 八方音信求，
> 噩耗惊老叟，
> 泣询老兄可安息，
> 此憾绵绵怎罢休？

2013 年 10 月

学当小记者

女儿打来电话说，她女儿的小学老师要其明天学习当一次小记者，要求用相机拍照，问我该买什么样的相机。于是，我就给她送去一只日本松下制造的数码傻瓜机。女儿在晚上给孩子进行一次拍照"突击培训"，第二天，我的外孙女就带着相机学当小记者去了。

据说，外孙女在读的小学计划组织一次"队风纪"比赛，准备邀请跨栏名将刘翔的师弟谢文俊和师傅方水泉到学校与同学们交流。很荣幸，外孙女被推选为采访他们的五位小记者之一，这是她第一次学习当小记者。

外孙女不满十岁，头脑反应较快，对新事物很感兴趣。这次让她学当小记者，心情很激动。"初生牛犊不怕虎。"风风火火忙碌一阵子，小家伙终于成功地当一回小记者，圆满完成了采访拍摄任务。尽管这是她第一次用相机拍新闻照片，倒也大胆泼辣，既拍个人的，也拍群体的；有拍静态的，也拍动态的；拍了常态的，还拍特写的。我看过她拍的照片，构图不错，画面清晰，有些照片像模像样还真有点意思。

当小记者采访活动结束后，她写了一篇感想《第一次当小记者》，字里行间，洋溢着兴奋之情。文中写道："在活动开始前，我穿上红色记者服，和其余四位小记者一起来到操场。我先打开相机，举起镜头，对准同学们'咔嚓''咔嚓'拍几张照片热热身。"

第一次当小记者，一心想着"一定要好好表现"，但难免有点紧张。她坦率地写道："万一没做好怎么办？正想着呢，谢文俊已经走上主席台。我立刻举起相机，调好焦距，对准他抢拍了几张照片，然后又移动镜头，拍摄方水泉的'大头贴'。"

采访环节开始，她认真地记下重要的内容："张同学抢先问谢文俊一个问题：'请问您对多哈世锦赛的排名下落满意吗？''我其实挺不甘心的，'谢文俊笑着说，'因为我挺不服输的。'哈哈，原来谢文俊也不服输……"

在这次活动中，外孙女不仅拍了不少有意义的照片，而且同谢文俊和方水泉有一些交流。最主要的是让她初步懂得当记者应当干点什么事。同时，跨栏名将的生动事迹和拼搏精神深深地感动了她，正如她在感想中写的："感悟到不管做什么事，都要坚持不懈，而且还要有不服输的精神。"

外孙女第一次当小记者告捷，女儿十分高兴，跟我作了沟通。作为母亲，自然最值得高兴。孩子的每一个进步、每一步成长，都是对父母的奖赏！孩子的进步，不仅仅反映在功课的分数上，更重要的表现在处理问题、解决矛盾的能力上。作为外公，我也很高兴，在鼓励的同时，我先给女儿发去如下微信："在肯定成绩的基础上，告诉她这是自动拍摄，比较容易，如果用单反机拍摄，那就比较复杂，光圈、速度、ISO 等技术数据都需要自己调整……不能自满，一步步都要脚踏实地去做。"考虑到外孙女现在正是学习文化打基础的时候，我又发去微信，"告诉孩子首先把功课扎扎实实学好，只有学好功课，才有时间玩业余的。"女儿连连表示赞同。

教育孩子，让孩子茁壮成长，可不容易啊！这是一项"系统工程"，贵在正确引导，点滴入手，常抓不懈，持之以恒。

2019 年 10 月

过生日

在我的孩提时代，家境贫寒，过生日不当一回事，我甚至连哪一天是我的生日纪念日也不清楚。现在可不同，人们对过生日普遍比较重视，差不多像节日一样来庆祝。谁要是过生日，家人和亲朋好友就欢聚一堂，买生日蛋糕，送生日礼物，办生日宴会，隆重地为其庆生，少不了点上生日蜡烛，大家齐声欢唱"祝你生日快乐！祝你生日快乐……"然后，过生日者面对蜡烛许愿。温馨烛光，蕴含期待，点燃希望。不要说过生日者，参与祝贺的人也兴奋得不亦乐乎。可能是随着物质生活的改善，人们的观念也随之改变，有心情也有能力通过多种形式来关注和升华亲情。

说起过生日的渊源，可以追溯到两千年前。早在《礼记·内则》中就有记载，当孩子降生时，如果是男孩就在家门左边挂一把弓，如果是女孩则在门右挂一方手绢。从此以后，每年这一天，人们都要设宴庆祝，也就是通常说的"过生日"。那么，人们为什么要过生日呢？一说是庆祝生命的延续和兴旺，二说是表示对母亲赋予生命的感激，三说是为了消灾驱邪。按照民间习俗，无论老人还是小孩过生日，都要煮鸡蛋吃。在庆祝老人的生日时，一般是子女亲手为他们做寿面与寿包；而小朋友过生日，父母会给他们送红包。

至于点生日蜡烛、吃生日蛋糕，那是从西方传过来的。在许多西方国家，一般是在生日 Party 上，有人捧出点燃生日蜡烛的生日蛋糕时，大家齐唱《祝你生日快乐》歌。生日蛋糕一般是装饰十分漂亮的蛋糕，上面要插上与过生日者年龄一样多的蜡烛。过生日者要手捧许愿石默默地许愿，然后吹灭蜡烛，这是因为古时欧洲人相信烟是能升上天堂的，许愿后吹灭蜡烛，就代表愿望能随着烟传达到天空。如果是一口气就吹灭所有蜡烛，那么愿望就可能实现。有种迷信说法认为如果把愿望说出来，那就不灵了。

我不信许愿这一套，每年过生日时，孩子们都买蛋糕点蜡烛，让我许愿时其实我并没有做，只是走个过场而已。我想，什么愿望都得自己脚踏实地去践行，才能最终实现，靠许愿解决不了问题，更何况我已年迈退休，没有什么不切实际的奢望，只求生活愉悦晚年安宁，不顾忌何时老去，一切顺其自然。

今年过生日，女儿送来价格不菲的扫地机器人，九岁的外孙女给了我一份特殊的礼物。在我生日前夕，外孙女给我打来电话，清脆的嗓音娓娓动听："外公，明天是您的生日，首先祝您生日快乐、身体健康、万事如意！其次，我送给您一份礼物，它包括四个内容：第一，我被选为少先队大队干事了；第二，我被选为少先队中队长了；第三，我当上班里的语文课代表；第四，我当上了文明巡视员。外公可要多多帮助我哦！"我深受感动，高兴地回答道："您的礼物太丰厚太宝贵了，这是我过生日收到的最好礼物！谢谢你！希望你不要辜负大家的委托，认真履行职责，努力为同学们服务。同时，要以身作则，一定要带头学好功课，争取更上一层楼！"

孩子的进步，是对父母、对长辈最好的回报和奖赏！过生日能收到孙辈这样的礼物，我知足矣。年届耄耋，再也没有什么比孙辈茁壮成长的喜讯更令我陶醉。

2019 年 11 月

后记

在出版报告文学集《蓝图放歌》和诗集《都市点睛》以后，准备再出一本散文集。妻子劝我年事已高，应注重养生，别再动脑，为此出书的事就停了下来。

每天进书房，不时看到散落的短文，若让它们丢失了难以释怀，如果编印成册，既让这些文字有个归宿，也给自己少许安慰。我已年届耄耋，赶紧把想办的事办成，免得抱憾终身。于是，重新开始整理起短文来。

这些短文，立意不高，只是有感而发，汇集成册，对自己便于回眸翻阅，对读者若能作为饭后茶余的消遣之料，就颇感荣幸了。

我的老战友、上海市徐汇区纪委原书记郑长埠为本书写了序言，特致由衷的感谢！我们都为进行了一次愉快的合作而感到高兴。

出书后，有人问起书名的由来，借此叙说一二。我的报告文学集主要写建筑，搞建筑先要设计蓝图，建筑落成后蓝图升华高歌，故名《蓝图放歌》。我的诗集专写城市雕塑，城雕美化城市，画龙点睛，故称《都市点睛》。这本散文集抒写人文，岁月如歌，人生似诗，故谓《岁月吟诗》。几本集子名称均用主谓结构，相辅相成。

由于水平所限，书中错误难免，敬请各位不吝指正。

金义铠
2020年7月

图书在版编目（CIP）数据

岁月吟诗 / 金义铠著 . —上海：文汇出版社，
2021.1
ISBN 978-7-5496-3343-2

Ⅰ.①岁… Ⅱ.①金… Ⅲ.①散文集-中国-当代
Ⅳ.① I267

中国版本图书馆 CIP 数据核字（2020）第 221825 号

岁月吟诗

著　　者	金义铠
插　　图	金义铠
责任编辑	徐曙蕾

出版发行　　文匯出版社
　　　　　　上海市威海路 755 号
　　　　　　（邮政编码 200041）

照　　排	南京理工出版信息技术有限公司
印刷装订	上海新文印刷厂
版　　次	2021 年 1 月第 1 版
印　　次	2021 年 1 月第 1 次印刷
开　　本	890×1240　1/32
字　　数	280 千
印　　张	11.75

ISBN 978-7-5496-3343-2
定　　价　　45.00 元